本书获得
福建省高等学校新世纪优秀人才支持计划资助

日本高等教育改革：
现实与课题

Higher Education Reform in Japan:

Realities and Problems

天野郁夫 著
陈武元 等 译

厦门大学出版社 国家一级出版社
XIAMEN UNIVERSITY PRESS 全国百佳图书出版单位

作者简介

　　天野郁夫，日本著名教育社会学家和高等教育学家。1936年出生于日本神奈川县，1958年毕业于一桥大学经济学院，1966年毕业于东京大学大学院教育学研究科（博士课程），获教育学博士学位。他先后在日本国立教育研究所、名古屋大学、东京大学、文部科学省国立大学财务经营中心任职，历任东京大学教育学院教授、院长，国立大学财务经营中心研究部部长，日本教育社会学会会长，日本高等教育学会首任会长，日本大学审议会委员，日本学术会议会员等职。

　　天野教授的著作颇丰，主要代表作有《考试的社会史》（1983）、《高等教育的日本模式》（1986）、《近代日本高等教育研究》（1989）、《大学——变革的时代》(1994)、《教育改革的趋势》(1995)、《日本的教育系统》(1996)、《教育与近代化——日本的经验》(1996)、《大学——挑战的时代》(1999)、《大学改革的趋势》(2001)、《日本高等教育系统》(2003)、《大学的诞生》(2009)和《高等教育的时代》(2013)等。除此之外,还发表了300多篇论文。天野教授是日本当今最著名的高等教育学家之一,有"日本高等教育研究第一人"之美誉,其许多著作是日本大学高等教育研究方向研究生的必读书籍。他的多部著作和许多论文已被翻译介绍到中国,在中国高等教育研究领域有广泛的影响。

译者简介

陈武元,现任厦门大学教育研究院教授,兼任厦门大学社会科学研究处处长。主要从事比较高等教育、民办高等教育、教育经济与管理等研究。从1998年起,主持国家级课题1项、教育部课题2项、省级课题多项;已出版译著《高等教育的日本模式》《日本高等教育的改革动向》,并在《教育研究》、《比较教育研究》、《高等教育研究》、《大学论集》(日本)、《大学财务经营研究》(日本)等国内外重要学术刊物上发表论文50余篇;获得教育部颁发的全国教育科学研究优秀成果奖二等奖1项,福建省人民政府颁发的社会科学优秀成果奖二等奖2项、三等奖2项。

中文版序

中文版序

我的个人专著《高等教育的日本模式》中文版，在陈武元教授的努力下出版发行，那是 8 年前的事情。该书日文版的出版年份是 1986 年，此后近 30 年，日本高等教育发生了很大变化。作为一个教育社会学研究者，我也就变化中的日本高等教育的现实与课题，撰写了许多论文，并出版了多部著作。此次围绕中国读者感兴趣的主题从中选出 11 篇论文并将其整理成书，这项工作再次由陈教授担纲翻译、编集和出版事宜。本书的出版令我喜出望外，在此向陈教授表示衷心的感谢！

在分析日本高等教育结构和其变化过程时，我经常把美国教育社会学家马丁·特罗博士的发展阶段理论作为一个依据。尽管加州大学伯克利分校教授、高等教育研究新领域开拓者——特罗教授于 2007 年仙逝了，但是，特罗教授从精英到大众、从大众到普及的这个发展阶段理论，至今仍不失光芒，并持续给予后来者以智慧的启迪。

这数十年间，不仅日本，韩国、中国（包括台湾）等东亚国家和地区的高等教育也快速地实现从精英到大众并进一步向普及化的阶段过渡。在分析这个过程，并考察伴随着阶段过渡而产生的政策和理论问题方面，我认为特罗教授的理论至今仍具有解释力。从收录于本书的论文看，陈教授理解了我的这种想法，并选编了相关论文。中国高等教育在很短时间内实现了从精英到大众的阶段过渡，现在正在为下一个发展目标而努力，我希望从我本人根据特罗理论所分析的日本经验中提出的许多教训，对中国读者研究本国高等教育和制定政策能有所助益。

本书所收录的论文中，既有应潘懋元教授和陈教授的邀请在厦门大学等中国大学进行演讲的演讲稿，也有在中日高等教育研讨会上所做的论文报告。我再次深切认识到，这种研究者交流的活跃态势也是大众化、普及化乃至全球化的大趋势的一部分。

所收录的论文大多是 2000 年前后发表的，而日本高等教育在这之后却持续地发生了很大变化，因此，我把《现代日本的高等教育改革》这篇最新论文作为序章添加进来。如果读者能够一并阅读，我将倍感荣幸。

最后，对陈教授在繁忙中不辞辛苦拨出宝贵时间于论文的翻译与编集上的这种永恒情谊，再次表示由衷的敬意！

天野郁夫

2014 年初春

序章　现代日本的高等教育改革

自第二次世界大战后的 1948 年暨美国占领下实施新的大学制度起，历经半个多世纪后，日本的大学现在再次处于大变革的漩涡中。始于 20 世纪 90 年代的改革风暴在 21 世纪 10 年代的今天也仍在大学世界里狂风大作。

一、三个国际大趋势

第一个国际大趋势是高等教育的普及化（universalization）。美国社会学家马丁·特罗认为，高等教育以毛入学率 15% 和 50% 为指标，将遵循从精英到大众、从大众到普及的发展阶段。在 20 世纪 70 年代至 80 年代间，发达国家紧随已经普及化了的美国之后，在进入 90 年代后一并迎来了从大众到普及的发展阶段的转换期。就日本而言，20 世纪 70 年代至 80 年代间一直稳定在 36%～37% 的毛入学率，在 1995 年和 2005 年分别快速升至 46% 和 52%，截至 2012 年达到了 56%。这仅是大学与短期大学合计的数据，如果加上另一中等后教育机构——专修学校，毛入学率则达到 79%。高等教育如此急剧的规模扩张暨毛入学率的提高，不能不要求或带来高等教育系统和大学质量的变化。日本的大学改革只是这种世界性的大趋势的一环。

第二个大趋势是市场化（marketization）。高等教育曾被认为主要应由国家或政府负责维持并运行。在欧洲国家，普遍都是国立大学，拥有许多具有实力的私立大学的美国则是一个例外的国家。众所周知，即使在美国，近 80% 的学生都在公立部门就学。而私立部门的在学者约占 80% 的日本，可以被看作是极其例外的国家。私立部门从各大学因寻找资金、学生和优秀教师等而不得不相互展开竞争的这个意义上说，基本上是"市场化"的。世界性的大趋势是，伴随着大众化和普及化的推进，市场化也开始波及高等教育的国立部门。规模庞大的高等教育财政的紧张、有限资金的有效使用的重要性、私立部门对平等化的要求等，逐渐要求国立部门尤其在资金筹措和大学经营方面要引入"市场机制"。从这个意义上说，市场化也可以说成"私立化"（privatization）。下面将要涉及的日本国立大学法人化仅是这种世界性的市场化、私立化趋势的典型案例而已。

第三个是全球化，也是最大的趋势。交通与信息传递之惊人的技术革新，不仅给经济和政治，给以大学为中心的教学科研的世界也带来了全球化的快速进展。现在，任何国家的大学与高等教育系统都难以逃脱被纳入全球的网络之中。这个网络不仅由知识和学术等所具有的普遍性，而且由研究者和学生的国际流动所支撑。以自然科学类和商科为主的学生与研究者的国际流动性不断提升，特别是国际争夺优秀学生和研究者的竞争日趋激化。

美国位居高等教育"世界系统"的核心，它拥有世界上最为成功的高等教育系统和大学，在汇聚全球的智力资源以及人力、物力资源方面发挥着核心作用。这意味着，美国对其他国家而言，在高等教育系统和大学的改革方面是主要模式的提供者，或者是输出国；全球化首先是以"美国化"（Americanization）的意识来进行的。无论是学位制度和研究业绩的评价制度方面，还是以商学院所代表的专业学位研究生院方面，美国都占据着"全球标准"提供者的地位，其他国家都被要求仿照这个标准进行改革。日本也不例外。

二、三个日本国内因素

要求大学变革的日本因素是什么呢？

第一个是人口变化。20 世纪 80 年代以来，日本高等教育直面人口变化的冲击。20 世纪 80 年代中期之前一直徘徊在 150 万人的 18 岁人口，此后迎来了快速增长的局面，1992 年达到峰值的 205 万人之后趋向减少，2000 年为 151 万人，2010 年为 120 万人。急剧的人口变化给拥有庞大私立部门的日本高等教育系统带来了很大的冲击。人口剧增时期努力扩大接受能力的私立大学，尽管毛入学率在提升，但在人口剧减时期却无法招到充足数量的学生，90 年代后半期以来，"跌破定编"的大学不断出现，现在甚至超过大学总数一半以上的程度。这对于长期以来考生超过定编、以严格的入学选拔考试和激烈的考试竞争为特征的日本大学来说，完全是新的体验。其结果是，大学现在已经到了不仅要对招生选拔的方法、入学后的指导与教育，甚至达到不得不对教学科研与管理运营的组织、财务以及经营方针进行全面审视的地步。

第二个是经济变化。自20世纪90年代初泡沫经济崩溃以来，持续的经济低迷也给大学改革带来了很大的影响。经济的长期低迷使日本跟不上世界信息化和全球化的浪潮，为了消除这种落后状态，人们普遍认识到提高人才质量进而提高担当人才培养任务的大学的质量，以及提高大学的基础应用研究的水平是不可或缺的。其结果是，政党和经济团体都竞相针对大学提出教育改革的构想，并强烈要求大学在教学科研活动方面要更加开放和灵活，在研究方面以产学协同为中心积极推进与企业的交流，努力朝向提高教学科研的质量与水平以及组织改革等方向进行改革。早就有人指出，大学是知识经济社会和学习型社会的核心机构，大学的研究在夺取全球化的尖端科技竞争胜利方面，是具有重要战略意义的最高手段。在泡沫经济崩溃后的经济危机中，人们逐渐把它与大学改革的必要性结合起来讨论。

第三个是政策方面的转变。这个因素也很重要。尽管1983年成立的中曾根自民党政权鲜明地倡导新自由主义，开始谋求以"规制改革"和"结构改革"为重点的政策转变，但是这项改革却由2001年成立的小泉内阁加以大力推动，对大学改革产生了很大影响。在这种政策转变下，政府开始对大学放宽限制。政府规制在进入20世纪90年代后，首先通过对约束大学的组织和教育的基本条件之《大学设置基准》进行大幅度修订而得以放宽。大学在以往被严格规制的本科的教育课程方面，被允许有较大的课程编制的自主权，结果，不断新设拥有新名称和教育课程的学部。大学设置认定的条件也被放宽，1990年507所大学，快速增至2000年的649所，2010年的778所。规制放宽引发的结构改革也波及大学的组织层面，特别是被置于文部省直接控制下的国立大学，进一步推动具有悠久历史的讲座制的解体、教师任期制的引入，以及通过副校长制的引入强化了执行体制等。在以研究经费为主的公共资金的配置方面，也引入竞争机制，接受来自企业等的外部资金也开始受到鼓励。因此，现在，大学不论是国立的、公立的还是私立的，均从文部省的父权主义的庇护和统一管理中被解放出来，不仅在教学科研方面，而且在管理运营和经营方面均被要求"自担责任"推进改革，参与关系到生存和更进一步发展的竞争。

三、作为象征的国立大学法人化

国立大学法人化可以说是直截了当地表示应内外要求变革而开始推进的一系列大学改革的方向性。日本的国立大学长期作为行政机构的一部分而被置于文部科学省的直接管理之下,教师是国家公务员,预算额度和人员配置等运营方面的自由事实上并不被允许。其结果是,由于如前所述的全球化的进展,国立大学受到国际范围内大学之间竞争的冲击最大。

专门从事科研和以自然科学类为主的专门职业人才培养的不足 90 所的国立大学,在总数近 800 所的日本大学中,是质量最高的大学群,硕士研究生占全国总数的 57%,博士研究生占 69%。在各种世界大学排行榜中位居前列的也是这些国立大学。例如,据 2012—2013 年度《泰晤士报》高等教育副刊世界大学排名显示,日本的大学排在最前面的东京大学位列第 27 位,有 13 所位列 400 名以内,其中私立有 2 所,公立仅有 1 所,其余 10 所全是以 7 所旧制帝国大学的后身校为主的国立大学。为了夺取以科技为主的国际经济竞争的胜利,日本被迫要优先提高这些国立大学群的国际竞争力。

激烈争论(包含大学方面的反对)的结果,国立大学于 2004 年摆脱文部省的直接管理和庇护,被允许有独立的法人资格,即国立大学的"私立化"。大学管理运营的基本组织是,在校长遴选会议选任的校长领导下,组成理事会负责大学运营,同时作为校长的咨询机构,设置有外部委员参加的经营协议会和通过教师选任的教育研究评议会。政府每年把一定额度的公共资金以"运营经费拨款"方式下拨给各大学法人,各大学法人把来自学费和附属医院的收入、来自政府和企业等的研究经费以及捐赠等的外部资金与这部分拨款加总,构成大学运营的总经费。此外,各大学被要求向文部科学省提交为期 6 年的中期计划并获得认可,实际成效还要接受国立大学法人评价委员会的评估。

因此,在允许国立大学自律的同时,文部省开始谋求大幅度增加竞争性配置公共资金的份额。尽管一部分资金仅面向国立大学,但是,大部分均向国立、公立和私立的所有大学开放,并根据申报和评审的结果进行配置。必须予以补充说明的是,私立大学设置认定条件的大幅度放宽,与 18 岁人口的减少无关,是创造使新办大学数量快速增加的契机,它与国立大学法人化的实施同年,即 2004 年。"自由与竞争"替代"统一管理与庇护",成为日本大学政策吸引眼球的新词。这可以说是以日本高等教育的革命性变革为目标的新词。

四、OECD 教育调查团的意见

替代"庇护与统一管理"的"自由与竞争"这一吸引眼球的新词,让人想起 1970 年来日本的 OECD 教育调查团报告书《日本的教育政策》的一个节段。

> 大学与其他教育机构一道,作为未见有其他类型的日本经济发展与现代化的承担者,共同分享着荣誉。但是,这种发展使尖锐的批判目光转向大学依然保持着的僵硬性……日本的高等教育制度是极其显著等级性的,其结构尽管快速地发展,但在本世纪内几乎不会变化。在为数众多的大学中,仅有极少数大学在财政基础、社会威信以及提供的教育水平等方面,与其他大学有明显的区别。这样形成的大学结构呈现出顶端极其尖的金字塔状,在构成金字塔的各层之间,学生和教师的流动极其缺乏……显而易见,缺乏弹性的大学等级结构是无法满足正在日本出现的高度技术社会所要求的教育目标的。[①]

近半个世纪前调查团报告书指出的问题也是前面已经看到的这 10 年的大学改革的课题。在好不容易才开始推进的一系列"自由与竞争"的政策下,在"统一管理与庇护"下维持的高等教育"僵硬且等级性"的结构,在什么地方已经转变成富有"弹性且多样化"? 如果考虑到从近代化开始到进入 21 世纪这一个多世纪持续下来的制度惯性,10 年时间的改革就要求取得成效,或许过于着急了。实际上,改革还在进行中。总的说来,一系列的"自由与竞争"政策与其说是取得了成果,不如说是新的问题不断出现,这 10 年应该看作是发挥了提高认识的作用。

---

① OECD.日本の教育政策[M]. 深代惇郎訳. 東京:朝日新聞社,1972:52-55.

五、全球化与国际化

在新的课题中，现在最受重视的是与全球化有关的大学国际化。与国立大学法人化同等受重视、前面也提到的对世界大学排行榜的关注，以及与此相关的"研究型大学"培育建设的舆论的出现，可以说是其直截了当的表现。

正如前面所看到的那样，从世界大学排行榜看，日本大学的国际地位绝不算低。日本是除欧美以外唯一培养出较多诺贝尔奖得主的国家，这是不言而喻的。但是，从整体来看，教学科研的水平仍不及英美的大学，位居排行榜前列的大学数少也是事实。而且，在东亚国家或地区的大学你追我赶中，其排名处于下降趋势。评估之最重要的对象，当然是教学科研工作的水平。但是，日本显眼的是外籍教师和留学生的比例这个与国际化相关的指标偏低，人们普遍认识到，这是拉低排名的主要原因。

正如前面 OECD 报告书所指出的那样，以往日本的大学长期对经济发展和现代化贡献很大。可以说，这是日本的大学在短时间内摆脱教学和科研对欧美的依赖，成功实现"本国化"的结果。20 世纪初，日本已经完全依靠本国的教师，使用本国语言进行大学教育，在理学、工学和医学等领域开始产出了世界水平的研究成果，尽管数量还很少。整个战前时期，尽管有大学教师在入职初期要赴国外留学 2～3 年的惯例，但是，这是为了接触欧美最先进的学术，不是以获得学位为目的的，留学生的数量也极其有限。教育的"本国化"使以低廉的成本在短时间内培养出大量的人才成为可能，并对日本的近代化和工业化的成功做出贡献。

应对国际化浪潮的迟缓，主要起因于日本大学这种本国化的成功。"僵硬且等级性的结构"也可以说是"封闭的结构"。

为了增加列入每年发布的世界大学排行榜的"研究型大学"的数量，提高排名，促进日本国内的大学之间的竞争是很重要的。但是，不仅如此，为了与各国大学同台竞争并获胜，必须开放大学，积极接受更多的优秀外籍研究者和留学生，增加双语授课或教育课程，把日本研究者和学生派往国外，谋求使教学科研更充满活力和水平提升。以往只顾走"本国化"之路的日本大学，可以说正在迎来"第二或第三次开放"时期。

六、改革的新课题

国际化并不仅仅是大学排行榜的问题。OECD 每年发布的国际比较的数据也让人们从国际标准看到日本大学的各种各样的弱点,换句话说,起到了提高人们认识改革新课题的作用。全球化的浪潮以这样的形式引起日本高等教育结构的变革,或给其带来了压力。

例如,拥有庞大私立部门的日本,以 GDP 比来看公共财政在高等教育方面的支出,在 OECD 国家中处于最低水平。这暗示着,家庭或个人对教育经费的高负担或负担比例高,由此带来的教育机会的不平等,以及不得不依赖学费收入的私立大学的教学科研的低水准。实际上,公共财政对私立大学的资助在数十年间一直仅占私立大学经常费的 10%左右,国立大学的运营费拨款这 10 年也被削减了 10%。不能不说,在公共财政支出不足的情况下进行的高等教育普及化导致教学与科研质量的下降,并正在孕育着加速化的危险性。

在与欧美各国比较时,成人学生①占高等教育在学者的比例低也是极其显著的。在专门以应届高中生为对象、重视通过入学考试进行选拔的日本大学里,年轻人占学生的绝大多数,成人学生的数量极其有限。现实情况是,连文部科学省的统计都没有在学者的年龄结构。在 18 岁人口不断减少、因跌破定编而陷于经营困难的私立大学不断出现的今天,这种状况也基本未变。在被称之为终身学习社会的到来这个过程中,日本的大学是仅有年轻人的世界,与成人学习者的比例稳健提高的欧美国家相比,差距是很大的。

而且,这种情形也与研究生教育发展的迟缓有很大的关系。在日本的大学,长期以来专业教育和专门职业教育都是本科课程的作用,研究生院被看作是培养研究者的场所。第二次世界大战后,在研究生院制度方面尽管也进行了美国模式的改革,但是,引入具有美国特征的专业学位研究生院的制度却是从 2004 年才开始的,现在硕士课程在学者也仅占不到一成。从接受高水平专业教育的人才需求的增加来看,研究生入学人数除以本科毕业生数的比例,1990 年为 8%,2000 年为 10%,2010 年为 13%,处于上升趋势。但是,与欧美各国相比,其比例依然是低的。最大的理由是人文社会科学类研

---

① 成人学生指有工作经验的学生。——译者注

究生院不兴旺。人文社会科学类占硕士课程在学者的比例仅为23%，理工农医等自然科学类占59%，其中仅工学类就占了42%。这种结构意味着，研究生层面的理工类以外的职业人才培养功能弱，研究生院仍是对成人学习者封闭的学习场所。作为社会科学类研究生院代表的商学院的不兴旺可以说是日本在研究生教育方面落后的象征。

因此，全球化标准意义上的国际化仍被作为重要的课题遗留下来。我们必须看到，OECD调查团严厉指出"无法满足高度技术社会要求的教育目标"的高等教育的日本式结构依然还在持续着。

在经济发展低迷、老龄化不断深入的日本，占政府公共财政的福利与医疗相关支出不断增加，从国际水准看处于低位的教育支出不但没有增加，反而受到抑制或削减。在这种严峻状况下的高等教育之"自由与竞争"，特别是在研究方面，由于竞争力的不同，很有可能进一步拉开大学之间的差距，产生极少数的强者与绝大多数的弱者。在国立大学法人化方面，也有这样一种批评的声音，即尽管文部科学省的"直接控制"得以缓解，但是，通过补助金等财政手段的"间接控制"却被强化，制约了大学的自主经营。

在有限资金投入下的"自由与竞争"不能成为从根本上改变"僵硬且等级性的结构"的力量，不但没能带来制度的弹性和多样性，反而将扩大或强化等级化的进一步发展，或倾斜度更大的金字塔状的高等教育结构。在这20多年"规制放宽"政策下的一系列改革，究竟能够在多大程度上把日本的大学变革成能够呼应高度技术社会、知识经济社会、学习型社会等各种称谓的当代或未来社会的多种要求呢？我们必须高度注视改革的走向。

（新作，陈武元译）

目 录

第一部分 世界高等教育系统中的日本高等教育

第一章　日本高等教育的大众化与特罗"理论"/3
第二章　全球化视野中的日本高等教育改革/22
第三章　日本的大学改革——在美国化与市场化的中间/39
第四章　日本高等教育走向普及化之路/55
第五章　21世纪的高等教育系统：特罗"理论"的再思考/70

第二部分 日本高等教育的现实与课题

第六章　高等教育大众化：日本的经验与教训/93
第七章　日本研究型大学的走向/110
第八章　日本高等教育的学力问题/128
第九章　日本的大学评价/144
第十章　日本短期大学的危机/154
第十一章　日本国立大学的财政制度：历史性展望/171
译后记/198

第一部分
世界高等教育系统中的日本高等教育

第一章　日本高等教育的大众化与特罗"理论"

一、特罗"理论"的产生

1973 年，美国社会学家马丁·特罗在OECD举办的国际会议上做了题为"从精英高等教育向大众高等教育转变的问题"的论文报告，[①]这篇论文很快被介绍到日本，1976 年翻译出版后便被有关人员广泛阅读。以"精英、大众、普及"为关键词，展现高等教育发展阶段"理论"的这篇论文，现在仍是日本高等教育研究者谈论和引用最多的论文之一。

这篇论文的魅力在于，高等教育入学者占同年龄人口的比例，以 15%和 50%的具体数字为指标，把高等教育划分为精英、大众、普及三个发展阶段，明确而且综合地把握，并鲜明地说明了各阶段的高等教育系统的结构和特性。

在论文被介绍的当时，日本高等教育正处于特罗所说的从精英阶段到大众化阶段的过渡时期。从 18 岁人口比来看，大学、短期大学的升学率急剧上升，1960 年为 10.3%，1965 年为 17.0%，1970 年为 23.6%，1975 年达到了 37.8%。与此同时，它对教育系统和社会提出了各种各样的问题：大众化为何发生？发展到何处？它对高等教育系统及其组成的大学将带来什么变化？对社会和经济将给予什么冲击？特罗"理论"对这些多样化的疑问给予了综合性的并且是极有说服力的回答，因而赢得了众多的读者。

可以说，这在某种意义上具有讽刺性。因为特罗的这篇论文原本是为预

[①] Martin Trow. Problems in the Transition from Elite to Mass Higher Education, in OECD, Policies for Higher Education—General Report of the Conference on Future Structure of Post-secondary Education, OECD, 1973.

测欧洲高等教育的未来而撰写的，但在欧洲并未受到很大重视，而在未曾预料的东亚——日本却引起了极大的反响，成为具有影响力的论文。

特罗在日文版①序文中谈到自己的"理论"适合所有的产业社会，但同时强调其理论是完全依据欧美各国的经验，慎重地回避了在怎样的程度上适合日本的问题。因为他对此时在美国之后已经达到高升学率水平的日本的情况还不太了解。

但是，特罗在6年后不得不执笔撰写论文，承认他对较为熟悉的欧洲的预测是错误的。因为对他来说不熟悉的日本的高等教育迅速迈进了大众化之路，而欧洲多数国家的高等教育毛入学率却在超过20%后处于停滞状态，见不到大众化的进一步发展。这是为什么？特罗在1978年自我反省的新论文②中，将其理由归结于中等教育和高等教育的结构，以及社会的阶层结构。

二、过渡的问题

正如特罗本人也承认的那样，他的"理论"在精英阶段是以欧洲特别是德国的高等教育为模式，在大众化阶段是以美国的高等教育为模式，并以从中抽象出的特性和结构进行"理想型"（ideal type）处理而形成的。即这两个发展阶段的特性和结构是根据不同国家的历史经验组成的。这意味着特罗的"理论"在发展阶段论中最重要的过渡阶段的部分并不是连贯的，而是有缺陷的。

1973年，在特罗撰写论文的当时，只有美国先于其他国家成功地进入大众化阶段。这是为什么呢？特罗认为，这是因为美国在精英阶段里就已经建立起适应大众化阶段的、独特类型的高等教育机构。所谓独特类型的机构，就是埃利克·阿什比（Eric Ashby）所说的"无疑是中世纪以来高等教育发展史上发生的为数极少的大革新之一"的州立大学。③也就是说，美国高等

---

① マーチン・トロウ.高学歴社会の大学——エリートからマスへ[M].天野郁夫、喜多村和之訳.東京：東京大学出版会，1976.

② Martin Trow. Elite and Mass Higher Education: American Models and European Realities, a paper presented at the Conference into Higher Education: Process and Structure, Mimeographed, 1978.

③ Eric Ashby. *Universities: British, Indian, African—A Study in the Ecology of Higher Education*[M]. Harvard University Press, 1966.

教育大众化的实现，是在于拥有阿什比称其为"突然异变"的、极其美国式的高等教育机构，而且是在精英阶段里就已经存在这一独特的历史经验。

的确像特罗在论文中所强调的那样，州立大学的出现是美国独特的、在欧洲大学的历史上是例外的经验。特罗指出，欧洲各国要实现向大众化阶段的过渡，就必须发明或创建类似美国州立大学那种适应大众化的新型高等教育机构。

此时在特罗看来最为重要的是，随着产业化的发展而出现的升学要求的高涨。不管愿意与否，它将会产生要求扩大高等教育机会的强大的社会和政治压力，其结果必然带来新型的、对升学要求的提高"反应灵敏的"（responsive）高等教育机构的创建。这是他的预测。但是，欧洲各国至少在20世纪70年代至80年代之间既没有出现升学要求的持续高速上升，也没有产生新型的适应大众化的高等教育机构。

特罗在1978年的论文中，把原因归结为由于他忽视了在欧洲各国（与美国不同）存在着对高等教育升学人数起限制作用的、包括毕业资格考试在内的中等教育系统和社会支撑它的牢固的阶级结构，而且还存在着与精英阶段相同的传统型"大学"起支配作用的、整齐划一的高等教育系统。欧洲的这些状况阻碍了特罗将美国作为模式设定的、与大众化阶段相适应的、新型的高等教育机构的创建。

但是，更具讽刺性的是，停滞不前的欧洲各国的高等教育毛入学率，在进入20世纪90年代后却开始迅速上升。而且，事实上并不是通过创建新型的高等教育机构，而是伴随着以往的传统精英型"大学"自身的变革而出现的。

比如在法国，大学本身成了大众化的接收机构，并产生像高等专业学院这种精英教育功能更加强化的一种分工体制。在德国，也没有出现大众化的新的接收机构，而是大学的一部分系，特别是人文社会科学领域的系发挥了替代的作用。相比之下，英国则是首先将"大学"以外的多种高等教育机构统合为被称为技术学院的新型学校，把它作为大众化的接收机构，即导入"二元制度"，此后再把这些技术学院作为正规大学予以承认，从而过渡到一元化体系。在是否将技术学院看作是新型的高等教育机构的创建这个问题上，尽管有意见上的分歧，但基本上可以说传统型大学也为适应大众化做了努力。现在，这些欧洲国家的高等教育毛入学率都达到了40%左右。

因此，特罗的"理论"，在对大众化阶段的过渡过程进行模式化和给予明确的说明上并非是成功的。强调这点并不损害他的"理论"整体的价值。

这是因为，欧洲各国的大众化虽然没有出现新型的大众型高等教育机构，过渡所需的时间较长，但是终归实现了，而且正像特罗预料的那样，大众化给高等教育系统带来了多种变化。欧洲各国的高等教育大众化成为可能，主要原因是特罗认为对大众化构成阻碍原因的社会阶级结构形成了流动化，而且与此密切相关的中等教育也开放了。

三、美国的州立大学

众所周知，决定高等教育整体规模的主要因素是经济发展水平。以20世纪60年代诞生的教育经济学的观点进行的国际比较研究明确表明，高等教育就学人数占人口的比例与人均国民生产总值（GNP）有很高的相关性。特罗预测欧洲各国大众化将迅速发展，这从这些国家较高的GNP水平来看也是理所当然之事。

但同时还有两个例外的国家，即美国和日本。一些研究表明，美国的GNP和毛入学率都居于很高的水平，而日本在GNP水平虽然较低但毛入学率却非常高这一点上处于例外的位置。特别是日本，从历史数据来看，20世纪10年代其毛入学率就已经达到了与GNP远远超过自己的欧洲各国相并列的水平。[①]

这两个例外的事例告诉我们，高等教育的规模不仅受经济发展水平的影响，还要受各国社会的阶级结构和教育结构，特别是中等教育和高等教育系统的结构的制约。阶级结构是否具有流动性、中等教育系统是否具有开放性，以及高等教育系统是否像特罗所说的在精英阶段里就存在着适应大众化的高等教育机构，这些都在很大程度上左右着大众化的开始时期和发展速度。而这正是特罗"理论"没有注意到的地方。

在此考察一下什么类型的高等教育机构才适应大众化的问题。根据特罗提出的问题，首先看一下最先进入大众化阶段的美国的情况。

正如上面所看到的那样，著名的比较大学史家埃利克·阿什比把美国的州立大学称为世界大学史上的"突然异变"。这是因为它是世界上最早的有民众基础的大学。象征精英阶段、具有12世纪以来的历史的欧洲大学，是

---

① 潮木守一.近代大学の形成と変容[M].東京：東京大学出版会，1973.

作为培养医生、律师、官僚、大学教师等居社会上层的精英的场所，而且作为"国家的大学"发展起来的。而新大陆国家、中产阶级国家美国，其大学虽然与英国的学院相似，重视培养人格或博雅教育，但是与其说是培养未来的精英，不如说是培养普通市民的"市民社会的大学"，而且是作为私立高等教育机构建立起来的。在各州的自治性受到重视的这个联邦制国家，没有设立国立大学，甚至到19世纪中叶也还没有一所州立大学。

但是，1862年以《莫雷尔法案》的颁布为契机，把从政府那里接受的国有土地作为基本财产的州立大学，以民众的实用教育为使命，作为开放型的高等教育机构相继建立起来。阿什比之所以把高举"谁都可以学，什么都可以学"（any person，any study）的理念的州立大学的出现称为"突然异变"，正是因为有这段历史缘由。①

在这种欧洲不存在的私立与公立的二元高等教育制度下，美国的私立大学逐渐重视欧洲式的研究，逐步发展成为向培养医生、律师等传统职业和社会领导层倾斜的、征收高额学费的选拔性大学。相比之下，州立大学此后一直朝强化民众特性的方向谋求其发展之路。不久，州立大学就与被称为社区学院的两年制短期高等教育机构一起，构成各州独立的公立高等教育系统。众所周知，"谁都可以学，什么都可以学"的大学理想正如其文字所表达的那样已经实现了。

以州立大学为主的公立高等教育系统，事实上为开放的中等教育系统输送出的大量希望升学者提供了无条件而且是无偿的实用性高等教育的机会。正因为它的存在，美国的高等教育才能够领先于其他国家进入大众化阶段，进而又过渡到普及化阶段。

四、私立高等教育的重要性

那么，日本的情况又是如何呢？日本的高等教育在19世纪后半叶，与欧美各国相比，是在相当低的经济发展水平上开始起步的，但为何能在短时期内赶超欧洲各国的毛入学率，而且以高于这些国家的速度实现了大众化

---

① Eric Ashby. *Any Person，Any Study* [M]. New York:Mcgraw-Hill Book Company，1971.

呢？解开此谜的关键之一在于存在着"日本式的"更确切地说是"亚洲式的"私立高等教育，这是我的基本观点。

在具有中世纪以来的大学传统的欧洲各国，事实上不存在私立院校。高等教育机构的设立和运作的责任在于国家，私立大学仅仅是作为特例而予以承认的。根据1998年OECD的调查①，高等教育在学人数中私立所占的比例，德国为0%、奥地利为3%、法国为9%、西班牙为11%等，即使以拥有强大的私立院校而著名的美国，其比例也仅占31%。

与此相对，在亚洲国家中，韩国为76%、菲律宾为75%、日本为74%、印尼为70%，都是私立院校比例极高的国家。比例在10%左右的泰国和马来西亚，以及"民办大学"最近刚刚得到承认的中国，则是个别的国家。

随着高度产业化的实现，希望升学的人们对教育经费负担的能力也必然会提高，但是在富有的欧洲各国，由国家来运作的，以国立、公立为主的高等教育系统仍占据统治地位。相比之下，产业化起步较晚，特别是多数处于贫困状态的亚洲各国，则拥有要求接受高等教育机会者需直接负担教育经费的、以私立为主的系统，而且以较快的速度实现了高等教育的大众化。这是为什么呢？在解释此谜时，最早进入大众化的日本事例，可以说具有典范意义②。日本近代高等教育系统的构建，是在19世纪70年代初期开始的。当时，日本把美、英、德、法四国看作是世界上最强盛的国家。对在高等教育方面应该选择上述哪个国家作为模式的这个问题上有各种不同的意见，也进行了反复的探索。最终选择了当时从国际上看教学科研水平最高的德国模式。1886年，"帝国大学"作为日本最早的近代大学在东京设立，但在此之前有一个向美国、英国的学院，法国的高等专业学院，德国的高等专科学院等各种类型高等教育机构学习的过程。

选择德国作为模式的更为重要的理由在于，中央政府对整个教育系统拥有绝对的管理控制权，以及德国大学的基本特征，其是国家机构的一部分，同时也是服务于国家的官僚的培养机构。

正像其名称所反映的那样，日本的"帝国大学"和以它为基准的其他国立高等教育机构，都是作为培养国家为早日实现近代化和产业化所需要的人才的场所而建立起来的。从建立之初的帝国大学的法、医、工、文、理、农，

---

① David Cohen.The Worldwide Rise of Private Colleges [J]. *The Chronicle of Higher Education*, March 9, 2001.
② 天野郁夫.日本の教育システム——構造と変動[M].東京:東京大学出版会,1996.

把法学部排在最前面，而且作为当时的大学包容了罕见的工学、农学这种应用型学部的组织结构，以及存在着为数相当多的被称为"专门学校"（与大学相比修业年限短、无学位授予权）的大学以外的高等教育机构，即农、工、商"实业"专门学校，这些都可以清楚地说明国立院校的性质。

在选择德国模式以前的摸索时期，也有过构建美国式的以私立为主的高等教育系统的设想，但政府却选择了欧洲式的以国立为主的高等教育系统。但是，重要的是，日本与欧洲各国不同，尽管对私立高等教育机构的发展没有给予奖励，但也没有进行严格的限制甚至禁止。日本在近代化开始以前就有悠久的私立教育的传统，因此在开始摸索后的短时期内实际上已经设立了为数不少的私立高等教育机构。不仅如此，更切实的理由是政府为构建高等教育系统而能够投入的物力、人力资源极其有限。这从政府在19世纪70年代初期就已经有建立7所帝国大学的设想，却花了近70年的时间才实现这一事实便可得到理解。

五、"专门学校"的制度化

为设置与欧洲各国特别是与选择作为模式的德国大学同水平、真正的大学，需要投入很长的时间和巨额的资金。而且，为了满足随着近代化和产业化的开始而暂时出现的对大量人才的需求，必须迅速地建立具有一定规模的近代高等教育系统。为了应对这个困难的政策性课题，政府选择的是用推进正规大学以外的被称为"专门学校"的设立来适应近代化和产业化的人才需求的现实性政策。因为"专门学校"是简易、廉价且实用的高等教育机构，而且不仅是国立，更多的是提倡设立私立专门学校。

根据当时正统的理解，"大学"（university）的名称只能是将教学和科研统合起来、有学位授予权、自治权得到公认的"学问之府"，而且是得到国家承认之后才拥有的特权称号。因此，只有教学职能，而且是实用教学职能的德国的高等专科学院、法国的高等专业学院并不是"大学"。美国在19世纪60年代以后，以前仅有教学职能的学院也设立了研究生院，拥有了与德国大学相同的研究职能，"大学的时代"才总算开始了。近代化的后发国家日本到19世纪末，也才有2所正统的大学，即东京帝国大学与京都帝国大学。高等教育机构中占多数的是国立、私立的专门学校。

作为正统大学之外的、"日本式"的"专门学校"有其复杂的特性。专门学校首先可以分为国立和私立。其中，国立的专门学校全部是单科，由医学、美术、音乐、外语等特殊专门学校和农业、工业、商业等"实业"专门学校构成。其模式可以说是德国的高等专科学院。换言之，包括帝国大学在内的高等教育的国立部分极其忠实于德国模式，是作为培养"国家所需"的专业人才的场所而设立的。

相比之下，私立院校则具有和"大学时代"以前的即"学院时代"的美国的系统非常相似的结构。

在私立专门学校中也包括基督教会的学校。因为这些学校几乎都是由美国的传教团体设立的，所以当然是美国式的重视人格培养或博雅教育的机构。但是，多数没有宗教背景，是教授西方的近代学术特别是这个时期处于形成过程中的经济学、政治学、财政学等社会科学以及法学的世俗学校群。有必要指出的是，其中的法学并非只是为了培养律师和官僚，更重要的是把它当作了解西方社会基本结构的手段来学习。私立专门学校在校生中，多数是学习法学的学生，这种情况甚至可以追溯到较早时期。

与国立的情况相同，这些私立专门学校的大部分是单科教育机构。但是，重要的是一开始就存在着经济学、政治学、法学、文学等多学部设置的，以庆应义塾和早稻田为代表的，具有强烈的向"正统"大学看齐意识的私立学校群。也就是说，与美国的私立学院相同，日本的私立专门学校也是以升格为正规大学为目标的。私立院校的这种"升格意识"和对国立特别是对帝国大学的强烈的对抗意识，则为此后日本的高等教育系统的发展带来了活力。

六、私立专门学校的性质

日本私立专门学校（与美国的私立学院大不相同）的特性在于，没有特定的宗派和援助团体，没有捐赠巨额资金的富裕慈善家这种强有力的财政援助基础，也没有国家财政的支持，只能把学生缴纳学费的收入作为经营的基础。为了使经营能得以维持并谋求进一步的发展，私立专门学校一方面尽可能地大量招收学生，另一方面不得不努力用较低的成本来提供学习机会。其结果是，私立专门学校在扩大招生数方面不得不具有非常积极的敏感性。

在长期深受儒教文化影响的日本，人们在近代化开始以前就有很高的学习热情。实际上不仅武士阶级的所有子弟到 15 岁左右都在被称为"藩校"的学校接受教育，就连一般民众也让孩子们在"寺子屋"接受教育，富裕商人和农民的孩子们在"私塾"接受教育。近代化开始以后其学习热情更为高涨，但是由于国立高等教育机构数量有限，要满足其所有需求是困难的。从升学需求来看，私立专门学校的生存和发展具有充分的基础。

问题在于，从经济的发展水平来看，巨大的升学需求并未带来充分的教育费用负担能力。（与欧洲不同）私立专门学校为了谋求生存和发展，一方面采取征收高额学费，另一方面和教育条件较为完善的国立学校边竞争，边招收学生，因而必须用低成本提供教育，还要在各种经营上下功夫。

第一，私立专门学校必须提供大教室让多数人一起上课，而且必须选择社会需求较高的实用领域作为专业教育的对象。前面提到的以法学为主的社会科学的教育领域就是例证。极少有私立院校进行高成本的理工科专业教育。

第二，为了压缩教育经费中占最大部分的人头费，几乎所有的私立院校都没有配备大量的专职教师，大部分教师都是兼职教师，甚至有的院校连一名专职教师都没有。绝大多数兼职教师是国立院校的专职教师，有限的人力资源以不得不施巧的方法得到了有效的利用。

第三，与这种教师构成相关，几乎所有的私立院校为了增加学生数，都在正规的课程之外设有各种各样的特别是部分时间制的可以边工作边学习的教育课程。一般设置夜间课程和短期课程，也有设置函授教育课程的私立专门学校。这也是对有限的设施设备进行有效利用的手段。

第四，入学者的资格条件也是多种多样的。国立学校通过严格的入学考试从中学毕业生中选拔入学者。相比之下，多数私立学校则没有进行选拔考试，甚至有不少学校连没有中学毕业资格的也都允许其入学。因为必要的是接受教育的欲望和学力，并非学历。其结果是，私立院校学生的中途退学率极高。

第五，多数力图进一步发展的私立院校为了适应新的升学需求，不得不在增设各种学部、学科之外，还增设其他各种学校等，不断谋求多种经营。因此，努力积蓄人力、物力资源，以复合型教育企业体来实现其发展，便成为多数私立院校所选择的经营和发展的方向。这种企业体的性质，使私立专门学校对升学需求的变化极其敏感，而且总是以扩大招生数量为目标，在这个意义上使它成为对大众化具有高度敏感性（responsiveness）的高等教育机构。

由国家维持、运作的国立学校，对扩大数量并没有兴趣，也不把它作为目标。相比之下，私立院校总是以扩大数量为目标，力图增加学生数、增加学费收入，因为不自己积蓄资源就无法发展。这种"饥饿"的特性使日本的私立院校和美国的公立院校一样，成了大众化的承担者，但其形式却有明显不同。

在此后的高等教育发展过程中，日本政府一贯继续推进以国立为主的高等教育政策。对私立院校继续采取了"不给资助，却要控制"的政策。即虽然承认其设置的自由，但不给予财政资助，力图通过强化管理来提高办学条件，这就是政府采取的私立高等教育政策。其结果便造成了私立院校都在等待充实质量。到20世纪10年代末，政府开始实施新法律，终于对私立院校设置正规大学予以承认。此时，日本的大学仅有5所帝国大学，而此后包括升格得到承认的国立专门学校，其数量便在稳步地增加。日本从学院向"大学时代"的过渡是比美国晚约半个世纪才实现的。

七、二元双层结构与等级结构

由大学和专门学校两个层次、国立和私立两种办学形态构成的，在校生的1/3在大学、1/2在私立的这种"二元双层结构"，是日本二战结束前高等教育系统的基本结构。[①]

关于"二元双层结构"，有必要指出它同时伴随着在私立和国立之间的显著的质量差距。在制度上，虽说地位同等，但接受国家丰厚庇护的国立院校和与此无缘的私立院校之间国家投入的资金差距自不必说，在设施设备、教师的数量与质量、学生的质量以及教育课程的充实程度等所有的方面都存在着很大的差距。在20世纪10年代就已经与欧洲各国并驾齐驱的毛入学率，在此后又以超过经济发展水平的速度继续上升，但这种情况是在上述国立与私立的差别结构下才有可能达到的。

应该指出的是，差别结构是产生日本的教育在国际上众所周知的、深刻的病理性问题，即"学历主义"和激烈的考试竞争的最大根源。在使差别结

---

① 天野郁夫.高等教育の日本的构造[M].東京：玉川大学出版部，1986.

构内在化的二元双层结构下，希望升学者进行激烈的考试竞争，其目的当然是想升入办学条件优越、社会评价高的学校。其结果，便在高等教育机构之间形成了以帝国大学、其他国立大学、国立专门学校、私立大学、私立专门学校为排序的明显的等级结构。而且等级结构在各个学校群内部，也根据设立以来的传统和入学考试的难易度，使其在学校之间内在化。

这种等级结构，不仅表现在入学考试的难易度上，也表现在毕业生得到的工资额差异等可视的形式上。即在学历上，不同学校颁发的学历证明，具有不同的社会与经济价值。对学历主义，更准确地应该称之为"学校学历主义"。

英国社会学家罗纳德·多尔（Ronald Dore）把这种现象称为近代化的"后发效果"。他认为这不仅是在日本，也是在近代化起步较晚的后发国家中特别容易出现的"新的文明病"。[1]可以说，日本在这方面也为亚洲各国提供了先例。

日本的高等教育系统与美国的情况一样，在精英阶段里就已经对扩大升学需求具有较强的敏感性，换言之，具有与大众化相适应的高等教育机构。二战结束前，日本的高等教育毛入学率没有超过3%~4%的水平，这主要是由于 GNP 水平较低和因明治维新而一度流动化的社会阶级结构僵化，再加上中等教育系统的开放性也相当低、不及欧洲各国程度的缘故。真正向大众化阶段的过渡便不得不等到二战后的各种改革了。

八、二战后的高等教育系统

二战后，日本的社会结构和教育系统结构都发生了很大的变化。在美国占领下，不仅进行了土地改革、解散财阀，以及推行政治、社会和劳动就业的民主化，教育制度也经历了大变革。主要是将过去由多种类型学校构成的、复杂的"双轨制"教育系统改变成由小学（6 年）、初中（3 年）、高中（3 年）、大学（4 年，一部分 2 年）4 种学校构成的美国式的"单轨制"系统。

其结果是，专门学校制度被废除，所有的高等教育机构被改编为新的大学。为了区别于过去的"旧制大学"，而称其为"新制大学"。这种新制大学

---

[1] Ronald P. Dore.*The Diploma Disease*[M]. University of California Press,1976.

的模式是美国的大学，特别是州立大学。新制国立大学必须将"国家的大学"改变为面向市民、面向民众的大学。也就是说，要求把过去以德国为模式的典型的精英型大学改变成"谁都可以学，什么都可以学"的大众型大学。在推进改革的美国占领当局内部，甚至还有要将新制国立大学下放给府、县管理的设想。

为了这种变革，必须对国立院校的管理运行机制进行根本性的改革，以使国立院校得到扩充，并能敏感地适应升学需求的提高。但是，政府以财政困难和高等教育的计划发展的重要性为由，对这方面的改革一直持消极态度。日本政府选择了与美国占领当局的意图不同的方向，即尽可能地保留国立院校的、适应"国家所需"的精英特性，更确切地说，是边强化国立院校的精英特性，边期待着私立院校承担起大众化的任务。

就私立院校而言，变化较大的是政府的控制。对私立大学的设置和扩大数量规模的控制，与二战结束前相比有很大程度的放宽，私立院校可以比过去更加自由地去摸索成为教育企业体的发展方向。由于社会和教育的民主化得到推进，阶级结构的流动化和中等教育的进一步开放，那些从政府的控制下变得自由的私立院校成为接收开始急剧增加的希望升学者的教育机构。

在大学的设立和学部、学科的新增以及规模扩大上都获得很大自由的私立院校，由于得到了政府在国立院校的规模扩大上采取消极政策的帮助，在接收急剧增加的希望升学者方面比过去更为积极。其结果是，在经济复兴的同时，高等教育的毛入学率急剧上升。与此同时，过去只占在校生 1/2 程度的私立院校，现在在校生数占整个高等教育的人数已超过了 70%。2000 年日本的高等教育毛入学率达到 49.1%，离特罗所说的以 50% 为指标的普及化阶段只差一步。可以说，没有私立院校的存在，这是难以指望的。

必须指出，二战后的这些改革以及作为其结果的大众化，没有给二战结束前就形成的等级结构带来多大的震动。对专门学校和大学的"双层结构"确实画上了休止符，但在旧制大学和二战后"升格"为大学的"新制大学"之间，依然在设施设备、教师与学生的质量以及教学科研的水平等方面存在着很大的差距。差距的存在在"新制大学"起步之初也许是不得已的事情。但是，政府对此并没有采取积极的纠正措施，在此之后也得到保留，某些部分甚至得到了扩大，一直持续到现在。

这些差距的保留和扩大，在国立院校和私立院校的"二元结构"上也是同样的。1975 年，政府总算对已经占高等教育人口近 3/4 的私立院校开始了财政援助。但现在仍停留在仅占经常费的 10%的程度。就师生比、教师承担的授课时数以及学生人均建筑面积和教育支出等，从表示教学科研条件的任何一个指标来看，私立大学仅为国立大学的 1/2 或 1/3 的程度，二者间的差距仍然很大。这种差距的保留，带来对各种大学的社会评价的不同，并继续成为激烈的考试竞争的根源，这是不言而喻的。

九、亚洲和美国

在此做一归纳。为了快速实现高等教育的大众化，固然应该要有流动化的社会阶级结构和开放的中等教育系统，更重要的是，应该要有对扩大数量具有较强敏感性的高等教育机构，这是马丁·特罗的发展阶段"理论"所强调的。

换言之，为了大众化的迅速发展，必须预先准备好或新建与在精英阶段里占支配地位的（精英型的）高等教育机构不同的、适应大众化的其他类型的（大众型的）高等教育机构。特罗指出，在美国，由于存在着不同于欧洲各国的精英型国立大学的公立大学，即被称为"突然异变"的州立大学，使大众化的快速实现成为可能。

他的这个"理论"的缺陷在于，它只是根据欧洲和美国的经验建立起来的，缺乏有关亚洲特别是东亚在 20 世纪 70 年代正在发生变化的信息和知识。

特罗如果对包括东亚在内的亚洲各国的现实情况有充分了解的话，就会注意到以日本和韩国为首的很多国家所获得的较高的高等教育毛入学率，是依靠较为庞大的私立院校的存在来支撑着的，便会根据这个事实去尝试构建更富有普遍性的阶段过渡理论。特罗有关欧洲不存在私立院校、在美国的私立院校具有精英性的"常识"，妨碍了他对亚洲各国高等教育中的私立院校重要性的认识。

至此所看到的日本的历史经验告诉我们，大量私立院校的存在是罗纳德·多尔所说的近代化"后发效果"在高等教育方面的重要表现形态之一。当国家财富的积蓄还处在贫弱阶段，在外部压力下被迫进行近代化和产业化，并被纳入世界市场经济中的国家，为了既满足随着产业化的开始而暂时扩大的人才需求，又满足在近代化推进的同时不断增大的教育需求，必须迅速构建近代高等教育系统并扩大其规模。对那些财政收入有限、发展足够的国立院校极其困难的亚洲国家而言，积极地利用"民间力量"则是政策上难以回避的选择。

　　作为具有战略意义的研究活动和人才培养的场所，以与发达国家的一流大学（leading university，research university）水平并驾齐驱的大学为中心，创建小规模的国立大学，并将有限的人力、物力资源投入那里。而把增大的升学需求的接收机构的建设托付给私立院校，使其自由发展，这就是以日本为首的亚洲各国所采取的政策。"后发效应"在产业化越是后发的国家中越为显著。这种情况可以从下面的例子中得到理解。如韩国是在二战后才开始真正的产业化，现在具有超过日本规模的私立院校，高等教育毛入学率也达到了60%，从国际上看，已经达到了仅次于美国的极高的水平。

　　作为大众化的承担者，如果说美国发明了以州立大学为主的公立院校的话，那么，以日本为首的亚洲各国便发明了私立院校。

　　亚洲私立院校的特质，主要表现在除学生缴纳的学费之外，事实上没有收入来源的脆弱和贫困的财政基础上。

　　因为美国的私立院校不仅在设立上先于公立院校，而且其真正发展时期也与产业化迅速发展的时代相吻合，所以能够积蓄大量的基本财产，达到了远远超过公立院校的教学科研水平。其"富裕程度"和由于私立而享有的"自由度"，把二战后美国的私立大学的教学科研水平提升到凌驾于欧洲国立大学的水平。美国的"研究型大学"（research university）多数是私立大学，州立大学仅占极小的一部分。

　　相比之下，先于产业化的发展、与国立院校同时产生的亚洲私立院校，虽然"自由"但"贫穷"，因此不得不在质量上让步而在数量的扩大上寻找其发展的路子。美国和亚洲的私立院校承担的是完全相反的任务。

　　美国和亚洲各国的历史经验告诉我们，就大众化的迅速实现而言，对升学需求的扩大"敏感"的、对进一步开发有热情的高等教育机构的存在的重要性。

　　美国的州立大学，因为它具有"谁都可以学，什么都可以学"这种大学的民主主义的"理念"，所以对扩大教育机会总是积极的。相比之下，亚洲的私立大学由于财政基础脆弱和贫穷的"经济"条件，所以总是不得不对多数学生敞开门户，热心于增加入学人数。欧洲各国大众化的迟缓，无论是出于理念的理由还是经济的理由，都可以通过缺乏具有较强"敏感性"的机构来予以说明。

总之，可以说国（公）立和私立这两种不同性质的院校并存的"二元结构"的存在，正是（特罗忽视的）左右向大众化阶段过渡速度的最重要的原因。

十、亚洲的二元结构问题

关于在美国和亚洲各国之间出现的、私立和国（公）立这两种院校的任务分担问题，还有必要指出，在美国成为高等教育系统的"强势"，而在亚洲各国则成为"弱势"，它时常提出各种各样深刻的问题，在此以日本的事例为主，考察一下它的"弱势"。

（1）在制度上相同的大学之间，特别是国立大学和私立大学之间，产生了"质"的即"办学条件"的显著差异。随着大众化的发展，在大学和高等教育机构之间所发生的任务和职能的分化是难以回避的。但是，在具有庞大的私立院校的二元结构下的差异，与职能和任务无关，是由设置主体的不同和财政基础的强弱而产生的。如何缩小在国立大学与私立大学之间，甚至在私立大学之间存在的，如师生比、授课时数、学生人均教室面积和教育经费等基本的办学条件的差距，是亚洲各国的高等教育所面临的重大课题。

（2）形成了这些办学条件有差异的大学之间的、上下差异很大的"等级结构"。具体地说，它以大学之间的"社会威信（评价）"和不同学校颁发的毕业证书价值的差别表现出来，是造成以考取社会威信和毕业证书价值更高的大学为目标的激烈的考试竞争的最大根源。"考试地狱"在有较小规模的国立院校和较大规模的私立院校的国家中，是一种独特的病理现象。

（3）"教育机会的不平等感"。虽说是经过严格的选拔，但只有一小部分幸运者才能有以低学费负担却能享受到高质量的、得天独厚的国立院校的教育机会的特权。这不能不在被这种特权所排斥的人们之间产生"憎恨的感情"。被迫负担高额学费，而且只能得到质量低下的教育机会的人们的这种"憎恨的感情"，将会随着大众化的发展、升入大学（特别是进私立大学）人数的增加而迅速膨胀，进而将矛头指向国立院校。

（4）表现出"精英大学的危机"。具有国立、私立之二元高等教育系统结构的国家，精英大学绝大多数都集中在国立院校。但是，在大众化迅速发展的过程中，只对一小部分而且是精英国立大学集中地投入资源就越来越会遭到严厉的指责。"精英大学"的精英性不仅在于教学上，而且在于它具有高水平的研究职能、培养高水平的专业人才上，在经济全球化发展过程中，代表国家的这些精英大学即研究型大学（research university）被置于世界性的激烈竞争的漩涡之中。在不断增强的平等主义的社会和政治压力下，怎样才能继续向国立院校集中地投入资金，维持并提高教学和科研水平的"卓越性"（excellence），这是具有二元高等教育系统的亚洲各国正面临着的又一个问题。

（5）这个在数量上以私立院校为主的二元结构，受希望升学者的教育经费的负担能力的制约，因此对随着大众化的进一步发展，向设想的大众化阶段的下一个"普及化阶段"进行过渡而言，它将作为不利条件在起作用。美国之所以能够先于其他国家实现向普及化阶段的过渡，不仅是因为 GNP 处于高水平上，更重要的是，由于存在着庞大的、学生教育费用负担极低的公立院校，特别是作为短期高等教育机构的"社区学院"，这是不能忽视的。亚洲以私立院校为主的二元结构，很有可能成为大众化进一步发展乃至走向普及化的阻碍因素。

十一、中国高等教育大众化的课题

如上所述，特罗没有预料到的、亚洲各国的私立院校的"发明"尽管存在着种种问题，但在以超过欧洲各国的速度推进大众化方面却起了很大的作用。这个事实，对即将从精英阶段向大众化阶段过渡的中国能有什么启示呢？

第一，对模仿其他亚洲国家创建或扩大"私立院校"的问题有必要进行研究。中国虽然也已经以"民办大学"设置认可的形式开始，但是私立院校构建到何种程度、用什么形式予以推进则是极其重要的政策性课题。以快速实现现代化和产业化为目标的中国，即使对国立大学也强烈要求其进行自身的财政努力。中国国立大学与日本的国立大学相比，其"企业体"的特性即

"私立"性极强。可以说在利用"民间力量"构建大规模的私立院校上不会有强烈的反对或抵抗。

问题在于对私立院校的扶持政策上。在社会主义市场经济条件下，在"民办大学"的设置、经营和维持提高质量上，国家应该如何干预、干预到什么程度？对私立院校的自由发展宽容到什么程度？另外，在与国立院校的关系上，如何分配其数量规模和作用？这是与日本和韩国等资本主义国家相比中国更需要慎重研究的课题。

第二，短期高等教育的问题很重要。高等教育扩大数量的速度，因创建对提供者和享受者来说教育成本低廉、有别于大学的其他类型的教育机构而得以加快。教育年限短、入学条件宽松且进行实用教育的短期高等教育机构，在美国和日本对大众化的推进也起了很大的作用。例如，美国高等教育由大众化阶段向普及化阶段的迅速过渡，没有两年制社区学院的"发明"是不可想象的。这种公立短期高等教育机构，以极其廉价的学费、实际上不问入学资格的方式，接收了包括多数部分时间制学生在内的各种各样的学生，提供了适合他们需求的实用且多样的教育机会。而日本大部分短期高等教育机构不同于美国，是私立的，但两年制的短期大学，特别对女子高等教育升学率的提高起了很大的作用。学费未必低但不同于集中在大城市的大学之地方分散型的短期大学，现在虽然只占整个大学与短期大学入学人数的 18%，但也有过占 30%强的时期，它使得用较低的机会费用提供高等教育机会成为可能。

关于日本高等教育，还有必要提一下另一个被称为"专修学校"的独特的短期高等教育机构的存在。占 18 岁人口近 20%的毛入学率的大部分专修学校也是依赖学费收入的私立教育机构，但与短期大学不同，多数建在大城市，而且通过提供以职业为主的实用教育机会，成功地招收了很多学生。若在大学与短期大学之外再加上专修学校的话，日本的高等教育毛入学率便达到近 70%的极高水平了。

这种实用的而且成本相对较低的短期高等教育机构，对于对私立院校依赖性较强的亚洲国家来说，是推进大众化不可缺少的手段。日本建成的高等教育"二元双层结构"，在此意义上也可以说具有示范性。

第三，必须考虑的是，IT（信息技术）的发展所带来的新的选择的可能性。在过去相当长的时期内，大学拥有雄厚的设施设备和大量以教学科研为职业的教师，还拥有可以让众多学生在一定时间内在那里专心学习和生活的空间。即大学远远超过其他教育机构，是以大量的空间、时间以及资金的投入为前提才能够建立起来的组织体。这意味着对高等教育扩大数量来说不仅是资金问题，更为重要的制约条件是时间和空间。

高等教育的大众化以至普及化的理想在于，不仅要建"谁都可以学，什么都可以学"（any person，any study）的大学，而且还要建"什么时候都能学，什么地方都能学"（any time，any place）的大学和高等教育系统。而IT的发展正好产生了使"什么时候都能学，什么地方都可以学"这种形式的学习和教育能够实现的重要条件。这种类型教育的雏形是"函授教育"。不久它与广播、电视等媒体相结合，带动了"远程教育"（distance education）的发展，直到如今。不言而喻，中国和泰国等亚洲国家在"远程教育"方面是最为发达的国家。

对于推进大众化、普及化敏感的高等教育机构而言，其作用主要体现在尽可能地用较低的成本为更多的人提供适应需求的有一定水平的教育机会上。广播、电视、通信卫星、电脑以及国际网络等信息载体和信息传递技术的快速发展，一举扩大了利用这些新媒体和提供新型的高等教育机会的可能性。不仅用过去的函授大学和广播电视大学，而且用对它进行补充或替代形式去创造"谁都可以学，什么都可以学"和"什么时候都能学，什么地方都能学"的、理想的高等教育机会，这已经明显地变得容易了。

已经开始出现的e-learning和virtual university等信息技术运用自如的、新型的教育与学习系统，对现在正在推进大众化的各国，特别是已经具有较为发达的远程教育系统的中国来说，比已经实现了大众化、正迈向普及化的国家，更将成为大量提供价更廉、质更优的高等教育机会之极其有效的手段。然而，这种信息技术的惊人发展，也是在20世纪70年代初期特罗没有（其他人也没有）预想到的变化。

信息技术可能孕育着教育与学习的"革命性"变革。如何去创建或"发明"积极应用信息技术的新型的高等教育机构？可以说其成功与否，关系到亚洲各国高等教育的未来。

本章开头介绍的特罗的论文，在其撰写之后已经过了四分之一世纪。在这期间，他的阶段发展"理论"所存在的缺陷，从上面的论述中我们也已经清楚了。但是可以说，他的论文现阶段所具有的价值体现在作为过渡的过程和结果在高等教育系统和其构成部分的各种机构中发生的一系列变化方面，他那综合的、详细的论述是那么有先见性和预见性。

例如，大众化的发展不得不带来精英高等教育的危机。为什么呢？因为精英阶段的基本课题在其"质量"（quality）和"卓越性"（excellence），而大众化阶段的基本课题则在其"数量"（quantity）和"平等"（equality），因此大众化的发展越发迅速，其质量和卓越性就不得不越发遭受危机。其危机的表现形式，不同的国家是不同的，但共同的是将带来在数量增加、多样化的大学和高等教育之间的职能和任务的分化，资源分配方式的变化以及与此相适应的等级、阶层结构的形成等问题。对此如何应对，则是和扩大数量相并列的又一个重要的政策性课题。

由于篇幅所限，无法更详细地展开。但是在探讨这些问题时，特罗的论文现在仍然能给予我们各种启示。这就是特罗的过渡阶段"理论"尽管存在一些局限性，但他的论文却在日本高等教育研究者中继续广被阅读的理由所在。

（原载于《高等教育研究》2001年第6期，陈武元、黄梅英译）

第二章　全球化视野中的日本高等教育改革

一、大众化的冲击

近期,《新闻周刊》杂志上刊登了该杂志的柏林分社社长撰写的文章,大意如下:

——曾经享有世界第一声望的德国大学,现在正处于危机状况中。没有朝气的、官僚的教师增加,诺贝尔奖获得者减少,优秀的外国留学生自不待言,就连德国学生也以留学美国为志向。从国际来看,德国的大学在"质量和能力方面"均缺乏竞争力。德国大学的没落始于纳粹时代,但现在危机的原因则在于 20 世纪 70 年代的教育改革。"随着高中教育水平的放宽,修完大学预备课程的高中生均全部升入大学。入学考试取消,大学必须接收政府机构分配的学生。"

——"其结果,过去二十年间,学生数倍增。学生数膨胀了相当于大学设施接收能力的两倍,达到 180 万人,师生比全国平均为 1∶55。每门课程学生登记人数达到几百人,研讨班也达到 50～100 人,都是很平常的事。因此,教师和学生都表示不满,也就不足为奇。'在德国,有两个设施不能选择收容者,即监狱和大学。'"波恩大学有一位教授如是说。

——"教师的不满针对的是必须同时教两种学生,即真正想做学问的学生和只能延长走上社会的学生。"但是,学生们的不满则有过之而无不及。原因是,处于绝不能解雇的公务员地位的德国大学教授,多数是无聊的,没有朝气。"一提到教授在研讨班上所做的事,就要打哈欠。"作为交换留学生在美国大学学习政治学的一位学生说,"我对(美国大学)教师易于亲近,而且讲课切合实际又具体感到惊讶。""这是在几乎没有与产业界有接触的德国大学里,就连数理系的教授也见不到的态度。"

——在德国,现在联邦政府和州政府都在推进改善大学质量的计划,但囿于财政上的困难。因此,政府拟采取废除学费的无偿制或缩短修业年限,或重新探讨平等主义等较为合理化的政策,但遭到大学和学生的反对。"大学论争今后还将继续下去。"①

尽管文章有些冗长,对杂志所特有的夸张要打折扣,但这正是面临危机的德国大学的现状。不,不仅仅是德国,欧洲的许多国家的大学也都面临同样的问题,都在被迫进行变革。引起这种危机的最大原因,正如上面报道的那样,是大学入学者数量的剧增所带来的大学的大众化。

最早真正涉足大学大众化问题研究的是美国社会学家马丁·特罗。在1973年由OECD主办的有关高等教育的国际会议上,特罗提交的论文《从精英到大众高等教育过渡的诸问题》,比起当时已经处于成熟的大众阶段的美国来说,更受到正在被迫向大众阶段过渡的其他发达国家所重视,并被广泛地阅读着。这篇论文也被翻译、介绍到日本,并拥有很多读者。此后不久便产生了意味"大众化"的新词语"massification",说明其影响力很大。

在这篇论文中,特罗把高等教育人口占适龄青年的比例即高等教育毛入学率的15%作为从精英阶段到大众阶段,把50%作为从大众阶段到普及阶段过渡的指标,明确了伴随过渡而产生的各种各样的纠葛的性质,以及解决这种纠葛所需要的大学和高等教育系统的改革课题。他认为,高等教育不论在哪个国家,都将遵循精英、大众、普及这三个阶段,欧洲各国也不例外。在具有中世纪以来的历史的这些国家,大学和高等教育系统的规模扩张是在原封不动地保留精英性质和结构的状态下进行的,但是它已经接近于临界线。升学者的增加已经成为强大的压力,从而促使制度变革,带动升学率进一步提高,并推动从精英到大众阶段的过渡。这就是20世纪70年代初特罗设想的欧洲高等教育的未来形态。

但是,欧洲高等教育在现实中所经历的是,毛入学率在20%左右的停滞现象。在越过从精英到大众阶段过渡的"门槛"时,规模扩张遇到了障碍。对于与这个预测相反的现实,特罗于20世纪70年代末发表新论文,对自己的学说进行了修正。这篇以《精英高等教育与大众高等教育——美国模式与欧洲现实》为标题的论文,其问题意识到,为什么过渡阶段在美国能顺利完成,而在欧洲毛入学率的增长却处于低迷状态呢?

正如副标题所显示的那样,特罗认为其原因是美国与欧洲的不同之处。作为这种不同之处,他提出两点:第一是中等教育的制度结构、大学的入学

---

① 凋落的大学中的学生暴乱[J].新闻周刊(日文版)1997年12月10日.

选拔制度、社会的阶级结构与阶级文化等的不同；第二是高等教育系统本身的差异。尽管篇幅所限，不能对它们进行详细阐述，但就第一点而言，欧洲的阶级结构僵硬、阶级间的文化差异显著，其结果导致了升入上一级学校的动机普遍低下。另外，在中等教育系统中，升学预备课程在制度上是分化的，并且毕业时进行的资格考试限定在有资格升入大学者的数量内。这与中等学校实行综合制、所有毕业生都有资格升入大学以及阶层结构和文化都是流动的美国有显著的不同。

作为第二点的高等教育系统的差异，特罗提出"市场力量"。在美国，大学围绕作为"顾客"的学生、优秀研究者、教学科研经费以及社会威信等的获得，相互之间进行激烈的竞争，这就导致了高等教育数量规模的急速扩张。与此相对，欧洲各国的所有大学都是国、公立，并在政府强有力的管理控制下，其"市场力量"弱小，因而妨碍了数量规模的扩张。即特罗所说的"在欧洲各国中存在着制约规模扩张的各种各样的制度因素，而我忽视了"。

此后，在20多年后的今天，欧洲各国的高等教育毛入学率已超过30%，正在逼近40%。这应该看作是特罗的再次失误，还是应该看作是看错变化所需的时间呢？答案显然是后者。但是，必须指出的是，从精英阶段到大众阶段的过渡以及大众化的过程并不是由高等教育系统的结构变化带来的。变化的是特罗所说的第一点的制约因素，它带来了升学者数量的增加。

过去僵硬的阶级结构增加了流动性，富裕程度的提高缩小了阶级间的文化差异，中等学校的升学预备课程被扩大而变得更加开放，越来越多的年轻人取得了升入大学所需的中学毕业会考（baccalaureat）等修完中等教育的资格证明。这意味着升入大学者将自动地增加。"无法选择学生"的大学之叫苦不迭的根源就在于此。进一步说，这种叫苦不迭或许可以看作是象征"精英型"大学无法应对大众化带来的升学压力的苦境，或许也可以看作是，正如《新闻周刊》的报道所看到的德国政府的改革构想就是想把特罗所说的"市场力量"引入高等教育的世界。升学者数量的增加变成了强大的压力，并开始要求大学和高等教育系统本身的变革。特罗的预测应该说没有错。

下面，不妨再引述一下特罗的学说[①]。

特罗在以毛入学率为指标设定三个发展阶段时，设想了各个发展阶段的典型的高等教育系统。如果说欧洲，尤其是德国的高等教育系统是精英阶段

[①] 关于特罗发展阶段学说的批判，请参见天野郁夫的《高等教育的日本模式》（玉川大学出版部1986年版），特别是第一章"高等教育发展阶段学说与制度类型论"。

的典型，那么美国的高等教育系统则是大众阶段的典型，20世纪70年代的美国正处于向下个普及阶段过渡的时期。关于普及阶段，有必要指出的是，特罗并没有拘泥于毛入学率50%的这个数量指标，而是对普及化的阶段进行了"修正"，即不是指入学，而是指入学机会。

　　正如我们已经看到的那样，被作为精英阶段代表的德国（欧洲）的大学和高等教育系统在向大众阶段过渡的过程中正在面临着危机。那么，美国又是如何呢？在从精英阶段向大众阶段过渡时，美国没有碰到过危机吗？特罗认为没有。这是因为美国高等教育系统从一开始就具备了受"市场力量"控制的、竞争性的且对规模扩张的要求极其"敏感"的结构。那么，从大众阶段向普及阶段的过渡又是如何呢？在加利福尼亚大学经历了20世纪60年代后半期的"学生暴乱"的特罗，或许看到了美国高等教育在过渡时期的危机。但是，在这种情况下，美国的高等教育也没有遭受什么严重的困难和混乱，在20世纪70年代至80年代间顺利地过渡到普及阶段。"市场力量"控制下的"敏感"的结构再次极其有效地发挥了作用。

　　这意味着，大众化、普及化的最为重要的问题不仅关系到高等教育系统的结构，而且在特罗的阶段过渡学说中，美国的系统事实上是作为具有唯一普遍性的模式来设定的。实际上，正如从德国大学的事例中所看到的那样，许多国家的高等教育正在致力于积极引入"市场力量"，并向竞争的、开放的系统转换。向新古典主义的、自由竞争的系统过渡——来自美国化的压力——应该说不仅在经济方面，而且已开始波及大学和高等教育的世界。

　　长期担任哈佛大学文理学院院长的经济学家亨利·罗索斯基在其著作《大学走向未来》之日文版的序言中认为"在全世界顶级的大学中，最优秀的三分之二是美国的大学"，并把"以如此绝对优势自居"的理由归结为日本和欧洲所看不到的激烈的"竞争"，及作为其结果的每所大学的"独特的个性"上。其他国家还在为大众化的进程导致教学科研水平下降而感到烦恼时，美国不仅捷足先登顺利地迎来了普及化的阶段，而且还持续保持着卓越的水平。它的"成功"迫使其他国家向更加开放、竞争、对社会需求的变化"敏感"的系统转换。可以这么说，不仅在经济方面，而且不可否认地，大学和高等教育的世界均被卷入以美国为全球标准的国际性竞争的漩涡之中。

　　但是，这种转换并不容易。大学和高等教育系统受文化和社会所制约，特别是在具有悠久历史和传统的欧洲各国，对变革的抵抗是很强烈的。美国引以为豪的开放的、竞争的系统与富有个性的大学群本身，正如特罗所默认的那样，是美利坚合众国这一多元化的、开放的国家的历史之极其偶然的产物，其一切并非能够无条件地作为全球标准。毫无疑问，19世纪初德国确立的近代大学即精英大学模式，正在被迫需要从根本上进行再探讨和变革。但是，其变革只能在各个国家的历史传统和文化与社会的脉络中加以推进。

二、日本的高等教育系统

下面让我们来探讨日本的大学和高等教育系统的问题。

从前面介绍的《新闻周刊》的报道所描述的德国大学的现状中，一定有不少读者已领会到日本的大学状况也存在着与其相同的问题。日本高等教育的大众化进程早于欧洲各国，高等教育毛入学率在20世纪70年代中期已经超过35%，现在大大超过40%，正在逼近50%这个普及化阶段的指标值。尽管如此，为什么日本的大学却苦于与德国大学相同的问题，持续面临着危机呢？这就是现在不能不追问的问题。1970年正值日本大学学潮之风刮得厉害时，来日本的OECD教育调查团在其报告书《日本的教育政策》中这样写道："日本的高等教育制度是极其等级性的，其结构尽管快速发展，但在本世纪内几乎不会变化。在众多的大学中，仅有极少数大学在财政基础、社会威信和提供的教育水平等方面，与其他大学有明显的区别。这样形成的大学结构呈现出顶端极其尖的金字塔形状，构成金字塔的各层之间，其学生和教师的流动是极其缺乏的。"这段话成了思考这个问题的线索。

以英国社会学家罗纳德·多尔为首、由日本通学者组成的这个调查团的报告书指出，日本高等教育结构从二战前开始一直没有变化，是极其等级性和僵硬的，缺乏开放性和竞争性。众所周知，二战结束前的日本的大学模式来源于欧洲，尤其是德国的大学。作为最早的近代大学，于1886年设立的帝国大学（东京大学的前身），是以当时在世界上获得最高评价的德国大学为模式，重视学术研究之精英型的国家大学。著名的《帝国大学令》的第1条规定"帝国大学适应国家需要，以教授学术技艺及探究其奥秘为目的"，直截了当地表明了这种大学的基本性质。

近代化后发的日本，也受到了德国以外的欧美各国的大学和高等教育的各种各样的影响，特别是拥有众多欧洲所见不到的私立大学，抛开美国的影响则无法想象。但是，同时包括私学在内的日本所追求的理想的大学模式还是一直被认为来源于德国大学。学部与讲座所象征的学术体系、教学与科研的统一、学术自由、教授会自治和授课、讨论的形式等的"原型"全都来自德国大学，多数留学者的目标只锁定德国大学。

但是，这种移植与模仿的结果，日本创建的高等教育系统的结构明显地与德国不同。实行联邦制的德国在各州的大学之间存在着以教授和学生的流动为主的一定的竞争关系，而日本的帝国大学不仅数量少，而且全部被置于中央政府的强有力的控制之下。另外，相对于以大学为主体的德国而言，日本的高等教育系统则拥有学校数和学生数均大大超过大学的颇具规模的"专门学校"所代表的各种各样的"短期"高等教育机构。而且为德国所见不到的发达的私立部门的存在，意味着日本高等教育系统在二战结束前就已经含有对社会需求的变动，因而对数量规模扩张的方向"敏感"的，在某种意义上说是美国式的组成部分。事实上，第一次世界大战后，日本的高等教育毛入学率就已经大大超过欧洲各国。

被指出的等级性的、僵硬的高等教育系统的结构，既是在含有这种差异，又是在近代化后发国家所特有的、人力和物力有限、政府强有力控制和不均等分配之下形成的。

第二次世界大战后，由于占领时期的学制改革，日本的大学和高等教育系统发生了很大的变化。众所周知，改革的新模式来源于美国。帝国大学、官公立大学、私立大学、高等学校、大学预科、专门学校、实业专门学校、高等师范学校和师范学校等在修业年限、功能和制度上的地位均不同的、多样的高等教育机构，事实上全部被重组、合并成新的四年制大学（一部分暂时以两年制的短期大学来办），同时规定新的教育目的为"作为学术中心，在广泛传授知识的同时，深入教授和探究专门的学艺，养成智慧、道德以及应用能力"（《学校教育法》第 52 条）。也就是说，大学既是比研究更为重要的教育场所，也是面向市民开放的教育场所。

在改革过程中引进了不少美国式的制度，比如，普通教育、学分制、选修制、大学院[①]制度、入学适应性测试、公开讲座、函授教育和基准协会等。但是，还有很多制度没被引进就终结了，被引进的制度也很难说支撑它的基本理念被充分理解了。国立大学自不待言，在私立大学方面，政府通过设置

[①] 日本大学的大学院相当于中国大学的研究生院。在这里，为了保持其特性，没有把"大学院"译成"研究生院"。——译者注

认定的行政手段一直掌控着强有力的审批权,这妨碍了自由竞争的大学和高等教育系统的形成。美国的多样和开放的系统既拥有各州自己出资的高等教育系统,又有与日本相比虽规模小但却富有个性且质量高的大学之相互竞争的私学部门。当时的日本虽经过二战后的改革,但与这种多样和开放的系统相比仍有很大的距离。

正如后面将会看到的那样,进入20世纪90年代后开始急速进行的大学改革,最为重要的是采取改革"教育"的形式,在这个过程中被引进的新尝试几乎都是具有美国的大学和高等教育系统特征的。美国模式的引进在经历了近半个世纪后终于走向正规化。

这即使从特罗的学说来看,也可以说是理所当然的。这是因为当时的日本高等教育还处在毛入学率不到10%的"精英"阶段,而且在以教师为主体的相关人员之间,明治以来的德国大学模式仍占统治地位。"新制大学"的数量(包括众多从专门学校等"升格"而成的大学在内),虽然在1950年已经超过200所,但这些大学的理念仍是"旧制大学",而且还是旧制帝国大学所象征的重视学术、重视研究的"精英"大学模式。不言而喻,其根源可以想象得到是19世纪的德国大学模式。而且,这种旧制大学的志向,具有讽刺意味的是,在作为二战后改革的结果而完成"升格"为大学的"新制大学"中却表现得更加强烈。与旧制帝国大学同等化,并尽可能地趋同,即强烈地趋同"精英"大学的志向成了完成向处于成熟的大众阶段的美国大学模式——"大众"型的大学和高等教育系统转换的日本的现实。

三、市场力量与限制

大学模式的转换虽然没有进展,但是二战后的教育改革,特别是倡导民主化、平等化的中等教育的改革却带来了高中以至大学和短期大学的希望入学者的持续增加。与高等教育一样,重组、合并多样且分化的各类中等学校而成立的"新制"高中,其入学率于20世纪50年代中期大大超过50%,70年代初期超过80%。结果,高中毕业生的增加也急速地提升进入大学和短期大学的入学率,从1960年的10%提高到1970年的24%、1980年的37%。

使高等教育的数量规模如此快速扩张成为可能,最为重要的是前面提到的私立部门的存在。以学费收入作为事实上唯一财源的日本私学，可以说是"被迫"应对社会需要的变动的教育机构。战前时期，政府一直对私学的发展采取限制性的政策。学校的设置本身虽然是允许的，但是参照官学的设置认定标准被设定得很高，特别是针对大学的情况。而且政府为了贯彻官学中心主义，不断地、有计划地新办官立学校。不仅如此，这些官立学校的学费高，而私学仅有几所能够征收到超过其学费额且数量充足的学生。二战结束前的私学相对于官学而言，并不具有充分发挥其本来的敏感性的竞争力。

第二次世界大战后，这种重视官学、国立的政策也没有发生根本性的变化，但是由于财政方面的限制，政府对新办国立大学采取了消极的政策，因而接收急剧增加的希望入学者主要靠私学。结果，二战结束前私学占高等教育人口的比率一直徘徊在 50% 左右，在 1955 年超过 60%，1965 年超过 70%，1975 年甚至接近 80%。与二战结束前不同，国立大学的学费被压在较低的水平上，而出于经营上的需要不得不征收高额学费的私学能够成为"大众"化的重要承担者，表明了通过二战后的社会与教育的改革而被释放出来的人们的升学愿望是何等的强烈。与二战结束前相比，从政府的控制中获得相对自由的私学部门，成了"市场力量"起作用的场所。但是，这种"市场力量"与美国相比仍受很大的限制。这种限制就是 OECD 报告书中指出的——等级的且缺乏流动性的高等教育系统的结构。

限制"市场力量"的第一因素，虽说与二战结束前相比得到了极大的缓和，但依然存在着政府对大学和高等教育系统的规制。作为其象征的文部省令《大学设置基准》，不仅详细地规定大学设置所必需的人力和物力的条件，并通过设置认定的过程，特别加大限制私立大学的办学形态，而且对各大学的教育课程的设置和教育内容也进行了控制，阻碍了大学的多样化。但是，作为限制"市场力量"的规制，比之更重要的、起着隐性作用的是高等教育系统内部各种资源的分配结构及其僵硬性。作为这种资源，这里拟举出社会威信、资金、教师和学生四种。

1. 社会威信

从大学是教学科研机构来看，规定大学之间的分配本来应是教学科研的水平。但是在日本，威信的排序比起作为学术中心的"卓越性"，更受历史传统所左右。当然，卓越性与历史传统并非没有关系。但是，以日本二战结束前形成的官立与私立、大学与专门学校这个二元多层的制度结构为基础，创办年份、所在地域、入学者的学力和毕业生的社会地位等错综复杂地交织在一起创出的威信排序，几乎原封不动地为二战后的新制大学所继承。制度上均同一的大学，由继承旧制度下的前身而形成的隐性的评价排序，与社会特别是企业和职业世界的学历主义秩序相结合，被原封不动地呈现出来。不言而喻，这种稳定的、固定的结构大大限制了大学之间的竞争。

2. 与教学科研水平有很大关系的资金的分配结构也是极其僵硬性的

政府支出的公共资金主要投入国立大学，但大学间的分配结构并不是推倒二战结束前的分配结构，依据文部省确定的基准的分配依然缺乏竞争性。前面我们已经看到，私立大学除学费所代表的学生缴纳金以外，事实上并没有其他的收入来源。20世纪70年代中期开始实施的国库资助曾一度达到私立大学经常费收入的近30%，但现在却减少到近10%，而且这种情况下的分配也几乎见不到竞争性。在慈善传统缺乏的日本社会，大学无法过多地指望企业、财团、校友和慈善家等的捐赠或资助，不论国立或私立，都难以期待政府出资和学生学费以外的财源。在政府出资中，虽然科研基金类的研究经费基本采用竞争性的分配，但其额度极其有限，而私学所依存的学生缴纳金，从与国立的竞争和学生的负担能力来看，也受到限制。因此，资金的分配结构也就难免僵硬化，并发挥了从物质方面支撑教学科研水平乃至社会威信排序的作用。

3. 关于大学教师

从二战前以来，教师市场一直为一部分大学所垄断（学阀现象），在聘用教师时，常见到优先录用本校毕业生现象（近亲繁殖），但二战后这种现象并未改变，甚至更加强化，这就限制了教师根据业绩聘用和在大学之间的流动。重业绩的竞争是大学之间、大学教师之间的教学科研，特别是研究活动的活性化作用所不可缺少的条件。日本在这方面受很大限制，优秀研究者在大学之间流动性的缺乏，成了社会威信排序固定化的重要因素。

4. 关于另一个人力资源的学生在大学之间的分配问题

正如前面已经看到的那样，众多私学的存在使"市场力量"发挥作用成为可能。政府对国立部门的规模扩张采取限制性的政策，在希望入学者急剧增加的过程中，一方面带来了现有大学的规模扩张的竞争，另一方面也引来了连续不断地以新办大学的形式进入的新大学。结果，包括国立大学在内，各大学之间围绕招生的竞争不断激化，竞争逐渐地从围绕数量的确保到围绕入学者的质量的竞争转变。也就是说，私立部门中的名牌学校——具有悠久历史传统的、社会威信高的大学群，从20世纪60年代的规模扩张路线到70年代后一下子转向采取限制入学者的数量、强化选拔功能以提高学生质量的策略。

这种转变的背景是，文部省于20世纪70年代中期开始实施的高等教育计划，即对数量规模扩张，特别是对增加大城市的接收能力采取严格限制的政策。相对分散于地方的国立大学而言，私立大学特别是大部分有悠久传统的学校都集中在大城市。在这种区域结构下，人口集中的结果使得政府对希望入学者急剧增加的大城市采取严格限制增加入学定编的政策，这种限制政策一方面使考试竞争激化，另一方面也起到了提高升入这些传统学校的入学者的学力（以偏差值来衡量）的作用。从70年代后半期到90年代初，高等教育毛入学率一直稳定在35%~36%的水平上，而在使之成为可能的限制性的高等教育计划的背后，考试竞争的激化和人们所说的"远离国（公）立"，至少从考生方面来看，大学之间的威信排序（偏差值排序）的变动已经发生了。

大学之间在数量和质量两方面围绕招生的竞争，在进入20世纪70年代的后半期时，通过文部省开始采取的入学者选拔方法的多样化政策而进一步升级。考试科目束缚的放宽、推荐入学制和特别选拔制的引进以及学力考试以外的选拔手段的鼓励等等就是例证。在这种自由化、多样化的政策下，与依然被置于文部省强有力控制下的国立大学相对照，私立大学开始把入学者的选拔方法作为大学之间竞争的重要的、战略的手段加以积极地利用。

这样，进入20世纪80年代后，围绕学生这一资源，"市场力量"开始发挥作用。但是这毕竟还是局限于大学入学时的招生竞争，入学后的学生在大学之间的流动问题上还是没有变化，例如转学的机会还是被大大地限制。对于OECD报告书中指出的僵硬性的制度结构，尽管大众化快速发展，但基本上还是没有动摇。

四、矛盾的表面化

高等教育的这种僵硬且等级的结构不仅如此,而且可以说起着掩盖大众化影响的作用。其原因是,正如前面已经看到的那样,吸收增加的入学者,国立不如私立,在私学中,传统学校不如新办学校。而且,占据等级结构的上层,换句话说,精英部分,是国立和私立中的一部分传统学校,而占据下层的大众化部分是私立的新办学校。

也就是说,僵硬的等级结构使精英型的大学与大众型的大学"稳定地"分化,并据此防止大众化的压力波及精英型的大学,或起延缓的作用。当然,大众化的影响也会无情地波及精英大学。但是,与等级结构较弱、大众化的压力直接冲击所有大学的德国等欧洲各国相比,日本的大学由于所处等级结构的位置不同,所受冲击的大小是不同的;同时与美国不同,由于僵硬性的缘故,也难以有比占据等级结构上层的大学更自觉地受大众化的影响。日本的大学和高等教育系统的大众化可以说是在充满着这样的矛盾、隐含着跛行的结构中发展起来的。

在这种矛盾表面化后,作为重要的政策性课题真正开始引起议论的是,从20世纪80年代中期临时教育审议会成立时(1984年)开始的。当时由中曾根政府设立的直属内阁的这个审议会,开始审议并力图解决堆积如山的一揽子教育问题,其中最重要的研究课题是考试地狱和学历社会的问题,甚至可以说是在于其深层的两者结合之大学间的固定化的排序或等级结构的变革问题。作为解决这个问题的政策,提出了"自由化、个性化、多样化"的路线。必须指出的是,这个政策路线是顺应当时伴随着经济全球化而被提出的行政方面的"放宽限制"的潮流的。自由化、个性化、多样化的路线是作为全球化时代的"放宽限制"的一环而出台的。

就高等教育而言,这个路线主要体现在作为专门审议会于1987年新设立的大学审议会的一系列咨询报告中。其中对大学的改革起重要作用的是,1991年的咨询报告《关于改善大学教育》。这个咨询报告在规定大学的应有形态的《大学设置基准》中要求软件部分——教育课程的设置自由化。根据咨询报告,一旦对"设置基准"进行修改,很多大学就得推进"教育"改革。针对"设置基准"把专业教育与普通教育分开,并严格规定普通教育的内容,大学方面强烈批评"这将导致大学教育的整齐划一化,以及由于与高中教育在内容上的重复，使学生学习欲望丧失"。这项规定被废止后，带来了很大的变化，比如，普通教育课程及教养部的解体，普通教育更替或重组为教养教育，等等。不仅如此，它还成为引发对本科阶段的整体教育的应有形态进行反思的重要契机。

对本科教育的反思，实际上从20世纪90年代之前就已经开始了。特罗认为，随着入学者数量的增加，首先变化的是"学生对进入大学的意义的认识"。对在大众化不断向前推进的大学里学习的学生们而言，入学已经不是特权，而是理所当然的权利，甚至是社会的义务；大学不是做学问的共同体，而只是为了掌握知识和技术、获得学历的场所。但是，大学对学生的这种变化，怎么也无法适应。这是为什么呢？特罗认为，大学由于"其管理运作的方式"和"大学教授本身的特性和追求"，是极其"保守的"组织体。这正是把德国式的学术共同体的大学模式作为理想的日本的大学在大众化的推进中所经历的过程。

众所周知，根据20世纪90年代中期进行的国际调查的结果，日本大学教师与其他国家相比，重视研究的倾向是十分显著的。对于主要是关注教学还是科研的这个问题，回答教学的比率，美国为49%，德国为34%，而日本只有28%。但是，重视研究的日本的大学在进入20世纪70年代后，在受大众化极大影响的、占等级结构下层的大学中，也开始看到了为应对学生意识的变化而重新审视、改革或创新教育的应有形态的动向。进入80年代后，这一动向也逐渐地波及中上层的大学。正是在这个时期，教室里的"讲悄悄话现象"和"补习教育"已然成为问题，"一只手翻着发黄的笔记，讲授十年不变的内容"开始受到批评。1991年的大学审议会咨询报告只是对积蓄在大学内部的"教育"改革起到释放能量的作用。

五、改革的启动

自此以后直到现在的改革的具体情况，用不着再说了。[①]国立大学的教养部事实上已全部销声匿迹，并被以卷入专业教育的形式进行了课程的大幅度

---

① 关于大学改革的动向，请参见天野郁夫著的《大学——变革的时代》（东京大学出版会1995年版）和《大学——挑战的时代》（东京大学出版会1999年版）。

改编。私立大学则不断新设"新名称"的学部,并不拘泥于传统的学术领域,比如,以国际、信息、环境、政策和文化等跨学科、跨领域的课程为卖点。另外,教学大纲(syllabus)、学期制、教师发展(faculty development)、授课评价等诞生于美国(因而是适合于大众化)的教育"手段"也不断被介绍和引进来。其速度与深度能符合当初的期待到什么程度暂且不说,"教育"改革已开始推进则是不容置疑的。

通过改变各大学提供的教育服务的质量,推进多样化和个性化,这或许将会成为影响学生作为"消费者"选择大学的过程、撼动大学之间威信排序的力量。但是,在改变僵硬的结构方面,具有更大的、起决定性作用的是,资金和教师这两种资源的分配结构。进入20世纪90年代后,流动化的努力也开始波及这个方面。

大学审议会就教师问题已提出了两个涉及分配流动化的咨询报告。1994年的《关于教师聘用的改善》和1996年的《关于大学教师的任期制》就是例证,其目的在于要求在教师的聘用和晋升等方面改进传统制度或惯例,通过重业绩的人事改革,谋求教师市场的流动化。人事权是大学特别是教授会掌控的一项重要权力,终身教职(tenure)是日本大学教师享有的最重要的特权。正因为如此,教师特别对任期制的全面引入(即废除终身教职制度)持强烈的反对态度。但是,人事和教师市场的流动化对大众化深入发展的大学和高等教育系统来说,在谋求教学与科研的活性化作用方面的确是难以回避的课题。

大众化的发展将不可避免地伴随着为社会所期待的高等教育职能的多样化和大学之间的功能分化。精英阶段的大学,由于研究和专业教育是其两项重要职能,大学之间也即大学教师之间的职能的差异很小。但是,大众阶段的大学还要加上教养与市民教育和社会服务的职能,这四种职能如何协调,将导致大学与大学教师之间的分化和多样化。为了防止这些职能分化固定化,并与大学间、教师间的僵硬的等级结构相结合,完善合适的业绩评价体系和根据业绩评价引导教师流动的保障与补偿制度,是不可缺少的条件。这种业绩主义的流动与补偿也是国际学术与大学世界的全球标准。改革刚刚开始,或许会有曲折,但大学教师市场的流动化与开放化确实已在进行中。

关于另一种资源——资金的问题,20世纪90年代后,在日益严峻的财政状况之下,政府对支出的高等教育经费采取总额控制政策,一方面实施竞争性分配,另一方面则采取重点投入的政策。例如,从文部省大幅度增加科研基金的额度中，我们可以看到不断扩大竞争性分配份额的迹象，国立大学的一般经费和私立大学的国库资助也有根据教学科研上的需要程度和成果的评价增加重点分配额度的倾向。但是，从整体来看，竞争性的、重点分配的额度占政府公共支出的比重还很小，离"市场力量"能发挥作用的要求还相当遥远。

此外，陷入财政困难的政府，不论对国立还是私立，均要求大学积极吸纳企业和财团的资金，并正在推进使之易于吸纳这些资金的"放宽限制"。但是，在慈善传统缺乏的日本社会，由于经济低迷，难以期待有很多的民间投入，依然依靠学费收入和政府支出的结构尚未能发生很大的变化。在资金方面，为了能使"市场力量"充分发挥作用，政府希望资金来源多样化，而且在大学和大学教师之间采取竞争性分配。在这方面，改革才刚刚开始，到资金的分配结构真正达到流动化之前，还需要很多的努力和时间。

六、走向开放与竞争

以上就是已经过了大众阶段即将越过毛入学率 50%这一普及化阶段门槛的日本高等教育现状。引入"市场力量"，致力于使大学和高等教育系统的基本结构弹性化或流动化，谋求向开放且活性化作用的方向转换的改革已经开始，但其成效尚未显现出来。前面介绍的德国大学的危机状况在日本也同样出现了，其原因也在于此。当然，即使危机的现象与形态相同，其基本的结构和处于深层次的东西也未必会相同。但是，作为大众化进展的结果，为消除大学和高等教育系统中出现的危机的策略并非有很大的不同。

克拉克·科尔于 20 世纪 90 年代初就发达国家高等教育所共有的"一系列根本的且可以说是普遍的发展动向"进行阐述的论文中，提出了以下 12 个共同的动向。

（1）经济发展钝化、高等教育规模扩张的结果是，"要从政府那儿获得更多的财源变得越来越困难"。（2）高等教育与政府、产业的关系越来越紧密，"知识的独立性正在丧失"。（3）政府对高等教育的政策，从个别"控制"转变为"引导"，"竞争主义的市场压力"增强，"高等教育日益市场经济化"。（4）这种"引导"是"从纯粹学术向应用研究或研究的应用、技术训练"

转变，并且"越来越多的研究或技能训练在高等教育的外部进行"，这也是"世界性经济竞争激化"的结果。（5）政府还要从大众型向普及型积极推进教育机会的扩大。（6）其结果，作为一般的趋势，高等教育一方面"机构之间的功能日益分化"，但另一方面"来自均等化的压力也根深蒂固地存在着"。（7）为了应对这种变化，大学"越来越强化大学校长作为企业家那样的企业体的素质"。（8）高等教育机构的"资金来源更加依赖于学生缴纳的学费"，与此同时，"更有效的奖学制度的充实"变得不可缺少。（9）在课程方面，"基础数学与语言能力的养成，有关世界各种文明的学习受到重视"。（10）"人才外流"，换句话说，"高素质的人才的流动化"不仅在国内，也在国际上日益频繁。（11）对高等教育机构来说，"生存已经不是理所当然的前提"，不仅要关注"将来的繁荣"，也要关注"生存"。（12）但是，在大学内部，"从整体来看，大学人的责任感下降，利害的分裂趋势加剧"。

科尔指出的这12个"发展动向"，几乎也是日本高等教育所共有的。必须再次明确的是，全球化并不仅仅属于政治和经济领域的问题。在全球化的这些动向中引人注目的是大学的现状——大学不论愿意与否，在越来越强的"市场力量"之下，作为一个组织体或经营体正在被迫作出主体选择和抉择。

被称为"象牙塔"的精英阶段的大学，曾作为做学问的共同体享受着"孤独与自由"。大学在国家（或教会等）的庇护之下，"远离"社会并居于"很高的"地位，资金有保障，享受着学术自由与自治的特权。但是，大众阶段的大学，这种庇护和特权地位已经不能自动地得到保障。为了获得更多的资金和数量充足的学生，以及政府和社会的支持，大学不得不努力，并相互之间进行竞争。大学被要求"开放和竞争"，这常常威胁到学术自由和自治的特权，对此应予以重新审视。加利福尼亚大学前总校长、美国大学人的代表——科尔通过指出这12个动向想强调的是，19世纪以来，甚至可追溯到12世纪以来具有历史和传统的大学的急剧变化，及它所孕育的危机的结构。

而且，这12个动向所象征的最主要的危机是大学发展自身产生的。

数量规模扩张到能容纳同年龄人口的近半数之大学和高等教育系统，是现代社会中一个巨大且具有核心作用的系统，它拥有庞大的设施设备、拥有众多的教师和研究者、消耗巨额资金、创造并传播新知识和技术、输送包括专门职业人才在内的许多高学历人才。这一宏大的高等教育系统搭载着社会的多样且强烈的期待，难免会引起这样那样的批评。学生、社会的其他系统对大学提出各种各样的要求和期待，而大学在应对这些要求和期待的过程中，日趋走向多样化和多功能化。科尔对现代大学赋予非常大学之"巨型大学"的特征，正是因为注意到这种变化。

多样化和多功能化进一步提高其发挥作用所需要的资金，同时也将增加对多样化资金提供者的说明责任（accountability）。为了能够持续地获得更多的资金，大学必须弄清自己的教学科研的情况和成效，并向社会进行说明。这意味着不仅自己要评估自身教学科研活动，而且还要接受外部的第三者评价。对大众阶段的大学来说，"孤独与自由"已经成为过去时。

宏大的高等教育系统与构成这一系统的众多大学，难免会受到强大的"市场力量"的渗透。大学面对的"开放与竞争"的压力，在大众化乃至普及化的进程中，只会增强不会减弱。随着这种力量越来越强，大学迫切需要的是，作为组织体的独立筹集资金能力、资金的高效分配与使用能力以及迅速而且准确地作出选择和抉择的能力。科尔称"强化大学校长作为企业家那样的企业体的素质"就是这个意思，当然，大学与企业不同，不是以营利为目的的组织体。大学作为从事教学和科研的专门职业人的自治组织体，具有悠久的历史和传统。但是，在越来越开放和竞争的系统下，大学常常不得不提高与这种共同体的传统相对立的能力。正如特罗所说的那样，假如大学的"保守性的根基"是"大学管理运作方式"和"大学教授自身的特性和追求"的话，大众化的进程最终将不得不要求对这两个方面进行变革。大学面貌之世界性的大转变的时代才刚刚拉开帷幕。

参考文献

[1] マーチン・トロウ.高学歴社会の大学——エリートからマスへ[M].天野郁夫、喜多村和之訳.東京：東京大学出版会，1976.

[2] Martin Trow. Elite and Mass Higher Education: American Models and European Realities, a paper presented at the Conference into Higher Education: Process and Structure, mimeographed, 1978.

[3] 天野郁夫.高等教育の日本的構造[M].東京：玉川大学出版部，1986.

[4] 喜多村和之.学生消費者の時代[M].東京：リクルート出版,1986.

［5］ヘンリー・ロソウスキー．大学の未来へ[M]．佐藤隆三訳．東京：TBS ブリタニカ，1992（原書 1990）．

［6］OECD 教育調査団．日本の教育政策[M]．深代惇郎訳．東京：朝日新聞社，1972（原書 1971）．

［7］臨時教育審議会．教育改革に関する第一次答申[R]．出版社不詳，1985．

［8］高等教育研究会．大学審議会答申・報告総覧[R]．東京：ぎょうせい，1998．

［9］有本章、江原武一．大学教授職の国際比較[M]．東京：玉川大学出版部，1996．

［10］天野郁夫．大学——変革の時代[M]．東京：東京大学出版会，1995．

［11］天野郁夫．大学——挑戦の時代[M]．東京：東京大学出版会，1999．

［12］クラーク・カー．アメリカ高等教育　試練の時代　1990－2010 年[M]．喜多村和之監訳．東京：玉川大学出版部，1998（原書 1992）．

［13］クラーク・カー．大学の効用[M]．茅誠司監訳．東京：東京大学出版会，1962（原書 1962）．

［14］ヘルムート・シェルスキー．大学の孤独と自由[M]．田中昭徳、阿部謹也、中川勇治訳．東京：未来社，1970（原書 1963）．

（原載于《现代大学教育》2006 年第 6 期，陈武元译）

第三章　日本的大学改革
——在美国化与市场化的中间

一、美国模式的时代

现在是世界各国的大学进行改革的时代，日本的大学也不例外。在日本大学的历史进程中，20 世纪 90 年代是作为改革力度最大的时期而留在人们记忆中的。

在这场世界性的大学改革中，美国的大学作为改革的理想模式，在国际上受到特别高的评价。其最主要的特征是出现了研究者或留学生的国际性流动，而他们首选的目标便是美国的大学。研究者或留学生把他们在美国的经历带回自己的国家，对本国的大学进行改革时，常常自觉不自觉地以美国的大学为模式。在这个意义上说，现代的大学改革都是以大学的美国化（Americanization）来进行的，并非言过其实。

的确，美国的大学是优秀的。就研究而言，在美国集中了 3/4 以研究水平高而闻名于世的所谓"研究型大学"（research university）。在高级专业人才的培养方面，美国的研究生院（例如医学或工商管理等）聚集了来自全世界的留学生。本科教育质量之高也是众所周知的，尤其是各国许多政治、经济界领导人的子女正在规模较小的被称为"博雅学院"（liberal arts college）的私立大学里就读。

在提倡改革的时代，在想要改革什么、怎么改革的时候，模仿成功的范例是极其自然的选择。世界上的大学改革以"美国化"来进行，美国的大学被视为大学改革的模式，从模仿或学习意义上说有其合理性。但是，在以美国大学为模式进行改革时，有一个不可忽视的问题，那就是美国大学的特殊性，尤其是与国家（政府）或社会的关系的特殊性。

二、欧洲大学与美国大学

众所周知，大学最早诞生于中世纪的欧洲。在欧洲，大学最先在天主教教会，近代以后在国家的庇护下发展起来。具有中世纪传统的欧洲大学是独立于社会的机构，以人文、神学、法学、医学等传统学科为主，是教学与科研的场所，到 18 世纪时与真正的工业化还几乎没有任何关系。工业技术人员和企业管理人员是在大学以外的教育机构接受培训，大学是培养学者、中学教师、官吏以及像医生、律师这样的传统的高级专业人才（profession）的场所。同时，设立大学的认可权限由国家控制。

事实上，欧洲各国的大学都是国立的，直至今日私立大学的设立仍被认为是一种特例。大学办学所需要的资金几乎全靠国家，学生上大学不必交纳学费。被称为大学的高等教育机构都是按照国家规定的统一标准设立，保持同样的质量和水平来运作。这可以说是欧洲大学自中世纪以来的传统。

美国是摆脱历史或传统来到新大陆的人们建立的国家，但美国的大学与欧洲各国的大学在性质上有极为显著的不同之处。在美国，大学首先是由教会资助设立的。但是，与天主教教会不同，新教派（基督教）的教会规模小，也没有财产。大学是靠信徒们的捐赠设立的，规模很小，属于私立学院（college），它弱小到无法与欧洲大学（university）相比，不是以研究而是以博雅教育为目的的学校。

但是，这种与中世纪以来的历史或传统无缘的、弱小的还不能称作大学的"学院"却有欧洲大学所没有的更大的"自由"，即创办大学或创办什么样的大学是自由的。与欧洲不同，美国大学的历史是从设立与国家没有关系的私立学院开始的。

从 19 世纪末期以来，美国的大学总算达到了与欧洲并驾齐驱的水平。当时是德国大学的全盛时期，世界各国的许多学者或留学生都流向德国，美国也一样。毕业于只重视人格培养的"博雅教育"（liberal arts）的、规模小的私立学院的美国青年在欧洲，特别是在德国的大学首次接受到高水平的专业教育，才知道学术研究的严格。他们回国后，开始努力把美国的学院改革成为与欧洲大学一样作为高水平专业教育与学术研究的场所。

作为美国新传统的"博雅教育"大学，仍在大学中保留以前的"博雅教育"的部分，在它的外部或上部建立了两个研究生院：一个是作为学术研究和培养大学教师及研究人员的"学术型研究生院"（graduate school），另一个是为了培养高级专业人才的"专业学位研究生院"（professional school）。这是他们创造出来的独特的美国大学形态（American university）。这两个研究生院无疑是欧洲见不到的、美国大学的独特"发明"。

三、自由与竞争

这种学院与学术型研究生院、专业学位研究生院三位一体型的大学所需的资金，不是来自国家，而是来自民间，特别是大资本家和大富翁们。进入19世纪，作为真正工业化的结果出现的美国大资本家和大富翁们，一方面是出于基督教的博爱精神，另一方面是作为应对税收政策的手段，把巨额的资金捐给私立大学。于是，贫困弱小的私立学院（college）终于发展成为与国家支撑的欧洲大学并驾齐驱的一流大学（university）。

19世纪后半期也是美国纷纷设立州立大学的时期。美国是联邦制国家。在教育方面，联邦政府拥有的权力极其有限，没有一所国立大学。联邦的50个州各自都有自己的教育制度，因而也就有高等（大学）教育制度。建立这种独特的高等教育制度和设立州立大学始于19世纪后半期。处在各州公立教育制度顶点的州立大学被要求是为了纳税人（州民）的或对州民有用的大学。因此，与私立大学不同，只要是州内高中毕业生，都可以入学，学费全免，而且本科教育内容必须比"博雅教育"更重视实用性和应用性。初期创办的州立大学几乎都是农科和工科的专业教育机构。也就是说，州立大学是作为对工业化有用的、面向社会开放的大学而设立的。

这样的历史创造出了与欧洲完全不同的、自由竞争的、富有多样性与弹性的大学制度。它也可以说是极为适应重视自由与竞争的资本主义社会的大学制度。美国的资本主义与大学携手共同发展。由此可见，在美国的资本主义获得空前繁荣的今天，即使将美国的大学视作辉煌的理想的模式，丝毫也没有什么不可思议的。

关于美国大学的话题或许过长了。但是，先了解一下美国大学的独特性，对思考日本的大学（也是各国的大学）现在面临的改革课题，具有极其重要的意义。这是因为日本（各国的）大学以各种各样的方式受到美国大学很大的影响，而且这种影响现在还在持续着。

进一步说，是因为美国高等教育研究者的代表马丁·特罗（Martin Trow）的如下警告——"我们有必要事先充分知道美国高等教育系统里有着特定历史的、结构性的特征。如果无视这种差异，可能会犯把美国的特殊制度原封不动地移植到其他国家的系统这样的重大错误。美国的经验或许值得学习，但是很有限。同时也存在着从美国经验的不适当结论中学到错误的经验的危险性[①]。"不仅日本要听，对于其他国家来说，也是值得听的。

四、日本与德国模式

二战后日本大学在学制改革过程中受美国的影响最大也最直接。1945年日本战败，美国占领军作为废除军国主义与建设民主主义社会的手段，要求日本对教育制度进行彻底的改革，并把民主化作为美国教育制度的精髓推广。美国占领军要求日本从1947年至1949年的短时期内，对包括大学在内的一切教育机构之教育目的与内容以及组织结构、管理运行机制进行全面的改革。

二战结束前的日本教育制度受欧洲尤其是德国的影响很大，这与1868年明治维新后出现的天皇作为国家元首的国家体制和当时的德国国家体制具有共同点有关。从小学至大学，教育基本上作为培养为国家（天皇）服务的人并对国家负责的工具，因而由中央集权统一管理。大学更是被当作满足国家需要的"国家的大学"。阐述天皇对教育见解的"教育敕语"，作为表达教育的基本理念而广受重视，日本最早的大学——东京大学被命名为"帝国大学"，便是这种教育基本理念的象征。

但是，与此同时，日本的大学有德国所见不到的两个特征：（1）在帝国大学设立工科和农科类的应用性、实用性的学部。这意味着与欧洲不同，日本大学放弃了中世纪以来的传统，以推进工业化为目的，是追赶发达国家的"赶超"（catch up）型大学。（2）存在大量的私立大学。尽管教育是国家的责任，但由于政府缺少必要的资金来设立能满足近代化起步时对大量人才的

---

① マーチン・トロウ.高度情報化社会の大学[M].喜多村和之編訳.東京：玉川大学出版部，2000.

需要或升学需要的大学或高等教育机构，于是不得不允许设立私立大学。

这两点都是当时在德国见不到的日本大学或高等教育的特征。这两点也是与我们已经看到的美国高等教育具有共同的特征。二战后，日本的大学制度能够在极短的时间内从德国模式转变成美国模式，不能忽略这种共同性。

但是，与此同时，不可忽略的是这种共同性，它毕竟是表面的东西。与美国州立大学不同，日本的国立大学是"为国家"的、培养国家需要的人才的大学，私立大学也是置于国家的严格控制下的。不仅如此，日本还缺少基督教博爱的传统，由于工业化起步较迟，也没有产生出能捐赠巨资的大资本家和大富翁，私立大学只能依靠学生交纳学费。所谓"一流大学"中的大多数是私立大学的美国与以国立大学为主的日本之不同点，直截了当地说，就是两国大学制度的根本性质的不同。

五、向美国模式转变

如上所述，美国占领军要求把这种基本上是德国模式但加上日本特性的大学制度强行转变成美国式的大学制度。马丁·特罗所警告的无视历史或传统的不同恰恰在20世纪40年代的日本被强制进行。

其结果是，20世纪50年代初期，日本的新大学制度从表面上看具有与美国的大学制度极其相近的形式和结构。二战结束前的高等教育制度是由教育年限和所起作用各不相同的多样化的学校所构成的，例如，帝国大学与其他大学、高等学校、农工商实业专门学校、专门学校、师范学校等，这种高等教育制度通过二战后的改革，完全变成了仅由四年制大学和两年制短期大学构成的平等而又单一的制度。"为国家"的大学变成"为国民"的大学，政府对包括私立大学在内的大学的管理权力被大大地削弱了。学部和大学院的制度被严格地区分开来，本科阶段的教育与美国一样，重视培养人格的"博雅"教育和"基础性"的专业教育，高水平的专业教育则由大学院来承担。

但是，向美国模式转变却没有超越美国模式。虽说国家管理大学的权力被大大地削弱，但在日本并没有产生出像美国那样分权的大学制度，国家仍然拥有对大学设立的认可与监督权力。美国占领军的构想是除一部分国立大学移交府、县管理外，大部分国立大学应变成与州立大学一样的大学。但由于大学方面的强烈反对，这种构想以失败告终。在因战败而导致贫困的日本社会里，没有资本家和大富翁向办学自由度日益增大的私立大学提供资金。美国大学制度的最大特征——多元化、自由竞争和以此为基础的多样性、弹性以及对社会的开放性，这些对日本的新大学制度来说都是无缘的东西。

不仅如此，日本的大学教授们长期以来以德国式的大学为理想模式，而且实际上均以德国大学为留学对象国，学习和研究德国式的学问，他们还没有充分理解美国式大学的理念。对他们来说，大学应是远离社会，拥有"自治"的特权，有志于学术的人们享有科研与教学的"自由"的"象牙塔"（ivory tower）。像支撑美国大学制度那样的向社会开放、为市民、为社会的教学与科研的理念没能为日本的大学教授们所理解。

六、大众化与对改革的要求

尽管日本大学教授们有这样的大学观，但是作为制度改革的结果，日本的高等教育民主化了，教育机会均等的程度进一步提高，大学向求学者敞开大门。高等教育入学率随着日本经济的复苏，以及随后的高速发展而开始急剧上升，从 18 岁人口比来看，大学、短期大学的入学率从 1960 年的 10%上升到 1970 年的 23.6%、1980 年的 37.4%。日本快速地实现了马丁·特罗所说的从精英阶段到大众化阶段的转移，其高等教育"大众化"的程度仅次于美国。特罗指出，"入学率 15%是从精英阶段到大众化阶段转移的指标，超过这个比率，学生的意识和价值观将会发生变化，与此同时，要求改革大学教育的形态、组织结构以及管理运行机制的压力将日益增强"。同时他还谈道，"变化最慢的是大学教授们的意识和价值观，它是大学改革的最大障碍"。在"大众化"过程中，日本大学的经验也正是由学生与大学教授们之间的价值观的不同而引起矛盾和对立，最终表现为 1970 年前后爆发的激烈的学生运动。

1970 年前后是二战后首次真正的教育改革，是大学改革形势高涨的时期。文部大臣的咨询机构——中央教育审议会提出咨询报告要求对包括大学在内的整个教育制度进行根本性的改革。①与文部省尖锐对立的日本教职员工会也提出其独特的改革设想。②OECD派来日本的教育考察团发表报告书强调教育改革的重要性也是这个时期。③这些咨询报告和报告书共同指出大学面临的问题与改革的重要性。尤其是OECD教育考察团的报告书强烈批评日本大学教育制度缺乏自由竞争、僵化而又整齐划一，从国际上看在质量方面还不能说已处在高水平上，因而在日本社会引起强烈反响。

尽管来自包括学生在内，以及大学内外、国内外的强烈批评，大学还是不想改革。不，没法改革。因为大学，尤其是大学教授依然"保守"、消极地对待改革，政府也没有强行改革的积极性和权力。

七、从临时教育审议会到大学审议会

大学改革高潮的到来是此后近 20 年，即进入 20 世纪 90 年代后。创造此契机的是 1984 年，当时的自民党中曾根政权设立的临时教育审议会的咨询报告。中曾根政权与英国的撒切尔政权、美国的里根政权一样，主张新保守主义与新自由主义，提出放宽政府的控制和引进自由竞争，把激活经济作为最大的政治课题。

其背景是国际经济竞争的日趋激化和日本经济的低迷。20 世纪 60 年代以来，经济持续高速发展、被称为"日本第一"的日本经济进入 80 年代后却突然开始急剧下降。其最主要的原因在于政府对产业或企业的控制与保护，以及在作为发展动力的尖端科技竞争上落后。于是，放宽政府对经济活动的控制与自由竞争、推进尖端科技研究便成为中曾根政权提出的最重要的政治课题。

为了在日趋激烈的国际经济竞争中，甚至在尖端科技竞争中取得胜利，不言而喻，激活大学的教学科研和提高水平是不可或缺的。临时教育审议会的教育改革的焦点之一，理所当然只能是面向大学。因此，讨论主题就是放

---

① 教育事情研究会. 中央教育審議会答申総覧（増補版）[R]. 東京：ぎょうせい，1992.

② 教育制度検討委員会·梅根悟. 日本の教育改革を求めて[M]. 東京：勁草書房，1974.

③ OECD 教育調査団. 日本の教育政策[M]. 深代惇郎訳. 東京：朝日新聞社，1972（原書1971）.

宽政府（文部省）对大学的种种控制。

正如20世纪70年代初OECD教育考察团的报告书所指出的那样，尽管在美国占领期间采取一系列的改革措施，但日本的大学与欧洲各国尤其是美国相比，被置于极其严格的政府控制之下。控制同时意味着庇护。政府的控制与庇护妨碍了大学之间的自由竞争，它使弹性的、开放的系统无法形成，妨碍了教学科研水平的提高，这是临时教育审议会作出的诊断。为了根据这种诊断来放宽政府控制，建立更自由而又竞争的系统，临时教育审议会要求设立集中讨论大学改革问题的独立审议会——大学审议会。[1]

1987年设立的大学审议会首先提出重新修订《大学设置基准》。在日本，大学不论国、公、私立，都必须按照文部省制定的《大学设置基准》设立，并接受认定和管理。"放宽控制"首先就必须从重新修订控制之源的"设置基准"开始做起。

"设置基准"不仅详细规定了每生的校舍面积、图书册数和师生比等所谓大学的"硬件"（hard）部分，而且连学部学科的名称、课程设置等这种"软件"（soft）部分也做了详细的规定。在1991年的咨询报告中，大学审议会提出使以课程设置为中心的"软件"部分大幅度"自由化"。[2]

日本的大学自创立以来，向德国大学学习，采用专业学部制。学生通过文学部、法学部、工学部等各部的学力考试被选拔入学，通过各个学部设置的课程接受教育。教授会以学部为单位组建。但是，二战后，向美国大学学习的改革结果，学生接受专业教育只是在四年本科教育的后两年，前两年要求全部学生均必须接受公共"基础（博雅）教育"。对基础教育的内容做了详细的规定，如在人文科学、社会科学和自然科学三大类中设一定的科目，让学生修一定的学分，外语和保健体育作为必修科目等。

1991年的大学审议会咨询报告事实上已废除了这种规定，怎样设置4年的本科教育都是各大学、学部的自由，与此同时，设什么样名称的学部、学科也是自由的。这意味着以19世纪以来的传统学术体系为基础建立起来的德国式大学的组织结构或课程，终于迎来了改革的时期。

---

[1] 臨時教育審議会. 教育改革に関する第三次答申[R]. 出版社不詳，1987.
[2] 高等教育研究会. 大学審議会答申・報告総覧[R]. 東京：ぎょうせい，1998.

八、向重视教学的大学转变

摆脱德国模式在其他方面也开始快速地进行着。例如，教学与科研的关系就是其中之一。根据德国式的大学理念，教学与科研不能分开。大学教授把自己研究的最尖端的学问传授给学生，学生通过实验或专题研讨也参与最尖端的研究工作。这就是 19 世纪初在德国被确立下来的、日本大学以此为模式的教学与科研的关系。

这种教学与科研的关系在大学入学率不到 10%，即特罗所说的"精英阶段"暂且不谈，但在入学率接近 40% 的"大众化阶段"的大学时，只能是特殊情况下才会有的关系。大学审议会的咨询报告基于这种现实情况，鲜明地提出了尽可能地把科研与教学的作用分开，科研放在大学院，本科阶段重点放在教学的方针。

日本的大学教师十分重视科研，举世闻名。从 20 世纪 90 年代初对以 14 个国家的大学教师为对象的调查结果来看，日本大学教师重视科研胜过教学的比例为 72%，仅次于荷兰，这个比例与接近最低位（37%）的美国形成鲜明的对照。对重视科研的日本大学教授们来说，大学审议会的咨询报告以及由此实施的一系列改革，的确对他们冲击很大。[①]

文部省不仅修订了《大学设置基准》，而且为了贯彻重视教学的方针，强烈要求大学在讲义概要的编写、教学法的改善、学生对教师上课的评价、信息教育以及外语教育的充实等方面应予以积极的努力。政府要求大学采取措施，以更妥善地满足与以前有显著不同的意识、价值观以及行为方式等这样的"大众化阶段"的学生们对教育的要求。

伴随着特罗教授所说的从精英阶段到大众化阶段的转移，从以科研为中心的大学向重视教学的大学的转变，是难以回避的要求。在适龄青年入学率还不到 10% 的时代，大学生是社会的"特权"集团，只要大学毕业，就基本上保证其自然地成为社会领导阶层的地位。经过严格的学力评估而被选拔入学的学生，其智力和学习积极性都很高。

但是，随着入学率的提高，并向"大众化"阶段转移，学生们认为上大学是他们理所当然的"权利"。根据入学时的学力水平进行选拔的严格性丧

---

① 有本章、江原武一．大学教授職の国際比較[M]．東京：玉川大学出版部，1996.

失了，同时，学生的智力和学习积极性也都降低了。为了让只要不管就不学习的学生学习，大学必须千方百计想办法，大学教授们也不得不认真教学。

在发达国家的大学中，最早实现高等教育大众化的美国，原来就有建立人格培养，甚至是重视教学的规模小的大学这样的历史传统。而且，在大众化的过程中，钻研并发明了各种各样让学生们认真学习、让教授们认真教学的"激励机制"。日本文部省在修订《大学设置基准》的同时，也要求大学引进产生于美国的这种教育"机制"。日本的大学自二战后的大学改革起，经过半个世纪又迎来了"美国化"的季节。

九、美国化与市场机制

正如我们已经看到的那样，美国模式的大学制度最显著的特征在于自由竞争以及由此产生的多样性、弹性和开放性。要想真正地向美国模式转换，在以课程设置为中心的"教育"以外的领域里，还需要政府放宽控制、鼓励自由竞争。换句话说，必须把"市场主义"或"市场机制"引入大学的教学与科研甚至是管理中来。20世纪90年代也是美国大学制度中特有的市场机制开始引入日本的时代。

在大学数或在校生数私立均占3/4的日本，从二战结束前开始，大学之间就已经存在着一定的竞争。但是，这种竞争更主要的是围绕获得更多的或者是质量更高的学生的竞争，也就是以入学考试为中心的竞争。它与日本的大学是以国立为中心发展起来的有很深的关系。由国家设立并管理的国立大学，在设施设备、教师、教学科研和社会评价等方面保持着高水平，但相互之间却为了获得更优秀的学生而展开激烈的竞争。入学考试的存在以及由此引起激烈的考试竞争是日本尤其是国立大学的重要特征。

与此相对，私立大学由于工业化起步较迟，没能产生出向其提供所需资金的富翁和资本家，也不能指望国家在财政方面的资助。大部分私立大学只能尽可能多招收没能考上国立大学、学力相对较低的学生，靠他们支付的学费来支撑办学经费，以谋求未来的发展。

这种入学考试乃至以获得学生为中心的竞争，在二战后也基本上没有变化。不仅如此，教育"民主化"的结果，在入学申请者数急剧增加的过程中反而使考试竞争不断加剧。由于政府对国立大学规模的扩大持消极态度，入学申请者数的剧增，因而给私立大学的发展带来了有利的条件。提高学费、增加入学人数成为可能的私立大学，在办学经费上较为充裕，提高了设施设备和教学科研的水平，至少有一部分私立大学已发展到与国立大学并驾齐驱的水平。

扩大自由竞争的政策最先是以被视为大学之间竞争的重要手段——入学考试的"自由化"形式开始的。从20世纪80年代开始，文部省承认入学考试的科目数由大学自主决定，还允许以选拔方式多样化的名义，通过推荐入学制度等学力考试以外的方法选拔学生。结果，以前基本上是五教科七科目的入学考试，连一流大学也减少到五教科五科目，而且最近还出现了只要求考1个科目的大学，甚至是完全免除学力考试的大学。入学考试的自由化已在大学领域产生一系列的弊病（例如入学者学力下降）。进入20世纪90年代后，自由化也在其他领域开始了。

十、学生、教师、资金、知识

为便于理解起见，自由化的新课题我们可做以下归纳，即大学由学生、教师、筹措资金以及知识体系（课程）这四种资源，以各种方式组合这些资源，进行教学科研活动所构成。这四种资源中，随着学生入学选拔自由化程度的提高，课程设置的自由也得到了保证。剩下的就是与教师和资金有关的自由化。

首先关于教师方面。进入20世纪90年代后，日本的大学引进"任期制"。日本素以"终身雇佣、年功序列制"的国家而闻名，大学也不例外。教师一旦被聘为专职讲师，之后只要自己不提出调动，那么其在该大学工作到退休前则保证可晋升到副教授或教授。不少人毕业后在自己的母校当助教，并升上专职教师（这被称作"近亲繁殖"，inbreeding）。

早已有人指出这种制度或惯例阻碍了教学科研，特别是科研的活性化。为了谋求教师这一资源（特别是大学之间）的流动，在严格评价研究业绩的同时，有必要引进任期制。这是1996年大学审议会提出的改革策略。把这种市场机制引入教师这一资源的分配过程，不言而喻，是学习美国模式的。

其次关于资金方面。以前，国立大学全面依靠国家财政（税收），而私立大学则全面依靠学生（学生家庭）支付的学费。20 世纪 90 年代改革的方向，一个是推进资金来源的多元化，另一个是把竞争机制引入资金的分配过程。其结果是，国立大学加速提高学费，引进企业或财团等民间资金，甚至转让专利；而私立大学则被鼓励引进外部资金或开展自己的事业收入。

关于资金的分配问题，竞争性分配政府研究资助金（科研费）的额度正在大幅度地增加。文部省给私立大学的资助金（占私立大学经常性收入的 10%强）也不是一律平等，而是采取增加重点分配给各大学的额度的策略。资金来源越多元化，大学之间围绕获得资金的竞争就越激烈。这里也可以看到学习美国模式的意向。

十一、大学评估与管理运营

引进这种市场机制与竞争机制的另一面，就是提高对大学教学科研工作评估的重视。资源尤其是资金必须根据各个大学教学科研的质量与水平的高低来分配，结果使得资源的有效使用与高等教育整体水平的提高成为可能，这便是运用市场机制分配资金的基本想法。为了实现这样的想法，以某些形式来评估各个大学（甚至是每个教师）的教学科研水平并给予排序，无论如何也是必要的。资金来源多样化，因而资金分配越是竞争性的，那么被给资金的大学（和教师）便越有向各个资金提供者报告或说明教学科研工作成果的责任（accountability）。这意味着大学不仅要自我检查、评估教学科研工作，对外公布自我检查与评估的结果（公开信息），而且还有必要进一步接受外部第三者的评估。

1991 年修订的《大学设置基准》允许课程设置自由化，但却要求各大学要努力进行"自我检查与评估"，也正是这个目的。而且，文部省根据大学审议会的咨询报告，现正在筹备于 2000 年设立国立的"大学评估机构"。如果这个机构建立起来的话，那么所有的国立大学将在教学、科研与社会服务等三方面接受评估。大学或教师评估的最发达国家也只有美国。

最后必须指出的是，关于引进市场机制与竞争的自由化问题，大学办学上的独立不可避免地要求加强和完善其管理运营机构。日本的大学具有很强的自治传统。校长、学部长原则上通过教授会成员的选举产生。作为办学主体设理事会的私立大学，不少情况下是由教职工选出的校长兼任理事长，学部长兼任理事。以传统自诩的私立一流大学几乎都属于这种类型。

这种自治的传统或惯例是在政府或理事会与大学或大学教师斗争的过程中形成的。在大学规模较小而且很少迫于变化或改革的时代下，其作为大学管理运营机构有效地发挥了作用。但是，在大众化进一步发展，而且经济、社会以及学术本身也急剧地发生变化的情况下，被称为"教授会自治"的这一传统，对大学的存在与发展来说是一个很大的制约因素。特别是为了在严酷的竞争环境中，充分且妥当地筹措前面提到的学生、教师、资金以及知识体系这四种资源，使用这些资源后能取得经得起来自外部评估的教学、科研与社会服务的成果，无论如何都必须完善管理运营的组织结构，以谋求提高管理运营的效率。

1998 年发表的大学审议会咨询报告《关于 21 世纪大学的应有形态》，要求以强化大学校长的权力和完善审议机构为中心，加强大学作为一个独立的管理运营机构应能够迅速地作出决策并根据决策开展工作的能力。[①]

在完善这种管理运营机构的指导方针下，1998 年开始提出了国立大学"独立行政法人"化的构想。作为行政、财政改革的一环，根据政府提出的这个构想，现在文部省直属的 99 所国立大学均被赋予独立的法人资格，在财权和人事权等方面被允许拥有以前不曾有的自主权。这可以说是政府放宽在高等教育领域的控制，进而引进市场机制的最终措施。日本大学的美国化浪潮终于开始波及国立大学的生存。

十二、共同性与独特性

关于美国化的这种动向，必须事先予以指出的是，随着其真正地开始波及大学的基本结构或性质，重新确定日本大学的独特性或与美国大学的根本差异性也正在发挥作用。教师的任期制、资金来源的多样化以及大学评估或管理运营的合理化等越具体化，就越显露出日美两国大学的结构或性质的不

---

① 高等教育研究会. 大学審議会全 28 答申·報告集——大学審議会 14 年間の活動の軌跡と大学改革[R]. 東京：ぎょうせい，2002.

同，单纯地把美国模式移植到日本的大学中来是困难的。

例如，经过激烈争论而引进的教师任期制，目前还只有极少数大学付诸实施。虽说引进外部资金是自由的，但实际上能够从企业或财团那儿获取资金的大学数和金额都是极其有限的。强化大学校长的权力，只要采取选举制，也就无法与采用理事会任命制的美国相提并论。如果考虑到大学的历史或传统以及其周遭的政治、经济、社会的结构的不同，那么就不能不说要转变成与美国一样的既自由竞争又流动开放的系统是很困难的。

本章开头引用特罗教授对"会犯把美国的特殊制度原封不动地移植到其他国家的系统这样的重大错误"的危险性的警告，完全符合现在日本的大学改革。

美国高等教育研究者的另一位代表、加利福尼亚大学前校长克拉克·科尔（Clark Kerr），把发达国家的大学中共同可见的发展动向归纳成以下几点：[①]

（1）经济低迷和大学规模扩大的结果，使得获取来自政府的财源越来越困难。

（2）大学和政府及产业的关系越紧密，就越是会失去大学在学术上的独立。

（3）政府对大学的政策，从个别的"控制"变成"引导"，竞争主义的市场压力增强，大学逐渐市场经济化。

（4）这种"引导"从纯学术发展到应用研究、研究的应用与技术训练，又逐渐有很多的研究和技术训练在大学的外部进行，这是世界经济竞争激化的结果。

（5）各国政府还想积极地扩大大学教育的机会。

（6）其结果是，在一般趋势上，一方面，大学会向大学之间的功能分化迈进，但另一方面，均等化的压力也仍根深蒂固地存在着。

（7）针对这种变化，大学会逐渐强化并形成以校长为企业主的企业特性。

（8）大学在资金来源方面，会逐渐提高对学生缴费的依赖程度，同时充实奖学金制度是不可或缺的。

（9）在课程方面，会逐渐重视基础数学与语言能力的培养，及有关世

---

① クラーク·カー.アメリカ高等教育 試練の時代 1990－2010 年[M].喜多村和之 監訳.東京：玉川大学出版部，1998（原書1992）.

界各种文明的学习。

（10）"人才外流"（brain drain），即有才能的人才的流动，不只是在国内，连国与国之间也逐渐激烈起来。

（11）就大学而言，已经不能视存活下去乃当然之事，因此不仅要关心将来的繁荣，也要关心存活之事。

（12）可是在大学内部，就整体而言，作为大学人的责任感低落，利害的分裂化正在增大。

十三、主体选择

这样一系列的变化是在科尔的国家——美国的大学中见到的最显著且最极端的事例，但同时却不同程度地在发达国家的大学中共同出现。如果概括其发展动向，可以说是"市场主义"，更严密地说是英美式市场主义对大学世界的浸透。这与英美资本主义逐渐充斥世界不无关系。被称为"全球化"（globalization）的这种动向，不论愿意与否，正在越过国界把所有的国家纳入市场经济的网络中，同时也正在迫使各国改变其各自的经济制度或习惯做法。大学世界现在出现的现象与此相同，日本只不过是典型事例中的一个。

正如在本章开头提到的留学生或研究者的流动中所见到的那样，各国的，尤其是一流的"研究型大学"（research university）已经被纳入全球化的大学系统中，其质量与水平正在不断地接受人们的评判。不论愿意与否，变化正在以着实增加被纳入全球化网络的大学数、迫使各国的大学制度或每个大学应对这种来自外部压力的方式进行着。不仅如此，信息技术（information technology，简称 IT）的快速发展在加速越过国界的大学系统的全球化方面正在发挥着作用。学生能够在日本大学的教室里听美国大学的课程，与美国大学教授直接交换对问题的看法的时代已经来临了。

但与此同时，大学依然根深蒂固地扎根在各国的社会与文化的独特性之中。大学或大学制度的美国化以及统一成美国模式，除了经济因素外正面临着许多制约因素和困难。以市场机制为主的美国化的压力的确难以回避。但是，如何理解这种压力，如何建立起既保留本国的文化与教育的传统，又有能力积极地参与全球化竞争的大学，是各国政府与大学的责任和选择的问题。

进入20世纪90年代后,正在进行的日本的大学改革在市场主义的美国化的强大压力下,被置于如何探索并确立日本式的大学形态这个充满困难的试验和摸索的漩涡之中。

(原载于《有色金属高教研究》2000年第3期,陈武元译)

第四章　日本高等教育走向普及化之路

一、普及高等教育的应有形态

日本以 18 岁人口为分母的大学和短期大学的入学率，1999 年春达到 49.1%，若加上高等专门学校四年级在校生的 0.7%则为 49.8%，再加上专修学校（专门课程）的入学率 19.9%，合计为 69.7%，即同龄人口中的近七成已获得了高等教育机会。这个数字完全达到马丁·特罗提出的高等教育从大众化向普及化阶段过渡的 50%这一数量指标。可以说，日本高等教育若仅从入学率来看，已经完全实现了向普及化阶段的过渡。

不过，正如我们已经看到的那样，这个数字层面的普及化并不是作为基于明确理念的政策性构想和选择的结果所带来的普及化。普及化是在政府和文部省没能恰当地应对 18 岁人口大变动和学校法人行为的情况下，以自然的方式进行的。1998 年的咨询报告《关于 21 世纪大学的应有形态》未能描绘出新的高等教育系统的整体形态，或许可以看作是理所当然的结果。

那么，特罗认为需要"创造"的普及阶段的"新形态的高等教育"是什么样的呢？日本的现状与其有多大的距离？以下让我们依据特罗自己的论述，先从重构"普及高等教育"应有形态入手来探讨这一问题。

（1）对入学机会的态度。"（若入学率超过 50%）上大学被视为一种义务……越来越多的学生将被迫形成必须上大学这样的义务意识。"[①]

（2）高等教育的职能。只有当高等教育机构成为为所有人提供入学机会的普及型时，人们的关注点才会开始转向要让大多数学生做好在高度产业化社会生存的必要准备……全体国民成为教育的对象，首先应该关注的

[①] マーチン・トロウ.高学歴社会の大学——エリートからマスへ[M].天野郁夫、喜多村和之編訳.東京：東京大学出版会，1976：64-65.

是，提供的教育应该让受教育者能够适应这种急剧变化的社会。①

（3）课程和授课形式。"（大众化阶段的）灵活的教育课程的设置……也将被普及高等教育所继承。但是，在这里，教育的结构性丧失，分阶段推进的学习方式崩溃，进而课程间的界线变得模糊。这样，关于高等教育是什么的主流定义销声匿迹，对教育形态、结构和标准等的否定甚至影响到考试或评价方面，以致区分学习与生活的隔墙变薄了……让学生广泛掌握对新的、更复杂事物的分析能力是教育的中心任务，而教师与学生的直接人际关系则居于次要地位。因此，函授教育，以及录像、电视和计算机等新教育技术的教育形式将被积极运用。"②

（4）学生的就学形态。"步入普及化阶段，将会出现学生推迟就学时间或'进进出出'现象，也就是说，暂时性离开大学的学生数将会进一步增加，大多数学生将具有工作经历。因此，'终身学习'的重要性将被强化。但是，如果要适应这种需求，就要拆除制度化了的教育与其以外的人生经历之间的障碍。"③

（5）制度的形态、特性、分界线。"到了普及化阶段，构成制度之高等教育机构的性质将呈现出显著的多样化，统一标准丧失。与其说标准丧失，还不如说对标准的看法本身就将受到质疑……（代表普及化阶段的）高等教育机构在规模上没有任何限定。这样的机构只不过是那些为接受'训练'而注册的人们的集合体，大部分学生极少或绝对不会在本部'校区'出现。他们之间看不出有何共同之处，在那里似乎不可能产生可被诸如亲密的人际关系、共同的价值观或规范、同心协力等所证实的共同体……到了普及化阶段，高等教育与社会之间几乎不存在分界线，谁也不会因此而被妨碍出出进进……不论何地，不管是谁，只要想接受教育，按一下电视教育频道的开关，在瞬间他就是'无边界大学'的学生。"④

（6）权力和决策的场所。"接近普及化阶段，不仅自己，就连家庭成员

---

① マーチン・トロウ.高学歴社会の大学——エリートからマスへ[M].天野郁夫、喜多村和之編訳.東京：東京大学出版会，1976：65.
② マーチン・トロウ.高学歴社会の大学——エリートからマスへ[M].天野郁夫、喜多村和之編訳.東京：東京大学出版会，1976：66-67.
③ マーチン・トロウ.高学歴社会の大学——エリートからマスへ[M].天野郁夫、喜多村和之編訳.東京：東京大学出版会，1976：68.
④ マーチン・トロウ.高学歴社会の大学——エリートからマスへ[M].天野郁夫、喜多村和之編訳.東京：東京大学出版会，1976：69-71.

或朋友中间，过去接受过或现在正在接受高等教育的人数将会增加起来……大学，或者换句话说，大学的教育内容或教师与学生的活动将逐渐吸引普通人的关注。此时，关于大学的问题不仅会出现在严肃的杂志或出版物上，也会出现在面向大众的杂志或电视节目中。即使仅从所耗资金之巨和对社会影响之大这两方面来看，大学也必然会吸引一般大众的关注。高等教育机构究竟在干些什么？他们认为自己理所当然有知情权，并通过向行政当局递交书面意见或者选举时的投票表明意见。这样，对高等教育关心并左右政策决定的人的规模和性质一旦发生改变，其影响将会波及有关高等教育讨论的性质和内容、与会人员乃至讨论的结果等。"①

（7）学术水平。"迈入普及化阶段，衡量学术水平的尺度将与以往不同。比起某种程度的水平是否已达到而言，通过受教育而获得了多大'附加值'才更是问题。高等教育的普及化正是由于这种价值的获得才有其正当性，在因教育而凝结价值受到重视这点上，高等教育与初、中等教育是相同的。一旦产生这种变化，判断个人或高等教育机构活动的标准，也会在基本方面出现不同……事实上，'没经过选拔就录取'政策的理论依据正是这种观点。"②

（8）升学与录取。"在普及化高等教育的情况下，教育机会向希望升学或者满足一定最低资格的所有人'敞开'，所以，个人是否自愿'选择'与高等教育机构关联才是标准。升学机会普及化的指向，与其说是'个人机会的均等'，不如说是'作为一个集团达到水平的均等'，而且还要在使接受高等教育的学生在全体国民中的社会阶层、人种或民族的分布均等的方向上进行努力。"③

（9）管理运营的形式。"接近普及化阶段，一方面，越来越庞大的教育经费使财政负担进一步加重；另一方面，要求更精细的、有计划的管理运营方式的压力也将增强。大学将越来越多地聘请具有预算计划知识的专职专业人员，比如，系统分析专家或经济学家等。"④

---

① マーチン・トロウ.高学歴社会の大学——エリートからマスへ[M].天野郁夫、喜多村和之編訳.東京：東京大学出版会，1976：72-73.
② マーチン・トロウ.高学歴社会の大学——エリートからマスへ[M].天野郁夫、喜多村和之編訳.東京：東京大学出版会，1976：74.
③ マーチン・トロウ.高学歴社会の大学——エリートからマスへ[M].天野郁夫、喜多村和之編訳.東京：東京大学出版会，1976：75.
④ マーチン・トロウ.高学歴社会の大学——エリートからマスへ[M].天野郁夫、喜多村和之編訳.東京：東京大学出版会，1976：76.

以上大致是特罗关于普及化阶段高等教育特征的论述。此外，我还想提出特罗在思考高等教育普及化时认为十分重要的两个观点：

（1）"从精英到大众、从大众到普及的高等教育的过渡阶段，并不一定意味着先行阶段的形态或类型会消失或发生变化……现实告诉我们的则是与其相反的事实……虽然接近普及化阶段，但精英型和大众型的高等教育机构并不会消亡……站在不同理论的立场上，由于担忧发挥不同功能的高等教育的继续存在而产生的问题"正是过渡阶段的特征。①

（2）（从精英到大众、从大众到普及）"虽是变化的类型，但几乎毫无例外地，总是学生数的增加先于其他制度上的变化。从这一特质而言，高等教育制度要早于因数量规模扩张而进行的与其相适应的必要的改革是不可能的。""学生数的增加，首先改变学生对上大学意义的看法。""升学意义……一旦改变，接下来录取规则和过程就将开始发生变化。""（制度的）其他构成要素与此相比，变化速度慢，有时还会抗拒变化。这是因为数量规模扩张的确定、高等教育的定义、录取的规则等主要由大学外部各种力量所控制，而课程、管理运营方式、教师职务、教学方法、学术'水平'等比起大学外部的各种力量更受大学内部力量所制约。而且，这种内部变化的过程，无论好与坏，可以说都显示出极其保守的动向。这种保守性的根源，一个是大学管理运营方式，另一个则是大学教授本身的特性与价值取向。"②

二、普及高等教育的美国特质

虽然引用较多，但众所周知，特罗并不是以图式，而是从现实且多角度来描绘普及阶段高等教育的应有形态。这种"普及高等教育"，正如我们从上述引文中的谨慎措辞所看到的那样，是特罗在 20 世纪 70 年代的美国看到的、尚处在发展过程中的那种高等教育。尽管如此，特罗的这个论述准确地捕捉了此后美国高等教育即将发生变化的方向。在历经近 30 个年头的今天，在思考伴随着普及化而产生的变化或担忧的问题时，它仍能给我们以重要的

---

① マーチン・トロウ.高学歴社会の大学——エリートからマスへ[M].天野郁夫、喜多村和之編訳.東京：東京大学出版会，1976：82-91.
② マーチン・トロウ.高学歴社会の大学——エリートからマスへ[M].天野郁夫、喜多村和之編訳.東京：東京大学出版会，1976：84-91.

启示。

但与此同时,这幅"普及高等教育"蓝图,把整个系统乃至制度的特征,与各个高等教育机构的特征混杂在一起。虽说这是为了强调与精英、大众阶段的差异而不得已为之,但是,在可能使人们误以为普及化阶段的特征将是一切高等教育机构所共有的这点上出了问题。我认为,这与把高等教育的三个发展阶段"理想型"化的特罗所见到的、以多样性和开放性为重要特质的美国高等教育系统,尤其是加利福尼亚州的高等教育系统有着密不可分的关系。

关于特罗视之为模式的(至少是默认的)加利福尼亚州高等教育系统的"三层结构",在日本已被熟知到无须重新介绍的程度。加利福尼亚大学(UC)、加利福尼亚州立大学(CSU)、社区学院这个三种类型、三个层次的高等教育机构,是以分别对应精英、大众和普及这三种"理想型"的形式规划出来的。这个系统不仅典型地显示被特罗模式化的普及阶段之高等教育蓝图,而且还可以把它作为美国高等教育系统整体的基本结构来把握和理解,这么说并不言过其实。

这个三层结构是这样构成的:(1)占据这个系统最上层的是那些以所谓"研究型大学"为中心的科研和教学相统一、重视陶冶人格的高水平的教养教育以及以培养高级专门职业人才为特征的私立大学,及以加利福尼亚大学的伯克利分校等所代表的一流州立大学之"精英大学"群;(2)位于中层的是那些重视高等教育机会的开放、职业教育和市民教育的"大众型"州立大学;(3)居于底层的是那些门户开放型且终身学习型的、多样化的二年制社区学院所代表的"普及型"短期高等教育机构。

在公立部门占压倒性多数比重的加利福尼亚州,这个三层结构是在州的法律基础上构筑的。例如,不允许大众型的州立大学(CSU)拥有像设置博士课程的研究生院或医学那样的高水平专业研究生院,也不允许其升格成与加利福尼亚大学一样的"精英"大学。而且,社区学院和州立大学之间的界限,也有明确的制度规定。关于三层结构的基础之州高等教育的总计划是为保护精英高等教育和大众高等教育不受大众化和普及化的压力而制订的。虽然没有像加利福尼亚州那样的明文规定,但同样的三层结构在其他州也能看到,它形成了美国高等教育的基本骨架。

关于这个美式三层结构,其重要之处是,拥有占全部在校生近30%的私立部门(虽然它与日本相比较小),还在学生、教师、资金等资源,尤其是以学生的流动配置的过程为中心环节上具有极其开放的、流动的、灵活的特点。

社区学院毕业生转入四年制大学的通道畅通了，通往研究生院，特别是专门职业研究生院的门户，也不问毕业学校或年龄敞开了。不仅如此，许多一流州立大学还设有完善的"大学拓展"（university extention）部门，为"无围墙大学"、"无校园大学"和"虚拟大学"等"非传统"型学生提供多样化的教育和学习机会。至于以免试（open admission）制度为基础的社区学院的多样性、灵活性、开放性则是不言而喻的。

美国的高等教育系统由于拥有庞大的且不断发展的公立部门，很早就创造出了能"敏感地"适应"从精英到大众"和"从大众到普及"阶段过渡的、升学需求增大和结构变化的机构。而且，这种机构是包括日本在内的、入学率正在接近普及化指标的许多国家所没有的、极其美式特质的。

三、国立、公立部门与私立部门

话题转回到日本的问题上。

正如本章开头提及的那样，日本与美国的最大不同在于庞大的私立部门的存在。美国高等教育系统的大众化和普及化的承担者是公立部门，而日本，正如已经看到的那样，承担高等教育大众化的是私立部门，普及化的承担者看样子也只能是私立部门。这反过来意味着国立、公立部门基本上是日本精英高等教育的承担者，现在也仍然如此。在迎来"从大众到普及"的阶段过渡时，日本高等教育正在面临着的各种困难都是源于这一点，这么说也并非言过其实。

从历史来看，二战结束前的日本高等教育政策通常是以"官学"暨国立、公立部门为中心来展开的。鉴于大学与学校的地理分布要能统筹兼顾到帝国大学暨旧制高等学校这一培养精英的系统、以理工科为主的高水平专门职业教育、产业结构和教育机会，要有能与欧美发达国家相媲美的教学科研条件，要有能容纳不低于学生总数一半的容量，政府总是以维持、发展国立、公立部门为目标，不断采取积极的政策措施，私立部门只是被作为补充的和从属的作用来对待。私立部门在二战结束前的特征可以归纳如下：以（旧制）专门学校为主的面向中产阶级和一般市民的教育，以人文和社会科学为主的教养、专业教育，学校集中在东京等大都市，相对较差的教学科研条件，重视经营并有强烈扩张规模的欲望，以及对社会需求有很大的"敏感性"。

第二次世界大战后，由于财政窘迫，政府难以积极扩充国立、公立部门。在此状况下，私立部门透过"民主化"，至少在设置和扩张规模方面获得了很大自由，并作为同样由于"民主化"而迅速高涨的升学需求的"容器"，发挥了巨大作用。如果考虑到上面所列的私立部门的各种特征，那应该说是理所当然的。私立部门比起国立、公立部门更具备担当起大众化的承担者的条件。国立、公立和私立这个二元结构，基本上对应了精英高等教育和大众高等教育这一双层结构。

当然，谋求转变这种结构的政策努力并非完全没有过。20世纪70年代初的高等教育计划构想曾力图把已降至18%的国立、公立部门所占招生总数的比率提高到25%甚至35%，可以看作是它的一个表现。但是，这一构想正如已经看到的那样，最终并未实现。国立、公立部门至今仍是在未能担当起大众化的承担者的状态下迎来了普及化的局面。1998年颁布的大学审议会咨询报告《关于21世纪大学的应有形态》，提出了扩充国立大学的大学院（和缩小本科）的设想，我们或许应当看到，从这个设想中能够再次确认国立、公立部门在普及化方面依然无法担当起重要的承担者。

如果像特罗所说的那样，高等教育的普及化是"为所有人提供升学机会"，使"全民成为教育对象"的话，那么最重要的问题是由谁来提供机会，换句话说，由谁来负担费用。在美国，主要是政府，尤其是州政府。州政府的责任在于，提供有一定水平保障的、开放的高等教育机会，以响应作为纳税人的全体州民的期待。以升学机会的开放性为前提、职能分化的加利福尼亚州的三层结构之公立高等教育系统就是一个典型，在那里，事实上向全体州民开放并且保障了用低费用进行学习的机会。占在校生总数70%多的、作为大众化和普及化的承担者之美国庞大的公立部门基本上是由州政府的财政支出来维持的。

与此相反，日本的私立部门仅从政府那里得到10%多一点的经费资助，除了一部分是以"公私合作方式"新创办的大学之外，就连基本财产和设施设备，也都全部靠自己的资金来解决。而且，众所周知，这些自己资金的来源几乎都是学生缴纳的学杂费。虽然作为政府提供的资金有文部科学省的科学研究费所代表的各种研究经费，但是，通过竞争分配的这些研究经费的大部分，不仅大半流向国立、公立部门，而且与美国不同，因为没有制度的保证，所以与教育、设施设备的充实等几乎毫无关系。另外，在奖学金制度方面，美国建起了能满足从英才到贫困层之学习者的多样化需求的系统；而日本类似的系统不仅规模小，而且缺乏多样性，还无法成为保障教育机会平等的手段。日本的大众化和普及化是在"受益者负担"的名义下，由家庭和学习者而不是由政府和纳税者负担发展起来的。在这个方面，或许可以认为（日本）高等教育的市场化比美国发达。

迄今为止，这种以私立部门为主的数量规模扩张是能够适应日本高等教育大众化的。但是，这是由于得益于——二战以后长期持续的经济高速增长，家庭收入水平提高，与此同时带来了对高学历人才需求的持续增加，由此导致报考人数的日益增加（正好赶上人口高峰期）——这样的有利条件的。因为这种状况对政府以财政困难为理由消极对待扩大国立、公立部门的政策提供了帮助，所以私立部门成为接纳所增加的学生的"容器"（虽然有时也招致学生的抵抗），同时通过不断提高以学费为主的学生的缴纳金来筹措经费和积累资金，从而发挥了作为急速大众化的承担者的作用。

但是，从20世纪90年代开始，情况完全改变了。经济出现负增长，18岁人口也过了高峰期且将面临长期性的生育低增长局面，因而报考人数减少，家庭负担教育费用的能力也下降了。众所周知，日本由财政支出的高等教育经费占GNP的比重仅为欧美国家的1/2左右。靠没有增加财政投入的私立部门，要使以受益者负担为主的教育和学习机会做到开放化、平等化究竟有多大的可能呢？可以说这就是日本高等教育普及化的最大问题所在。

四、私立部门所受的压力

庞大的私立部门的存在在其他方面也引发了许多问题。

（1）作为与高等教育系统的结构相关的首要问题，就是精英高等教育的危机。正如已经看到的那样，日本精英高等教育是以国立、公立部门为主发展起来的，这一状况至今依然不变。那些研究功能强大、对培养精英和高级专门职业人才起很大作用的所谓"研究型大学"，除了少数例外，都是以一小批颇具规模的大学（前身是旧制帝国大学）为主的国立大学。在产业社会知识化和信息社会化不断推进、以尖端科学技术为主的全球经济竞争日趋激烈的过程中，这种研究型大学所代表的精英高等教育，并非与大众化和普及化的发展无关，而正是由于大众化、普及化的发展，才日益彰显其重要性。

但是，在私立部门占大半的高等教育系统中，社会方面和政治方面对政府加大精英部分的财政支出有比较强烈的抵制。于是，正如众所周知的那样，政府积极地采取了提高国立大学的学费、削减预算和人员编制、要求引进外部资金等抑制和减轻财政负担的对策，进而又进行了国立大学设置形态的转制，提出了独立行政法人化的设想。随着大众化和普及化的不断深入，在私立部门学习的人数越来越多，以致反精英高等教育的情绪也日益高涨，要求国立大学履行"说明责任"和进行"外部评价"的呼声愈加强烈，就是这种情绪的具体表现。因此，要增加对精英高等教育（非竞争性）的财政支出就变得越来越困难了。

（2）与高等教育系统相关的第二个问题是短期高等教育的问题。要实现普及高等教育，就需要"创造"低成本且开放性的、富有弹性和多样性的以及对人们学习需求有"敏感性"的高等教育机构。公立两年制的社区学院可以说是美国创造的典型的"普及型"高等教育机构。而日本的短期高等教育机构除了入学定编不足万人、几乎是国立的高等专门学校以外，短期大学与专修学校的学校数和学生数的95%左右均为私立。（短期高等教育机构）学费的水平与私立大学不相上下，只是学习年限短，但不能说教育费负担小。

其中，短期大学与大学相比，主要集中在地方，虽然其录取方式事实上近乎免试，但多数学校属于规模小和单科性的，教育课程缺乏多样性，而且还具有90%为女性这种特殊的性别结构。短期大学毕业后升入四年制大学继续深造的比例虽说有所增加，但还不到10%，而且在职业教育方面还不如专修学校。与此相对，专修学校以职业教育为主，以实用性的教育课程为其特色，男女生比例也基本相当。因为其高度集中在大城市，申请设立的条件比短期大学宽松，所以学校之间的办学条件的差距很大。而且，正如上面所看到的那样，政府对专修学校事实上一直采取放任自由的政策。

近年来，短期大学出于经营上的考虑，申请变更为四年制大学的学校不断增加，1990年至1999年的10年间，大学入学率从24.6%上升到38.2%，而短期大学入学率却从11.7%下跌至10.9%，有下降的趋势（详见表4-1）。与此相对，专修学校的入学率从16.9%上升到19.9%，短期高等教育的主流正在从短期大学转向专修学校。这种趋势在占短期高等教育机构在校生数多数的女性方面体现得尤其显著，进短期大学和专修学校的女性的入学率，1990年分别为22.2%和17.6%，而1999年则反过来，分别为20.2%和22.0%。

表4-1　1990年和1999年日本高等教育入学率（%）

	全体			男生			女生		
	1990	1999	增量	1990	1999	增量	1990	1999	增量
大学	24.6	38.2	13.6	33.4	46.5	13.1	15.2	29.4	14.2
短期大学	11.7	10.9	-0.8	1.7	2.1	0.4	22.2	20.2	-2.0
专修学校	16.9	19.9	3.0	16.2	18.0	1.8	17.6	22.0	4.4
合计	53.2	69.0	15.8	51.3	66.6	15.3	55.0	71.6	16.5
大学所占比重	46.2	55.4	9.2	65.1	69.8	4.7	27.8	41.1	13.3

不仅如此，即使从大学与短期大学相比来看，女性的大学入学率也从1990年的15.2%增至1999年的29.4%，将近翻了一番。可见，女性"离开短期大学"的趋势越来越明显。男性进入短期大学的比例1999年仅为2.1%。因此，不得不说短期大学在日本正在丧失作为"普及型"高等教育机构的可能性。

（3）这种状况也正在对处于高等教育系统中间层的四年制大学的应有形态产生极大的影响。这是因为在短期大学部门萎缩的过程中，大学部门直接承受着普及化的压力，不得不发挥作为"容器"的作用。正如已经看到的那样，二战后初期的学制改革构想中，并不包含短期大学的制度，之后出现的"专科大学"构想，如其名称一样，也仅限于专门职业教育的短期高等教育。因此，无法期待其像美国社区学院那样具有开放性、灵活性和多样性。也就是说，大众化（甚至普及化）的承担者并没有被设想由四年制大学之外的机构来担当。1971年颁布的中央教育审议会咨询报告，作为大学的类型，除了"专门体系型"[①]和"目的专修型"[②]之外，还为"学生适应将来不太细

[①] 专门体系型：其特点是培养学生的实践能力和创新能力，以培养出对新技术有适应能力的技术指导者，如1976年创设的长冈技术科学大学和丰桥技术科学大学就是专门体系型的大学。它们的创立，为工业高中和高等专门学校的毕业生开辟了升学途径。

[②] 目的专修型：基于社会发展对特定职业人员素质的高要求而设置的大学，如兵库、上越、鸣门等教育大学就是目的专修型的大学。这些大学是培养教师的素质和能力的专门教育机构。

化的社会分工，通过综合性的教育课程，使其掌握专业性的基础知识"设计了"综合领域型"①，这或许应当看作是对此问题的认识。

但是，即便这种大学部门，国立大学占本科生总数的比例也仅为19.4%，公立大学为3.6%，而私立大学却占77.0%（1999年的数据）。不言而喻，在私立大学学习所需的成本，包括私立大学多位于大城市所产生的机会费用，与国立、公立大学相比要高出许多。对于依然有很强的精英高等教育情结，而且还想进一步强化（精英高等教育）的国立、公立大学而言，如果私立大学要想成为普及化的"容器"，那么费用这个大问题将会浮上水面。

在大众化阶段，私立大学大量录取应届高中毕业生，而且是通过学力评价方式选拔出来的、均质的毕业生，并在整齐划一的标准化的教育课程下有效率地施予教育。但是，在普及化阶段，大学被要求接收具有多样化的学力、学习要求和工作经历的学生，以及以他们为对象的、开放的、有弹性的教育结构。它比起过去整齐划一的标准化的教育，需要更高的成本。在面对18岁人口长期减少的时期，许多私立大学为了接收这样"非传统的"学生，开始竭力提供多种多样的新项目。但是，很少有学生能够承受得起教育费用（包括机会费用的）的负担，而对于大学本身来说，现实的情况是，要与独立核算的步调相一致还为时过早。庞大的私立部门仍然作为普及化的阻碍因素在起作用。

（4）占在校生总数近80%的私立部门的存在，与政府的政策不相关，必然导致高等教育世界的"私立化"。也就是说，想要维持"精英高等教育"属性的国立、公立大学的性质，也难免要受到大众型和普及型私立大学的行为方式的影响，并被迫发生变化。

录取方式的所谓"多样化"是一个最好的事例。长期以来，国立、公立大学的入学考试原则上是进行五教科七科目的学力测试。可以说，始于1979年的、由大学考试中心实施的"共同第一次学力考试"是它的象征。全部报考国立、公立大学的考生在接受五教科七科目的第一次考试之后，还被要求参加由各大学举行的第二次考试。以与私立大学的竞争为理由，第一次考试被减至五教科五科目，到了允许私立大学也可利用"大学入学中心考试"时，要求学生选考什么教科和科目，对国立、公立大学来说原则上也是自由的。

---

① 综合领域型：为适应社会发展日趋综合化的需求而设立的旨在进行专业基础教育的大学或学部。

不仅如此，推荐入学制度、录取方式多样化以至"AO入试"[①]等这些始于私立大学的做法，很快也被引入国立、公立大学。在日本，大学之间的竞争以最激烈的形式呈现出来的是招生领域。因此，与私立大学的竞争，使国立、公立大学不得不发生了变化。

这种"私立化"的最大问题在于，使维持和提高教学科研的质量变得困难。特别是在 18 岁人口长期减少和普及化的共同作用下，质量下降的危险性很大。这是因为主要靠收取学费等学生缴纳金来维持的私立部门，通常从经营上考虑，不得不保持录取一定数量的学生，这与考试竞争的缓和相结合，快速地使以往所采取的由学力评价对"入口"的质量进行把关的做法变得困难。

当然，大学之间在根据学力来录取学生的程度上，有极其显著的差异。但是，在私立部门中，大多数短期大学已经采用免试、开放录取的方式，这种方式也正在迅速地蔓延到大学。在高中的教育以应试为中心来组织的状况下，这种考试竞争的缓和（出于经营上的考虑）也必然会影响到国立、公立大学。包括"研究型大学"在内的所谓"精英"大学之间，把学力下降作为严重问题来加以对待的动向可以看作是其表现。

五、普及化的承担者

但是，对于庞大的私立部门的存在，我们不应该仅仅看到其负面。

无论是私立大学，还是短期大学和专修学校，与作为行政机构的一部分之国立、公立大学相比，被允许在管理运营方面有很大的自由。而且，作为私立学校举办者的学校法人，有不少拥有从幼儿园到小学、初中、高中、大学、研究生院和专修学校等多样化的学校群。学校法人在作为各自独立的教育（学校）经营组织方面，具有显著的特征。对社会变化或学习需求的变化

---

① AO 入试：AO 是 admission office 的略称，意思是大学的招生办公室。在美国，大学方面十分重视在通常的考试渠道基础上通过这种 AO 招考方式来录取学生，各大学的招生工作负责人总是奔波于全美或州内，以确保招到优秀的高中毕业生。招生工作负责人面见高中毕业生，有权决定是否录取的事宜。本来把这种大学主导的招生考试称为 AO 入试，但在日本，其意思慢慢地发生了变化。现在多指由考生本人的自我推荐而进行的入学考试，它在通过申请者志愿理由书或面试等对申请者的个性或性向进行多方面的评价方面有特色。

有着很强的"敏感性",正是根植于这种特征。这意味着私立部门比国立、公立部门更有可能成为普及高等教育的承担者。尽管如此,阻碍这种自由得以充分行使并发挥作为普及高等教育承担者的可能性的原因包括:(1)以"设置基准"为象征的政府管理十分严格;(2)资金方面的制约;(3)以国立大学(旧制帝大)为模式的"精英高等教育"的价值取向;(4)作为教育经营组织的经营战略等。

其中,在(1)的方面,正如我们已经看到的那样,进入 20 世纪 90 年代,"设置基准"被进行大幅度的修订,政府的管理明显放宽了(尽管还有要求更进一步放宽的呼声)。可以说,走向普及化的制度条件已经基本具备。在(3)的方面,"精英高等教育"的价值取向主要表现在博士课程大学院的设立、学部设置的综合化、重视研究、招生录取工作严格把关、有传统的学部与学科组织等等。然而,这种价值取向在强调多样化和个性化的呼声中,也发生了很大的变化。日本的大学教授热衷于搞研究,精英高等教育的情结深,这些都为国际所熟知。正如特罗指出的那样,这方面存在的最大问题,可以说在于"大学教授本身的特性和价值取向"上。在(4)的方面,即关于学校法人的经营战略,必须事先予以指出的是,这种经营战略长期以来是以 18 岁应届高中毕业生即"传统"型的考生的不断增加为前提而制定的。有相关人士曾极端地说过私立学校迄今为止不存在经营。这或许可以看作是"升学需求"逐年稳步上升到无须制定明确的经营战略,以及不为生源乃至资金的获取而烦恼的时代一直持续着。但是,这个前提条件已经大部分丧失了,许多私立学校不得不开始从应届高中毕业生以外的"非传统"型的学生中寻求新的"客户"。新开办的私立学校自不必说,在已开办的私立学校中,在明确的经营战略下开始谋求适应普及阶段的学校也不在少数。

这样,最后剩下的是在(2)的方面,即资金的问题。如果不努力为教育费(包括机会费用)负担能力低的阶层扩大升学和学习的机会,高等教育的普及化就将难以实现。高等教育系统的开放化无论多么发达(尽管确切地说还不充分),如果不降低接受高等教育所需的成本,那么,"普及化的对接"和"普及化的参与"都将无法实现。在普及阶段所能预想到的、新的非传统型学生和学习者阶层,包括成本的负担能力,都是有着种种不利条件的人群。对于接收他们的高等教育机构来说,在多数情况下,这种非传统型的学习者阶层的教育成本要超出传统型的学生。

"传统"型的学生是指高中毕业就直接进大学、靠父母供给学费、全日制学习、学力和生活习惯标准化的人群。这类学生在大众化阶段占绝大多数。同时，在这个阶段，对于在职人员、外国留学生和单科进修生等非传统型学生，可以作为"社会服务"的一个环节，为他们暂时提供不计成本核算的教育和学习的机会。但是，这类学生的数量一旦增加起来，成本负担的问题就会显露出来。于是，拥有庞大私立部门的日本高等教育系统，就不得不提出普及化所需的成本应由谁来负担的问题。

当然，在非传统型的学生中，也有部分阶层自己能够负担得起教育费，也有由雇主等负担一部分或者全部费用的情况。但是，如果非传统型和普及型的学习者越增越多，其主流恐怕会是缺乏足以负担得起维持私立学校经营的教育费的阶层。正如最发达的美国的案例所显示的那样，增加政府的财政性教育经费支出是普及化不可或缺的条件。问题在于，这种财政性教育经费支出的增加是否难免要与恢复对高等教育系统的"指令型"计划相结合？关于这一问题，特罗提出了以下问题意识。[1]

（1）从伴随数量规模扩张而使教育费增加的角度来看，中央行政管理机构加强对高等教育形态和职能的控制，恐怕是难以避免的吧？（2）增强行政管理机构的作用恐怕会阻碍高等教育的多样化，即职能或水平、管理运营的形态、教学方法、资金筹措渠道和与社会其他制度相关等方面的多样化？（3）假如它变成一种妨碍，那么，以这种"规格化"为目标的动向，是中央政府的控制所固有的呢，还是中央的行政机构或财政机构也有可能在支持和促进高等教育多样化的方向上发挥作用呢？如果有的话，那么，什么样的管理和资助的机构，以及根据什么样的原则来运作它，才使多样化进一步发展成为可能呢？

对于这些针对实行"指令型"高等教育计划的欧洲国家的问题，或许可以说，日本的事例提出了一种解答。这是因为，日本的中央政府暨文部省至少在某个时期"在支持和促进高等教育多样化的方向上发挥过作用"。但同时不能忽视的是，这绝不是主动选择的，而是迫于庞大的私立部门的压力以及为回避增加教育经费而不得不选择的结果。

正如常常被指出的那样，日本对高等教育的公共财政支出仅为欧美国家的1/2。它暗示着，要实现普及化，谋求增加公共财政支出还是有可能性的。但是，假如公共财政支出增加了，那么，问题就在于其配置和有效使用的方

---

[1] マーチン・トロウ.高学歴社会の大学——エリートからマスへ[M].天野郁夫、喜多村和之編訳.東京：東京大学出版会，1976：119-120.

法。谋求公共财政支出的增加而不与强化对高等教育系统的控制相结合,这果真有可能吗?"什么样的(中央政府)管理和资助的机构,以及根据什么样的原则来运作它,才使多样化(乃至普及化)的进一步发展成为可能呢?"这在日本也依然是一个遗留问题。

大众化和普及化的发展,的确使实行"指令型"的高等教育计划变得不可能。但是,这并不是要否定或排斥"政策"的重要性,而是要培育特罗称之为"体系型"的、"在真正意义上使高等教育的形态和结构多样化的能力",以及使"不可预见的发展,不言而喻会影响到可预料的发展或现代社会的持续性趋势"[①]成为可能的高等教育"计划"。关于普及化阶段的高等教育系统,我们应当看到,中央政府在"管理与资助"和"运作"方面的责任反而更大。

不过,中央政府的干预已经不可能是对系统的直接管理和控制。需要中央政府做的是,一方面,促进高等教育系统朝着多样化、灵活化和开放化的方向发展;另一方面,为这种发展方向提供指南并加以引导。而且,最重要的引导手段是公共资金及其配置方法。如果不存在被赋予很大自由的庞大的私立部门,恐怕就不可能存在普及化阶段高等教育的主要承担者。

(原载于《大学教育科学》2009年第4期,吴素兰、陈武元译)

---

① マーチン・トロウ.高学歴社会の大学——エリートからマスへ[M].天野郁夫、喜多村和之編訳.東京:東京大学出版会,1976:114-115.

第五章　21世纪的高等教育系统：
特罗"理论"的再思考

一、美国与欧洲

1. 高等教育系统变化的理论

马丁·特罗是一位没有个人专著的研究者，但最早将其论文集结成一本书并在日本被翻译出来是在 1976 年。收录此书中的一篇著名的论文《从精英高等教育向大众高等教育转变的问题》（Problems in the Transition from Elite to Mass Higher Education）发表于 1973 年，如此算来它已经经历了 1/4 多世纪了。[①] 人们或许会想为什么现在还要对这并不新鲜的特罗"理论"进行再思考呢？然而，作为宏观的高等教育系统的比较理论，至今依然尚未有人超越他提出的"精英、大众、普及"这一高等教育发展阶段学说。特罗本人在此之后也写了几篇追踪这个问题的论文，但即便读了这些论文，人们还是认为它依然是最富有启发价值的"理论"。

正如前面所说，1976 年，喜多村和之和我以特罗的这篇论文为主，把他的三篇论文翻译出来，并集结出版了题为《高学历社会的大学——从精英高等教育到大众高等教育》（东京大学出版会出版）这样一本书。此后，喜多村编译了特罗撰写的许多论文，并于 2000 年出版了题为《高度信息社会的大学——从大众高等教育到普及高等教育》（玉川大学出版部出版）这样一本文集。通过阅读这本书，我弄清了在这 1/4 世纪期间，作为美国高等教育研究代表人物之一的特罗，对高等教育系统的变化做了哪些方面的思考。下面，我拟以喜多村编译的这本书为线索，整理并提出特罗迄今为止所做的思

[①] 天野郁夫教授发表本文的时间是 2000 年，1/4 世纪是以这个时间为限计算的。——译者注

考,并就日本高等教育系统的未来应该从中学习什么,阐述我个人的一些见解。

2. 21世纪的高等教育系统:普及高等教育

众所周知,在设定精英、大众、普及这一高等教育三个发展阶段时,特罗以欧洲属于精英教育阶段、美国属于大众教育阶段的形式,提炼出它们各自的模式。当时美国已经处在成熟的大众高等教育阶段,但在向普及高等教育阶段过渡时却出现了问题,然而,他的问题意识(这个"理论"是在OECD召开的会议上提出的)却主要在于,仍处在精英阶段的欧洲高等教育将以什么方式来推进大众化。1973年发表这篇论文之后,1978年,他又撰写了一篇探讨欧洲为什么没能推进大众化的论文。实际上,70年代的欧洲,并不像他认为自己的"理论"错了的那样,高等教育毛入学率的上升时时刻刻都在推进。但是,进入80年代后,欧洲各国高等教育的大众化在某种意义上却如他所预测的那样,开始快速地推进。

特罗此后也持续关注着欧洲的大众化问题,并撰写了多篇论文,这些论文都收录在喜多村编译的书中。当阅读完这本书后,我明白了率先实现普及化的美国的研究者特罗,现在已将研究兴趣转移到:欧洲高等教育的普及化真的能实现吗?

据特罗说,21世纪的高等教育系统将迎来他称之为普及高等教育（universal higher education）的阶段。这是他很早以前就说过的事。普及高等教育的"普及"（universal）之意不是指"万人上学",而是指"万人机会",他一直是这么说的。而到了90年代,他开始强调不仅仅是"万人机会",而且是"万人参与"。

为什么普及高等教育的时代将会到来呢?他认为那是因为学习社会和信息社会即将到来。在科技革命和国际竞争日趋激烈的时代,发达国家对高学历人才的需求不断高涨,并开始推行学习的终身化。而使之成为可能的是信息技术（IT）的发达,以及由此带来的学习社会的现实化,这就是特罗的见解。就他的视角而言,21世纪高等教育系统的课题,最为重要的是,向普及高等教育过渡的问题。关于过渡的问题,特罗认为,其模式还是美国的模式。这是因为,只有美国高等教育系统才是最适合新时代要求的。

"欧洲高等教育快速地以美国模式为指向……这既不是因为美国富有,是超级大国,也不是外国的许多制度含有美国化的要素之美国文化力量的反映。这完全是因为美国高等教育在规范和结构上都适应'后工业化'时代的各方面要求的缘故。"①特罗如是指出。

3. 特罗的两难问题

但是，每当阅读特罗的系列论文时，我清楚地认识到，他的发展阶段理论与阶段的过渡理论中隐含着两难问题。这与他强烈地意识到以及反复强调美国的独特性有关。

"美国的高等教育与世界其他国家相比，都具有极其特殊的功能与结构"，"美国在需要大量大众型的学生之前就已经形成了适应大众型高等教育系统的组织和结构上的框架……数量需求的潜在可能性在美国完全不成问题，而且其扩张的推进简单到令人吃惊"，②等等，就是例证。特罗还说道："正如之后将走向大众化的高等教育机构本身在 100 年前的美国就已经存在，正等待面向大众化而扩大的局面的到来那样，未来的学习型社会的结构和意识也已经存在于现在的美国。而在欧洲各国，自我发展的学习型社会与应对个人愿望和经济需求的结构并不吻合。"③

如果像特罗所说的那样，美国是极其独特的话，那么就会出现独特的美国对其他国家来说究竟是否能成为模式的问题。实际上，特罗已经发出警告：欧洲有关人士已经犯了"把美国固有的制度原封不动地移植到其他国家系统的重大错误"，"无批判地使用美国的模式来说明欧洲的现实与改革的状况"。"欧洲的学者或大学领导者……采用的多数改革都是以美国模式为蓝本的……但是，在关于把有利于从大众型到普及型的教育机会的阶段过渡之美国式的结构与文化的特征如何与这些改革结合起来的问题上，却面临着巨大的困难"。④这就是他把处于大众化阶段的欧洲现实与美国做比较后的认识。

---

① マーチン・トロウ.高度情報社会の大学[M].喜多村和之訳.東京：玉川大学出版部，2000：88.
② マーチン・トロウ.高度情報社会の大学[M].喜多村和之訳.東京：玉川大学出版部，2000：89-90.
③ マーチン・トロウ.高度情報社会の大学[M].喜多村和之訳.東京：玉川大学出版部，2000：141.
④ マーチン・トロウ.高度情報社会の大学[M].喜多村和之訳.東京：玉川大学出版部，2000：84-85.

4. 欧洲的现实

那么,欧洲究竟在哪些方面出了问题呢?据特罗说,在欧洲也"努力想把传统的精英大学制度转变成大众型的系统。尽管这种努力在过去 20 多年来一直处于加速的状态,但至今仍面临着财政和结构方面的巨大困难。今天几乎所有的欧洲国家都正在急剧变化之中,不得不重新审视以往的制度。……欧洲的大学不仅在组织、财政、管理运营方面忙于适应仍处在大众阶段的新的多数学生,也正在迎来不得不应对普及阶段的新危机"[1]。

特罗指出,为什么欧洲现在正面临着危机和困难,那是因为欧洲不存在使大众化了的高等教育发挥作用的三个条件:一是高等教育机构的多样性,即作为系统的多样性;二是补充性的财源,即公共财源以外的收入来源的问题;三是不存在能够弹性地应对社会需要的机构。直截了当地说,就是"不存在大众高等教育的制度框架"[2],"简言之……不存在私立部门",这就是特罗的意见。尽管欧洲的升学率或毛入学率已经达到了大众化阶段,但在结构方面还没有完全转换成大众型的高等教育。因此在向普及阶段的过渡上产生了危机状况。这就是他对欧洲现状的诊断。

5. 美国的独特性是什么

那么,"美国的独特性"是指什么呢?欧洲与美国的高等教育之大众化之路不同,"是因为国家与社会的关系之历史和传统有很大不同的缘故"[3]。这在某种意义上是理所当然之事。说起这一点,在美国高等教育系统方面,可以举出最为重要的两个要素:一是"美国不存在一个中央机构来维持与监督整个系统的统一标准",这成为在政治、经济结构方面发挥影响力的要素。也就是说国家意志弱。二是"美国系统的目标不是作为生产者的学者集团,而是作为消费者的学生",这就具有对美国的文化与价值观的影响力。也就

---

[1] マーチン·トロウ.高度情報社会の大学[M].喜多村和之訳.東京:玉川大学出版部,2000:88.
[2] マーチン·トロウ.高度情報社会の大学[M].喜多村和之訳.東京:玉川大学出版部,2000:247.
[3] マーチン·トロウ.高度情報社会の大学[M].喜多村和之訳.東京:玉川大学出版部,2000:45.

是说，存在一个市场，并具有很大的力量。①

另外，"美国没有一个对整个系统来说必须维持的统一的学术水平"。中世纪以来的传统高等教育，即大学系统在美国并不存在，因此可以说没有有关大学是什么的共同理念或标准。在这样的美国特有的状况下，想要维持并提高高等教育的质量时，什么样的力量会起作用呢？一个是"市场的竞争"，另一个是"对各种各样的外部机构的说明责任"，他如是指出。这是指美国高等教育富有特点的评价制度的存在。②

另一个重要的问题："在没有中央的、一元化管理的机构，没有统一的学术水平中，把美国的高等教育形成一个'系统'的机制究竟是什么？"特罗给出的答案是，"宽松地连接的美国高等教育系统是通过隶属于无数的、一切种类的团体来组成统一的形式"。③

这是大学间的网络的问题。学会、协会、学术团体等各式各样的团体在美国社会中发挥着把高等教育构建成一个系统并维持下去的作用。当人们问起，在美国，尽管国家意志不存在，那么高等教育作为一个系统保持一定的质量或整体性的机制是什么时，特罗做了如上的说明。

6. 欧洲的问题

与美国相对，欧洲又是如何呢？

下面列举特罗指出的欧洲存在的问题。"欧洲的高等教育，其大部分经费来源都依赖中央政府……所有民间部门也都比以往更多地给予大学研究的支持，但是欧洲仍极少有私立大学的存在"，这是大家都知道的。"欧洲的多数大学教师和管理者为了维持大众高等教育，遵守组织的自律性，都已经认识到需要比以往更强有力的领导集体。但是，几乎所有的国家，由于教授行会与政府的官僚主义相互结合，对于这种想法的抵抗是极其强烈的。"也就是说，大学经营中的领导集体尚未确立。另外也可以说，"在构成大众型高等教育的扩张之障碍的其他障碍中，国内的大学存在一个同等资质的学术

---

① マーチン·トロウ.高度情報社会の大学[M].喜多村和之訳.東京：玉川大学出版部，2000：34.

② マーチン·トロウ.高度情報社会の大学[M].喜多村和之訳.東京：玉川大学出版部，2000：63.

③ マーチン·トロウ.高度情報社会の大学[M].喜多村和之訳.東京：玉川大学出版部，2000：38.

均一性的前提"。①以前埃利克·阿什比曾经说过同系繁殖的大学的发展,但欧洲追求的就是由同型和同一水平的大学所构成的大学社会以及学术均一性。

特罗还特别感兴趣于英国与美国的比较,对英国的高等教育提出了种种严厉的批评。在欧洲大陆与英国之间,大学和高等教育都有相当大的差异,下面我想就包括英国在内的欧洲的大众化或普及化的问题,列举特罗的基本见解。

"英国是最想近距离控制高等教育的唯一一个国家……在面向具有大幅度扩张与多样性的高等教育大众化阶段的过程中,英国政府想要维持来自中央的严格管束的努力似乎是欠斟酌的",也就是说,本来就难于控制的东西,却硬要去控制。特罗还指出,"作为基调的政策或方向性的模糊不清,是英国政府根本缺乏能力去控制像高等教育这样的大规模且多样的、受社会经济技术所左右的系统的表现"②。

"高等教育政策是由财政支出机构的管理者决定的,财政支出机构虽然想控制高等教育系统,但是因无法应对系统越来越复杂化,而陷于决定复杂规则的窘境";"高等教育机构在埋头于向财政支出机构提供文件材料,或在不稳定的环境中谋求生存的过程中,消耗了为应对社会变化而进行自我变革的能量"③,关于这一点,后面还有一节专门论述日本国立大学法人化的现状。

总之,以英国为首的欧洲各国的大学,全面依赖政府的经费来源,受政府的官僚主义的控制,大学委员会都极度重视"学术均一性"。也就是说,特罗在思考大众化和普及化的问题时,特别强调国家意志的问题——美国国家意志不强,而欧洲的国家意志强——之对比的重要性。特别强的国家意志正在使欧洲的普及化之路面临危机。只要国家承担大学必要的资金的大部分,国家就不可能放弃其作用。这就是美国与欧洲的决定性差异。

7. 大众高等教育的危机

更为复杂的是,欧洲是特罗将其"精英高等教育"模式化的地方,而陷

---

① マーチン·トロウ.高度情報社会の大学[M].喜多村和之訳.東京:玉川大学出版部,2000:91-92.
② マーチン·トロウ.高度情報社会の大学[M].喜多村和之訳.東京:玉川大学出版部,2000:17.
③ マーチン·トロウ.高度情報社会の大学[M].喜多村和之訳.東京:玉川大学出版部,2000:17-18.

入危机的首先是精英高等教育本身。

在美国，不太有人提精英高等教育的危机。因为高等教育机构与大学的多样性是理所当然的前提。但是，以学术均一性为原则的欧洲各国，高等教育大众化越推进，精英高等教育的危机就越成为问题。为了避免这个问题，英国、法国和德国都进行了各种各样的尝试，但是大众化与普及化的进展所带来的精英高等教育乃至大学危机的状况，欧洲要严重得多，这是特罗的看法。

特罗在精英阶段的精英大学里受过教育，属于旧时代的大学人，对精英高等教育可以说有着深刻的思考。在 1973 年发表发展阶段理论的那篇论文之后不久，1975 年，他以"精英高等教育的危机"为题，撰写了有关美国精英大学危机的论文。这篇论文已被翻译并收录到《高学历社会的大学》一书中，但是他并非无条件接受和赞美大众化和普及化的，这一点有必要予以再次明确。据说从那时起，特罗就对精英高等教育的未来感兴趣，因而对欧洲精英高等教育的危机至今仍怀有强烈的忧虑。

精英教育的危机，反过来也就是大众高等教育面临的困难，关于这一点，特罗从美国的经验出发，提出了五个问题：[18]

第一，高等教育的经验者集团与非经验者集团的两极分化。即针对没上过大学的人们的障碍（handicap）问题。第二，由于中等教育弱化，出现了高等教育的发展或大众化侵占以往中等教育保持的知识资源。即优秀教师流动到大学，教育课程的一部分也移到大学的现象。第三，大学的理念与目的背离了标准概念。也就是说，大学是什么的标准变得越来越模糊。他认为，大学被要求进行责任说明，被要求接受评价，反而有推进从标准概念中背离的一面。第四，学术方面的规范。即学术规范，或学术标准的问题。跨越国境来谈论高等教育系统时的前提之学术规范正在崩溃。曾经从欧洲移植到北美和南美的大学，具有中世纪以来的传统，并作为以拉丁语进行教学与科研的场所，它在成为跨越国界的世界主义者（cosmopolitan）的同时，也成为阿什比所说的国际性组织。关于大学是什么，国际上的、大学人之间的统一认识，即共有的标准，就是那些可以被共有的规范。但是，它正在崩溃中。在美国尤其表现得十分显著。第五，向学习社会过渡的问题。当社会向学习社会过渡，人们参与（participation）的要求就会变得强烈。他指出，高等教育系统如何来应对它的问题也将产生新的危机。

每当阅读特罗的论文，我就常常会感到矛盾（ambivalent），会感到他也

第五章　21世纪的高等教育系统：特罗"理论"的再思考

感到的某种两难。他对美国的看法看起来相对地乐观，但是对欧洲的看法却是相当地悲观。换另外一种说法，假如高等教育在任何国家都将发展到普及阶段，那么就像进入大众阶段那样，其道路并不是只有一条，他自己不得不承认这一点。由于极其特异的美国的经验，不能为其他国家所完全模仿，因此若要普及化的话，其应有不同的道路。但是，与美国不同的普及化的道路是什么呢，这是很难看到的。这就是我从特罗的论文中东摘西摘整理出来的、从大众走向普及的高等教育系统的发展阶段理论的内容。

二、日本的问题

1. 日本的独特性

这里，我想将话题转到日本的问题上来。这个问题就是，日本究竟位于欧洲与美国两极之间的什么位置上？

特罗多次来过日本。但是，他非常谨慎，并贯彻了这样的态度，即"自己对日本什么都不知道，不仅日本，对亚洲、东亚也几乎没有任何了解，因而什么都没说"。我翻了《高度信息社会的大学》，但仅有一处，也就是在"注释"中他说道，日本是一个拥有"巨大且充满多样性的私立部门"和"全面依靠中央政府的经费来源，因而对市场不敏感的几所卓越的国立大学"的国家。①拥有"充满多样性的私立部门"的方面与美国接近，但是，拥有"几所卓越的国立大学"的方面与欧洲接近。而且，在规模和毛入学率方面，是仅次于美国较早完成大众化的国家。也就是说，日本既不是欧洲模式，也不是美国模式。在特罗看来，日本是一个两头都不沾的难于说明的国家。

2. 历史与传统——源于欧洲模式

因此，这里暂时脱离特罗的话题。关于如何来看待日本高等教育系统的现状与未来，这个问题虽可以咨询特罗，但他无法回答，所以我想阐述一下我个人的见解。

---

① マーチン・トロウ.高度情報社会の大学[M].喜多村和之訳.東京：玉川大学出版部，2000：46.

日本的高等教育从历史上看，可以认为源于欧洲模式。日本有一个强有力的、中央政府的行政机构，对高等教育整体负有行政责任。虽有庞大的私立部门，但高等教育系统还是以国立部门为主来构建的。私立部门尽管规模巨大，但相对于国立部门还是被置于从属地位。基于国立与私立两大部门的标准有很大的不同，政府为了保持学术标准，保障学术均一性，从很早开始就付出了极大的努力。

这从整个战前时期对"正规"大学的设置认可采取极其严格的限制，便可清楚地了解到这一点。而且，对于私立大学，采取模仿国立大学模式或者说是帝国大学模式，或者是按与国立同类型化的方向对私立大学施加学术均一性的压力。为了控制私立部门的多样化发展，理所当然地加强了设置认可行政。借用特罗的表述方式，就是使官僚制的强大控制发挥作用。作为模式的国立大学，在国家的强有力的控制下，并没有在大学内部产生独立的强有力的领导集体，而是在学术自由，即在教学科研方面的自由与自治获得一定程度的认可，但是是在没有财务或经营方面的自律性的情况下运营的。

3. 与美国模式的共同性和差异性

这样，从系统的整体来看，日本高等教育的特征是，与以国立大学为主的欧洲模式接近，但同时又与美国模式的某些部分具有共同性。

如果要举出与美国的共同性，首先就是高等教育的多样性。二战结束前，高等教育系统就具有复杂的结构，即大学、旧制高等学校、专门学校和师范学校等，各自由不同的法律所规定（这一点与美国不同），多样化的高等教育机构根据其功能以"种别化"的形式存在。二战后，高等教育系统发生了很大变化，关于这方面的情况我将在后面加以阐述。

私立部门的存在与美国的共同性。私立部门在与国立大学展开竞争的同时，在获取学生方面具有很强的市场性。正是由于"以消费者为目标"，因而如果不提供适合学生需要的教育机会，就无法招到学生，就无法经营下去，这种状态从私立部门成立之初起就一直持续下来。对学费收入这一"补充性财源"的依赖表现得最为明显。完全没有政府资金支持的私立部门自不必说，就连国、公立大学，学费收入即来自家庭支出的这一社会资金也成为其补充性（甚至可以说是主要的）财源。

其次，向大众阶段过渡的制度框架也与美国具有共同性。众所周知，事实上，除学费收入之外没有其他收入来源的私立部门，具有很强的快速扩张规模的动力。但与美国有很大不同的是，作为系统的结构，日本是国、公立承担精英高等教育，私立却成了大众高等教育的主要承担者，这一点与美国正好相反。这就成了日本高等教育的大众化乃至普及化与美国相比之历史性的限制条件。

4. 以美国模式为目标及其挫折

这样，日本的高等教育系统就具有欧洲模式与美国模式的中间性或折中性的性质，但日本的这种系统自明治以来就具有周期性的，明显地表现出以美国模式为目标的时期。

比如，大正、昭和时期的学制改革就有很强的以美国模式为目标的取向。特别是在高等教育系统方面，美国化，即曾有构想在制度上把大学、专门学校以及旧制高等学校等一律整合成单一的"大学"，使帝国大学"大学院化"，旧制高等学校向美国的文理学院学习，变成"学艺大学"。

这一构想在二战结束前并没有实现，但是，众所周知，第二次世界大战后，在美国占领下进行了学制改革，大学制度就过渡成美国模式。从帝国大学到师范学校的多样化的高等教育机构在制度上全部重组改编成四年制的大学以及若干两年制的短期大学。这次大改革是在战败后的混乱过程中，在没有充分的准备时间、没有充分考虑如何应对高等教育机构的多样性以及没有资源的再分配和追加投入的情况下，可以说是机械地把所有的高等教育机构用一个标准，塞进一个制度中的。其结果，新的大学以原封不动地继承各自前身校的历史遗产的形式，在同一时间一起成立了。

制度虽然是整齐划一化的，但是，由于"新制"大学各自的人力、物力以及智力资源的规模和水平有显著的不同，大学间的等级性的序列化结构便成了日本高等教育系统的特征。在制度上的整齐划一化中，大学虽然的确继续拥有多样性，但这不是功能上的多样性，而是序列化、等级化意义上的多样性。

而且，虽说是变成了美国模式，但是中央政府（文部省）的规制依然稳固地保留着。文部省以复归同二战结束前一样的制度上的多样化为目标，反复地提出大学与高等教育改革的构想。被称为"种别化"构想的改革方案就是例证。出现了谋求以中央教育审议会的"三八咨询报告"（1963年）和"四六咨询报告"（1971 年）所代表的、以政府为主导的多样化（或者可以说是"从上"的多样化）的动向。

文部省的设置认可行政也从战前时期继承下来了。在文部省那里，有一种很强烈的想法，即想通过"设置基准"来达成作为大学的学术均一性，因而不仅对大学的人力和物力条件，而且对课程方面也加强了控制。但是，作为最低基准设立的"设置基准"，由于对私立大学的设置事实上发挥了最高基准，因而围绕大学的质量和水平，产生了各种各样的问题。总之，国家制定的"设置基准"，以及基于此的设置认可行政形成了高等教育系统的基本形态和结构。作为质量的维持与提高系统之美式的大学基准协会，虽是以自发性（voluntary）团体的形式建立的，但是直到最近为止仍未充分发挥其作用。这是众所周知的。

二战后的日本高等教育系统自进入 20 世纪 60 年代后，开始走向快速的大众化过程。60 年代初 10%强的大学与短期大学升学率，在 15 年后急速上升至超过 35%，为应对数量规模扩张，高等教育系统被要求进行质的变革。1971 年即昭和四十六年提出的，因而被称为"四六咨询报告"的中央教育审议会的咨询报告也涉及"种别化"构想，我认为，这可以看作是要求日本高等教育系统向大众型的结构转换的一份咨询报告。现在再回过头来看，其目的是十分清楚的，但对当时刚刚经历大学与短期大学升学率在突然之间大大地越过大众化阶段门槛的大学或大学有关人士来说，这份咨询报告太过于前瞻性，是令人难于接受的改革构想，并在严厉的批评和反对中，被束之高阁了。

但是，"四六咨询报告"所提出的构想，即向大众型高等教育转换的构想，在此后逐渐地、部分地、一个一个地得到了实现，这也是必须预先指出的。

"四六咨询报告"后，政府（文部省）接受咨询报告，并将其付诸实施的核心政策是，从 1975 年开始的高等教育计划化。为了应对大众化快速发展而显露出来的质量下降，文部省提出了极其强硬的控制高等教育规模的政策，即原则上禁止在大城市新设大学。从美国模式的视角来看，这是对市场性的否定。而且，与一律不予认可新办大学作为交换的是，政府以对私立大学提供资金支持，即补助金的形式，更牢地抓住控制权。

这种规制强化的正当化的逻辑是，"从数量到质量"的高等教育政策的转换，即为了尽可能地保持作为大学的学术均一性，力求压制无限制的数量扩张，以谋求质量的提高。质量提高的政策，可以认为是与高等教育机构的"种别化"构想相配套的。这是因为，"种别化"构想是立足于这样一种思考：不是一律对付数量急剧增加的大学，而是政府设定一个法的、制度的框架，使之分化成以研究为中心、以教学为中心以及以教养教育或实务教育为中心等几种类型，并在这一框架内谋求根据不同职能来维持和提高质量。这与美国式的、在市场机制引导下的自由选择的多样化有根本性的不同，是以政府的规制或指导下的多样化为目标的。不是各个大学的自发性的选择，或通过市场机制的职能分化而形成的多样化，而是政府控制下的多样化，这正是"种别化"构想的真正内涵。

20世纪70年代至80年代间进行的、应对大众化的这种结构改革，包括种别化在内，是以部分的修修补补为始终的，没有达到全面系统的结构转换。

如果还要另外附加一个与"四六咨询报告"有关的，那就是大学运营的结构的问题。"四六咨询报告"在大学运营的结构方面，也提出了包括国立大学法人化的大力度的改革构想。但是，这也曾遭受过强烈的抵抗。或许可以说是"欧洲模式的继续存在"，借用特罗的说法，即"教授行会"控制大学，用日本的方式来表述，则是在"教授会自治"的情况下，没能确立起由校长和职能部门形成的强有力的领导集体。现在，与欧洲面临的困境一样，日本是在应对大众化的系统改革显著迟缓的情况下，迎来了90年代。

5. 再次转向美国模式

20世纪90年代可以说是美国化时代的再次到来。这个时期，伴随着国际尖端科学技术竞争的激化，要求加快高等教育改革的呼声变得非常强烈。借用特罗的表述方式，日本高等教育系统必须改变成"适应'后工业化'时代的各项要求"的系统，这一认识，在大学内外开始占主导地位。尝试着向美国模式的系统转换再次真正地开始。从1987年至2000年间，以改革构想为中心进行审议的大学审议会真正处理了这个问题。

其中特别重要的是，1991年的咨询报告《关于大学教育的改善》。据此，《大学设置基准》的软件方面，即在教育课程的编制方面的规制大幅度地放宽。众所周知，通识教育与专业教育的界限被拆除，本科4年的课程编制自由化，作为组织的通识教育课程和教养部突然之间销声匿迹。这也被称为"设置基准"的大纲化与自由化，从而大学自身的内发性的改革努力终于开始了。

90 年代是 18 岁人口大幅度变动，以及以其为主要原因的高等教育计划终结的时代。我们知道，这一时期，作为升学者分母的 18 岁人口从 20 世纪 80 年代的 150 万人左右急速增加到 1992 年的 205 万人，此后又急速减至 120 万人，政府的规制，即高等教育的计划不能很好地应对，高等教育人口的增长时期暂且不说，减少时期，计划更是不可能应对。因此，在迎来 20 世纪末的时候，持续 15 年的高等教育计划的时代终于宣告结束。

于是，政府（文部省）对系统的控制开始趋向放宽或弱化，但这一时期政府（文部省）所构想的是，"从上"进行指导的缓慢的系统结构的转换。但是，从进入 2000 年以后，从桥本内阁到小泉内阁，与行政、财政改革交织在一起，新自由主义的规制改革的动向急剧地强烈起来。其矛头直指这样几个方面，即可称之为"规制的堡垒"之国立大学的法人化、从文部省的行政机构中分离出来并使之自律化以及"设置基准"及其运用更进一步放宽、大学设置更加简化。

因此，文部省不得不放弃根据法的规制谋求高等教育系统的多样化之以往的种别化路线，转换成以大学的"自由化"、"个性化"为名目的多样化路线。这种政策转换的最具代表性的象征是国立大学的法人化，关于这个问题，我下面还会加以阐述。

6. 设置基准行政的倒退

从 20 世纪末开始，特别是从进入 21 世纪以来，行政、财政改革的基本性质，简单地说，就是把大国家变小，或者称瘦身。因为国家意志太强，所以想将其减轻，变成像美国那样的小政府。这种新自由主义的潮流，在教育特别是高等教育的场合是极其显著的。改革的目标是政府的轻量化、规制放宽乃至废除，所以就高等教育行政而言，最好是设置基准行政的放宽，但这从文部省的角度来看则是倒退。

设置基准行政与中央集权的国家体制有着密不可分的关系，在开始波及整个行政的民营化的动向、地方分权化的动向等过程中，中央集权制的强有力的国家体制的动摇，便开始出现在文部省对高等教育系统的控制、"设置基准"的大纲化以及其运用方面的放宽上。用吸引眼球的话说，就是"从事前规制到事后确认"成为大行政的潮流。

如果"设置基准"的规制崩溃的话，那么其所保障的学术均一性也将崩溃。其象征是学部或学科的名称，乃至学位的名称的多样化。正如学部学科变更或设置的备案化，以及结构改革特区中的股份制大学或大学院的设置认可等那样，随着"设置基准"的每次修订，学术均一性大幅度地崩溃了。

如果放宽"设置基准"这一政府的"事前规制"，那么就需要有代替它的自发的"事后确认"的系统，即作为"质量的维持机制"的各大学的说明责任、为此的自我检查评价、信息公开的必要性，以及接受第三者评价的义务。这里，作为大学的评价系统，即与美国似像非像的日本式的评价制度，当然可以看到"认证评价制度"的建立。这个评价系统如何发挥作用，还是一个很大的未知数，但或许应该看作是美国化的一种表现。这是因为，如果要尽可能地缓和政府的规制，转换成个性化的多样化路线，美国式的质量维持机制无论如何都是必要的。

7. 国立大学法人化的意义

在这种改革的一系列的潮流中，正如前面所述，国立大学的法人化具有很大的意义。这是因为，以往由国家包揽一切并在教授会自治的基础上运营的国立大学，现在政府力图使其作为经营体自立，并在其内部确立以校长为核心的理事会领导集体。谋求作为国家以外的财源（即特罗所说的"补充性财源"）之自筹经费和外部资金的增加，尽可能寻求财政上的自立，正是法人化所要的改革方向。

但是，若要说是文部省的官僚统治完结了，或是"教授行会"的控制终结了的话，那并不是那样。现在的国立大学法人，并不是在国立、大学、法人这样三个部分明确分离的基础上使之有机地整合在一起的，而是在界限模糊不清的情形下正在走向一体化的。因此，在经营和教学两个方面产生了各种各样的问题。

就经营问题而言，法人化以后，以校长—理事会为主的、独立的管理部门和管理体制应是完善的，但是，实际上，"法人"的部分是由从"国立"（政府）的部分调往"法人"的人和从"大学"的教授行会调往"法人"的人所构成，并进行大学运营的。前者不言而喻是指，以"调任官职"的身份调往大学担任法人的理事或管理职务的、文部省官僚出身的人；后者是指从教授会成员中被选出的包括校长在内的法人的理事。

更进一步说，在广义的管理部门任职的部门负责人和校长助理都是从教授会成员中选出来的。之所以说"调往",是因为这些人在一定期间终了后(校长除外),还要回到原单位的教授会。特罗对"教授行会和政府的官僚主义相互结合"这一英国做法的批评,或许可以说也完完全全适用于法人化之后的日本国立大学。

附带说一下,这种经营与教学的暧昧分化,不仅限于国、公立,也是日本的特别是历史悠久的私立大学的共同特征。这是因为,不少有传统的私立大学都是通过教授会的选举选出的校长兼任理事长,教师出身者占理事的多数。人们所称的"教师中心主义",正是由教师承担经营责任的。可以说,日本与美国的大学在这点上依然有很大的不同。

三、走向普及高等教育之路

1. 日本的高等教育美国化了吗

日本高等教育的美国化现在就是这么个状况。在最后部分,虽然不能充分地探讨日本走向普及高等教育之路究竟是什么样的,但还是想谈几点看法。

有人认为,日本的高等教育以美国化为目标,那么,在什么地方已经美国化了?正如大家从前面谈的情况中所知道的那样,这是一个相当难的问题。

首先最为重要的是,正如特罗所指出的那样,日本与美国之间,在高等教育和大学的传统、历史与文化方面是完全不同的。其次,虽说中央集权的政府正朝着变弱、变轻的方向发展,但国家意志依然很强,这是美国所无法比拟的。大学的设置认可制度并非被废除了,作为对私学的控制手段仍具有有效性。国家对大学仍提供直接的财政支持,比如,为国立大学法人提供大学运行费,为私立大学提供私学补助,为公立大学提供地方交付税。这仍作为控制手段发挥很强的作用。而且,正如前面所述,占据日本大学核心部分的国立大学,虽说法人化了,但依然是处在官僚制的统治之下。大学的多样化比起美国也显著地落后。

日本在这个意义上说,依然还是处在特罗设定的美国模式与欧洲模式的中间位置。

第五章　21世纪的高等教育系统：特罗"理论"的再思考

2. 国立部门与私立部门的关系

作为与欧洲的不同之处，最为重要的是国立与私立的并存。虽说欧洲已开始出现私立部门，但还是微不足道的，所以还没有力量来改变整个高等教育系统的结构。与此相对，日本却具有远远超过美国、规模庞大的私立部门。与具有同样私立部门的美国之不同，正如前面所述，在日本，国立部门虽小但处于优势地位，换句话说，在竞争方面，规模庞大的私立部门则处于劣势地位。

关于美国与欧洲的不同，特罗有以下令人感兴趣的论述。"美国的大学从完全公立到几乎纯粹的私学，形成一个不陡的等级。""在美国，'私立'大学也接受公共财政的支持。这种支持，一是在税收方面对于向高等教育提供捐赠者实行优惠待遇，一是由财政提供奖学金。而与此相对，公立大学一方面确保学生学费、捐赠，以及来自经济产业界的基金等私的财源；另一方面公立大学的理事会认可校内各机构与私立大学一样的自律性。""美国大学的特征具有横跨公的和私的之资金、功能以及权威。"①

也就是说，在美国，公立和私立的界限是模糊的，但日本与美国不同，两者之间被划上极其明确的界限。如果说到日本的私立部门有否可能如美国一样与国、公立并驾齐驱，或处于优势地位，那么只要税制不修正，奖学金制度不扩充的话，那是相当困难的。

尽管占经常费的百分之十几，但政府依然通过对大学的直接补助，牢牢控制着私立部门。设置基准行政仍残留着。此外，虽说国立部门由于法人化，大大接近于私立大学，但依然是在政府的强有力管理之下。中期目标和计划的制定要得到政府的认可，工资水平必须遵从人事院的建议，退休金大学无法靠自己累计来支付，设施的完善无法自力，因而或许相当接近于美国的一部分州立大学，但与一流私立大学或公立大学相比，不能不说依然被置于强有力的控制之下。

这就给人们提出了这么一个问题：不论是万人机会，还是万人参与，其承担者或可能的承担者是谁？即在美国，州立的高等教育机构，特别是社区学院所承担的普及化的作用由谁来承担的问题。特罗把因为是公立的，因而向所有人提供学费便宜且多样化的教育机会，即开放型的社区学院，称为美

---

① マーチン・トロウ.高度情報社会の大学[M].喜多村和之訳.東京：玉川大学出版部，2000：107.

国高等教育的一大发明,但在日本,仅仅获得很少的国库资助、不得不依靠学费收入的私立部门,果真能担当得起普及化的重要承担者吗?这是令人产生疑问的。

另外,在思考日本的大众化、普及化时,重要的是,专修学校、各种学校的存在。虽然几乎是私立的,但设置认可的权限却在于都道府县,在学校教育法方面也不是所谓的"一条校"①,因而在以往的高等教育政策中是被忽视的部分。但是,如何把升学率占18岁人口24.5%的、在日本的中等后教育或高等教育系统中最富有弹性的、多样化的部分之专修学校和专门学校在普及化中予以定位,是一个极其重要的问题。

这个多样化的部分,也正在成为多样化高等教育机构的供应源。以专修学校为母体创办专门职业大学院,成为大学的专修学校也不断地出现,股份公司大学也与专修学校有着很深的关系。这种专门学校,借用特罗的话说,理所当然是很大程度上背离大学这一"标准"概念的,但是它是否应该被认为是高等教育系统多样化的源泉,或是应该怎样在21世纪型的系统中对它予以定位,这些都是与美国不同的日本的大问题。

美国通过把这部分以社区学院的形式纳入公立高等教育系统中实现了多样性,但日本以往是把它置于框架之外来发展的。这或许会成为大大阻碍普及化之路的因素。总之,日本的美国化在这个意义上,究竟是依然以半途而废而告终,还是其结局不能指望或不可能完全美国化。如果不可能真正做到美国化,那么如何走出日本式的路子,这是我们应该尝试着思考的问题。

3.《高等教育的未来形态》咨询报告的意义

就日本的21世纪的高等教育形态,或构建21世纪型的高等教育系统而言,作为政府的构想,有最近发表的中央教育审议会咨询报告《关于高等教育的未来形态》。我想这个咨询报告会有各种各样的解读,但首先应该把它解读为文部省的政策转换宣言或行政转换宣言。

咨询报告写道:"在这十几年间,高等教育行政已经从'高等教育计划与各种规制'的时代向'未来形态的提出与政策引导'的时代转变。"这正是文部科学省的审议会的认识。时代如此转变了,因此国家也将发挥新的作用。咨询报告说道,"国家今后的主要作用是:①提出高等教育的应有形态

---

① "一条校"即指日本《学校教育法》第一条规定的学校。——译者注

或方向性；②制度框架的设定与修正；③完善质量保障系统；④为高等教育机构、社会、学习者提供各种信息；⑤财政支持等"。虽说国家的作用变了，但如果从上述的这些作用来看，我们可以知道，国家依然保持着强大的力量。

应有形态或方向性由国家提出，制度框架的设定与修正也做，质量保障系统也由国家率先构建，国家"认证"的评价机构制定的评价制度是那样的制度，当然并非仅仅是信息提供或财政支持。该咨询报告还进一步说道，今后将通过财政支持，谋求多样化。政府期待大学"不是固定的'种别化'，而是通过在哪里对其所具有的各种各样的功能增加权重，来缓慢地使功能分化"。为此，作为政策性的引导手段，将考虑"详细的基金制度"。

咨询报告说道，"过渡到适应高等教育机构所具有的多样化功能的形式，并通过机构补助和个人补助的适当平衡，有效地组合基本经费与竞争性资源的配置，构筑多元的且详细的基金制度是必要的。据此，必须以国、公、私立各具特色的发展和缓和的作用分工，面向高质量的教育与研究的合理竞争为目标"。可以说，COE（卓越中心）是被称为现代 GP（支持有特色大学教育计划）和特色 GP 的教育与社会贡献密切相关的有益尝试（good practice），GP 也可以说是期待这种作用的基金的一环。

虽说政府如此进行了政策转换，但是在这个方向上如何来构建 21 世纪型的高等教育系统，在现阶段还几乎没能看出来。为什么难于看出来，这是因为，虽然今后将尽可能排除政府的规制，做到各大学能够自由选择地描绘自己发展的路子或大学形态，但其自由化真正能达到何种程度暂且不说，各大学是否具有有选择地行使自由的能力本身就令人怀疑。而且还因为，即使有，那么是否有怎样实现它的手段，这也存在各种各样的问题。

4. 走向普及化的第三条路

最后，还有这么一个问题：美国由于其历史的特性，自然地走出了普及化的路子，欧洲虽然面临着困难，但已在开始探索普及化的路子，那么，是否有除此之外的第三条路子，即日本的路子？

正如上面所看到的那样，欧洲和美国对日本来说仅能成为部分的模式。尽管有必须学的地方，但是如果忠实地模仿，就不可能构筑起普及化，即 21 世纪型的高等教育系统，这从上面的论述中，大家是能够明白的。

在升学率这点上，即使已经越过普及阶段门槛的日本，如特罗指出的那样,大众型高等教育的危机正在逐渐地表面化。如果大致描述特罗就美国列举的五个方面,则是:第一,差距社会化与机会的不平等化在日本也越来越显著。既存在大学的经验者与非经验者的分化问题,也存在大学经验者中在学校学历主义这一形式上的差距结构。第二,中等教育的弱化虽并非效鬘美国,但却急速地显露出来。第三,大学这一"标准"概念的动摇。在日本,它虽以《大学设置基准》这一形式显示出来,但这一基准被大幅度修订后,可以说测量大学是什么的标准已经消失了。现在,中央教育审议会大学分科会的议论焦点之一,也是着重于大学究竟是什么,特别是本科课程教育是什么。第四,学术规范的崩溃,可以说在日本也成为一个严峻的问题。由于专门职业大学院的创办,使得专门职业大学院与一般的大学院的界限开始受到追问。随着本科教育课程多样化的推进,修完本科课程者的学位即学士称号处于什么样的学术标准,越来越看不清楚。由于大学人的思考方式越来越多样化,既存在代与代之间的差距,也存在学部间的思考方式的不同、设置主体间的思考方式的不同。虽然是多样化必然要引起的问题,但是,现在这种混乱的状况却在持续地发展着。第五,还有学习型社会的不成熟问题。日本虽然在 IT 的硬件方面是先进国家,但在软件方面却未必如此。特别是在被特罗当作普及化的条件予以重视的教育方面引入 IT,比起美国要落后得多。同时,尽管知识社会化、信息社会化进一步发展,但对高水平专门人才的需要,日本的社会与美国相比,也是处于显著的低水平上。虽然在高水平专门职业是什么这一概念规定本身还模糊不清的情况下,就创办了各种各样的"专门职业"大学院,但这里却存在成人学习者不来的问题。日本式的学习型社会究竟是什么样的形式,却怎么也看不出来。

如果这样持续下去的话,日本所拥有的享有或组合美国模式和欧洲模式的高等教育系统(不是享有或组合其长处,而是短处)的危险性就很大。特别大的问题如前面所述的那样,是以私立部门为中心的普及化的困境。美国型的普及化是由公立部门所承担的,社区学院的存在对普及化的推进发挥了强有力的作用。

在日本,并没有使这样的普及的机会或参与成为可能的、开放的、学费低廉的高等教育机构。大众化的主要承担者是大学、短期大学、专修学校这些专门以学费收入来运营的私立部门。为了构建适应普及阶段的高等教育系统,成本问题、教育质量和水平问题是无法回避的问题。究竟怎样来解决这些问题,可以说是日本正在面临的最大课题。

虽然国家和政府的规制有所放宽，但依然存在保持控制力的国家和政府的问题。借用特罗的话说，政府真的有"驾驭越来越复杂化的系统的能力"吗？有没有"无法应对越来越复杂化的系统而决定了复杂的规则"这样的事？有没有"由于向财政支出机构提出的文件编制"而使大学"消耗了自我变革的能量"这样的事？这些对国立大学法人化来说，已经是极其现实的、迫切的问题。我感到，即使说如语言所描述的事情已经发生了，也并非言过其实。

为了解决这一问题，不仅包括国立大学在内的大学要进行变革，而且文部科学省这一行政官厅本身也必须变革。虽说间接化或被弱化，但正如前面所述，依然保有控制权和力量的文部科学省要改变到什么程度？强烈要求大学变革的文部科学省本身要努力变革到什么程度？政府与大学的关系只有通过不仅大学改变且政府也要改变，才会变成与以往不同的关系。文部科学省应该如何改变，我认为是需要更多讨论的。

5. 来自特罗的另一个启示

最后谈一下特罗上述指出中被认为最重要的内容来结束我今天的报告。

支撑多样化的高等教育系统的东西在美国究竟是什么呢？特罗反复地提出这个问题。他用"与社会的合作"的词语来称呼之，但与日本不同，并不是"产学合作"的意思。他说：第一是大学要尽说明责任，第二是市场的机制，第三是大学与社会要建立一种"信任"关系，以及这三者的平衡问题。

大学对社会要尽怎样的说明责任呢？在市场化的社会中，为了不让市场破坏大学所具有的公共性该怎么办好呢？大学该怎么来赢得来自社会的信任呢？我想，日本的大学也应该认真地思考这些问题。

前面已经说过，"美国松散地联结的高等教育系统是通过隶属于无数的、一切种类的团体来组成统一的形式"，我认为，特罗的这番话是极其重要的。在日本，这一"统一的形式"在以前是由政府通过"设置基准"建立起来的。它在弱化的时候，即所谓的"从事前规制到事后确认"过渡的时候，在日本，这一美式的、"隶属于无数的、一切种类的团体组成"的状态，即对多样化的高等教育机构给予"统一的形式"这样的、大学间的复杂且高密度的网络真的能形成吗？

在日本，也有大学团体，也正在建立起评价机构。但是，与美国相比，其密度还是很低的。大学团体基本上是按设置者类别建立的，几乎是封闭的（closed）、和睦团体式的。评价机构也刚刚建立起来，它作为维持和提高水平的手段能发挥作用到什么程度，现在还看不出来。它们真的具有对高等教育系统给予统一形式的能力吗？这在展望未来时是一个极其重要的问题。

当国家的规制力量弱化、各高等教育机构的选择与决策的自由被大幅度认可的时候，与其说是作为对国家的对抗力量，莫如说是作为代替国家规制的机制，大学的世界应形成怎样的相互合作，并以此对抗市场的力量，对社会尽到说明责任，赢得社会的信任。如果现在要从美国那儿学习的话，最重要的不就是这个课题吗？！这正是到目前为止议论的最终结论。

（原载于《现代大学教育》2007年第5期，陈武元译）

第二部分
日本高等教育的现实与课题

第六章　高等教育大众化：日本的经验与教训

日本的高等教育毛入学率（大学与短期大学入学者占 18 岁人口的比率）在整个 20 世纪 50 年代基本稳定在 10%的水平上，但是，进入 60 年代便迎来了急剧上升的局面，从 1960 年的 10.3%，到 1965 年的 17.0%、1970 年的 24.0%、1975 年的 38.9%，短短的 15 年间毛入学率急速地上升了近 4 倍。此后，到 1990 年的下一个 15 年间，毛入学率稳定在 35%～36%的水平上。从表 6-1 可以看到，这一时期毛入学率的上升是多么快速。从精英阶段到大众化阶段的过渡是在极短的时间内实现的。教育机会在短时间内的快速扩张，给此后的日本高等教育的发展留下了很多问题。日本的这一经验，对现在处于急速发展的大众化过程中的中国来说，含有多种教训。1960—1975 年间，从精英到大众化的阶段过渡是如何进行的？这种急速的过渡给下一个 15 年（1975—1990 年）留下了什么样的问题？政府（文部省）为解决这些问题采取了什么样的政策？这些都是本章想要探讨的问题。

表 6-1　高等教育毛入学率的变化（占 18 岁人口的比率）（%）

年份	大学	短期大学与高等专门学校	专门学校	高等教育（1）	高等教育（2）
1955	7.9	2.2		10.1	10.1
1960	8.2	2.1		10.3	10.3
1965	12.7	4.2		16.9	16.9
1970	17.0	6.9		23.9	23.9
1975	27.1	11.8		38.9	38.9
1980	26.1	11.9	12.0	38.0	50.0
1985	26.4	11.8	13.5	38.2	51.7
1990	24.5	12.2	16.9	36.7	53.6
1995	32.0	13.8	18.9	45.8	64.7
2000	39.7	10.1	20.8	49.8	70.7
2004	42.4	8.3	23.7	50.7	74.4

注：高等教育（1）=大学+短期大学与高等专门学校，高等教育（2）=大学+短期大学与高等专门学校+专门学校。

一、升学需求与职业需求

在思考高等教育大众化的过程（阶段过渡）时，重要的是以下三个因素：（1）升学（教育）需求（push）；（2）人才（劳动力）需求（pull）；（3）高等教育制度（system）。这三个因素在大众化的15年间是怎样发生变化的呢？

1. 升学需求

首先从升学需求来看。引发毛入学率的快速上升，最为重要的是升学需求的提高，其基础是国民收入的提高和高中入学率的提高。人均GDP在这15年间急剧增长了近8倍（见本章附录的指标1，以下均指附录的指标），同时也开始显示出富裕的国民的升学需求的提高。升学需求首先针对中等教育，1955年已经超过50%并处于普及阶段关口的高中入学率，在1975年达到90%以上（指标2）。与此同时，希望进入大学与短期大学继续深造的学生人数也开始急剧增加，占18岁人口的比率从1960年的12.0%，到1975年达到40.1%（指标3）。高等教育（大学与短期大学）毛入学率从1960年的10.3%急剧上升到1975年的38.4%（指标4），正是在这样的教育需求基础上实现的。

必须指出的是，毛入学率是伴随着女子升学需求的提高这一社会价值观的大转变而上升的。高等教育毛入学率长期以男女间的差距大为特征，但是这15年间，男子的入学率增长了2.9倍，而女子则增长了6.0倍，即从5.5%急速上升到32.9%（指标4）。由此可见，随着收入水平的提高，女子接受高等教育这一社会要求也急剧高涨。但是，必须指出的是，女子入学率的提高主要是因为短期大学入学率的急剧提高引起的，在这个意义上说，差距依然继续存在。

2. 考试竞争与学历主义

关于入学率的上升，另一重要的指标是希望入学率与实际入学率的差距（指标3、4）。整个15年间，教育机会的供给量没能赶上需求的急速提升，其结果是，考试竞争激化，乃至出现大量的"复读生"。大众化的进展，最初是以原有的大学与学部的规模扩张的形式，但有其局限性，不久就开始新办大学或学部。但希望入学者更希望进入有悠久传统、社会威信与评价高的原有大学与学部。威信和评价的排序也存在于原有的大学学部之间,希望入学者的这种偏好进一步加剧了考试竞争。大众化的时代也是激烈的考试竞争与出现大量复读生的时代。

激烈的考试竞争给大学学部之间带来了入学时的严格选拔(入学的难易度),乃至由入学者的学力("偏差值")形成的排序,大学或学部间的这种等级性的排序结构在竞争的激化与规模扩张的过程中越来越强化。这意味着,由就读大学或学部的名称及种类构成的毕业资格,即赋予学历或学校品牌的社会价值也得到了强化。大众化起到了更进一步加固日本学历主义和学历社会的作用。

3. 人才需求

与升学需求一样,对高学历人才的需求与 GDP 的提高具有高度的相关性。但是,升学需求与人才需求常常并非同时并行提高的。不少情况是,升学需求的提高先行,与劳动力需求之间产生时间差,高学历者的就业困难成为严峻的社会问题。实际上,在 20 世纪 60 年代大众化开始的当初,就有很强烈的担忧就业困难的声音。但是,幸运的是,60 年代的日本经济从战败的贫困中摆脱出来,并在此后迎来了持续的高速发展时期。大学毕业生就业难的时代结束,就业状况大大好转,因而开始了年年增加的高学历者的"卖方市场"时代。

但是必须指出的是,伴随着经济的发展,就业者的职业类别结构发生了很大的变化。如果从职业类别看大学毕业生的就业状况,我们可以了解到,大学毕业生的传统职业——专业与技术性职业、事务性职业的就业率共减少了近 9 个百分点,而销售职业的比率则增加了近 10 个百分点,甚至达到全部就业人数的近 20%(指标 9)。虽说是卖方市场,但大学毕业生的传统职业领域的雇佣机会却相对减少,特别是在事务性职业中就业越来越困难。

4. 就业竞争与学历主义

相对减少的状况不仅仅出现在职业类别,而且出现在工作单位,即政府机关或大企业所代表的"好的雇佣机会"也出现了僧多粥少的情况。大众化导致大学毕业生的数量越来越多,以数量有限的"好的雇佣机会"为目标的就业竞争的激烈程度增加了。在就业竞争中,就业者最受重视的是他们毕业的大学学部的名称或者学历与学校品牌。因此,越是入学时选拔严格即前面提到的入学难易度或偏差值高的大学学部的毕业生,就越处于有利的地位。这样,大众化越向前推进,以社会与企业的学历主义为媒介,考试竞争与就业竞争的结合日益密切,高等教育系统的排序性或等级结构就越强化。

二、大众化的结构与过程(1960—1975 年)

对大众化的进展最为重要的是,高等教育系统的结构,以及其对升学需求(push)和劳动力需求(pull)所具有的"敏感性"(responsiveness)的大小。高等教育系统如果没有对升学需求与劳动力需求的变化或提高具有柔软的且弹性的结构或能力来应对所需,是不可能达成快速的大众化的。这种敏感性基本上受两个因素所左右:(1)整个系统的市场化的程度;(2)是否有敏感性强的("平民化",popular)高等教育机构或部门。这种市场化与"敏感性"最强的典型是美国,最弱的典型是欧洲各国。

1. 高等教育系统的结构——欧洲与美国

欧洲各国以具有中世纪以来的传统和以国立大学为主组成的典型的"精英型"、"敏感性"迟钝的高等教育系统为特征。大学重视研究(而且是传统学术领域的研究),并以接受社会中上层阶级的子弟、培养传统的专门职业人才为其教育的主要使命。被称为"学术中心"(center of learning)或"象牙塔"(ivory tower),受到国家庇护的大学,与市场化无缘。在那里,不存在敏感地对升学需求或劳动力需求的变化作出反应的(平民的)高等教育机构或部门。尽管欧洲各国的经济发展水平很高,但高等教育大众化却很迟缓,其原因就在于此。

与此相反,一方面,在美国至今还没有国立大学,高等教育系统自 17 世纪以来,以私立大学为主生成,并由其形成了精英部门;另一方面,到了 19 世纪后半叶,在全国展开了以高等教育机会开放与平等化为目的、具有"平民化"性质的州立大学设立运动。州立大学的设立目的在于最优先向本州公民提供廉价(多数是无偿)的,且以培养农业、工业技术人才为主的实用性的高等教育机会。培养精英与重视研究的私立大学，在与州立大学的竞争过程中发展起来。这样，强有力的（精英的）私立部门与各州独特的（平民性的）公立部门相互竞争并发展起来的独特结构，便塑造出了美国高等教育系统之动态的且富有弹性的特点。美国的高等教育能够先于其他国家而且在很早的时期就实现从精英到大众、从大众到普及的阶段过渡，正是由于这种系统结构的特性。"敏感性"强的美国公立部门现在已占到在校生总数的约 3/4。

2. 日本的高等教育系统

日本高等教育系统的特征介于美国与欧洲的中间。日本的近代高等教育系统的形成始于 19 世纪 70 年代，19 世纪 80 年代中期确立了以欧洲特别是德国为模式的以国立部门为主的结构。与此同时，私立部门的并行发展从很早就开始发达了，在这方面与欧洲不同，而与美国具有共通性。但是，担负精英高等教育功能的是与欧洲一样的国立部门，而全面依赖于学生缴纳的学费收入之私立部门，在发挥"平民性"（popular）高等教育的作用方面，却与美国不同。在大众化的进程中发挥重要作用的，美国是公立部门，而日本是私立部门。

不过，有必要注意的是，与美国的公立部门不同，日本私立部门的这种"平民性"并不是在机会均等和服务民众这样的明确的"理念"下自主地选择的。国、公立部门由国家保障其大学运营所需的全部资金，并享有低廉的学费与很高的教学科研水平。与此相反，私立部门的最大财源来自学生缴纳的学费，而且把学费的额度定为超过国、公立以上的水平，事实上是不可能的。大多数私立高等教育机构的学费与国、公立的一样或在其之下，因而除了在较低的人力与物力的办学条件下尽可能地多招收学生以外，没有生存与发展的基础。"平民性"与以此为基础对社会需求的"敏感性"，对日本的私立部门来说，是经营上的需要，也可以说是"被迫"的。私立部门的这种特性与被其主导的大众化，在紧追日本并快速达成大众化的韩国或中国台湾等东亚的其他国家或地区，具有共通性。它可以看作是昭示高等教育发展的"东亚模式"的可能性。

3. 私立部门的"敏感性"

在日本，虽然早就允许私立部门的存在，但这并不意味着私立高等教育机构的自由发展。越追溯到早期，就越能清楚地了解到政府只期待私立高等教育机构作为国立的补充，在制度上也将其定在较低的位置上（不是"大学"，而是称"专门学校"），也没有给予财政扶持。不仅如此，政府以思想控制和提高教育的水平与质量为目的，加强了对其设置与运营的严格规制。一部分私立高等教育机构被允许使用"大学"名称是到 20 世纪初的事，而使之作为"正规大学"的设置认定成为可能则是 1920 年以后的事。

第二次世界大战后，包括私立部门在内的所有高等教育机构均被认可具有大学的地位，思想控制也取消了，大学开始享有自治与学术的自由。但是，这并不意味着大学从政府的规制中完全获得了自由。这是因为，政府为了谋求维持并提高大学特别是私立大学的质量与水平，通过立法规定设置认定的标准，继续采取严格控制新办大学或学部的政策。

《大学设置基准》对大学作为教学科研机构必须满足的各种条件作出了规定，即不仅规定了校园与校舍的面积、图书馆的藏书量及座位数等物的条件和入学定编及与此相应的专职教师数等条件，而且连教育课程的基本构成和学部学科的名称也做了规定。文部省通过大学设置基准的约束或运用，谋求维持高等教育的质量。但是与此相反，只要满足了"设置基准"，文部省就没有限制私学部门新办大学或学部的权力，而且（大学）一旦设置认定之后，（文部省）也没有被赋予监督的权限，比如根据"设置基准"，入学定编应遵守到什么程度，等等。只要升学需求和劳动力需求高，可以不管"设置基准"如何，私立部门发挥"敏感性"的可能性大大提高了。

4. 大众化与私立部门

20 世纪 50 年代之前，日本经济苦于战败后的凋敝，升学需求和劳动力需求低迷，高等教育的规模扩张也处于停滞状态。此后伴随着经济的复兴，升学需求与劳动力需求均迎来不断升温的局面，到了考试竞争日益激化的20世纪 60 年代，则反而强烈要求扩大高等教育机会。在规模扩张时，政府期待的并不是需要巨额国家预算投入的（精英型的）国、公立部门，而是具有"平民性"、"敏感性"的私立部门。为了促进私立部门的规模扩张，即为了使"敏感性"的发挥变得更容易，政府同意私立大学利用贷款新办大学和学部，放宽校园与校舍的面积标准的要求，并制定政策大幅度放宽容许大量超定编的入学者（超额录取）等"设置基准"的约束或运用。

其结果，正如我们已经看到的那样，在毛入学率从 1960 年的 10.3%快速提高到 1975 年的 38.4%的过程中，私立部门占在校生总数的比率也呈现上升的趋势，大学在 1960 年至 1975 年间从 64.4%上升到 76.4%，短期大学则从 78.7%上升到 91.2%（指标 7）。特别是短期大学，几乎全部是私立部门，而且在校生多是女子。短期大学（两年制）的制度是在二战后教育制度改革时，为了扶持那些不能升格为大学（四年制）的旧制专门学校而暂时设计的，但是 1964 年却成为永久性的制度，其作为女子希望入学者的接收站，对大众化发挥了重要的作用。

5. 大众化的成本分担

依赖私立部门的大众化，意味着不是通过财政资金的投入而是动员民间资金，也就是说对政府而言是用低成本达成的。如果以高等教育经费的负担占 GDP 的比率来看，1960 年政府（0.32%）与家庭（0.16%）的负担比大体是 1∶0.5，但是 1975 年则为 1∶0.76，两者的差距缩小。15 年间，政府负担增加 1.4 倍，而家庭负担则增加 2.1 倍。高等教育的规模扩张及大众化，在日本可以说主要是靠家庭负担的增加来维持的。

家庭负担的增加具体是指学生（或家长）缴纳的授课费、注册费、设备充实费等合计的"学生缴纳金"的增加，换句话说，这意味着私立部门的扩大。私立部门学生缴纳金的数额进入 20 世纪 60 年代后年年增加，占私立部门总收入的比率，从 1960 年的 41.8%快速上升到 1965 年的 56.8%、1970 年 65.8%。而 1975 年一下子下降到 54.3%，是 20 世纪 60 年代遍及全国大学的"学生暴乱"的结果，以及授课费等费用难以提高、政府对私立大学开始实施国库资助等原因造成的。60 年代后半期的学生暴乱的扩大，是很多私立大学的学生自治会开展反对提高学费的斗争导致的，它也成为导入国库资助政策的政治契机。

规模扩张所需的校舍等设施建设资金的一部分也通过以"设备充实费"等的名目从学生（或家长）那儿征收的"学生缴纳金"来维持。但是大部分还是采取向银行贷款，之后用学费收入等来返还的办法。

6. 教育水平的下降

这种以"学生缴纳金"和银行贷款为主的规模扩张，意味着原本相对国立部门处于低水平的私立部门,其人力与物力方面的办学条件更为低下。原本表示办学条件的各种指标,私立部门大体处于国立的 1/3 乃至 1/4 程度的低水平上,但是在大众化的过程中,这种差距不但没有改善,反而更加扩大了。以师生比为例,1960 年国立为 1∶8,而私立为 1∶26.4,1975 年分别为 1∶8.5、1∶31.5,差距进一步拉大(指标 10)。还有,生均校舍面积的差距虽然有所改善,但直到 1975 年,国立为 29.8 平方米,私立为 8.9 平方米,差距仍在 3 倍以上。在《大学设置基准》中,专职教师数、校园与校舍面积、图书馆藏书量等教育的基本人力与物力条件是以入学定编为基础设定的。因此,接收超过定编的入学者(超额录取),意味着教育水平的下降。此外,对资金来源有限的私立大学来说,超额录取将带来与此相应的授课费等学生缴纳金的增加,即收入增加(没有增加成本),而正如我们已经看到的那样,文部省在大学或学部新增设时要求严格遵守"设置基准",但一旦设置认定之后,就没有禁止、控制超额录取的政策性手段。1955 年为 1.39 倍的私立大学的"超额录取率",在 1965 年为 1.67 倍,1975 年为 1.84 倍,基本达到定编的近 2 倍。在社会科学类的学部里,超额录取率甚至达到近 2 倍。与国立大学一直为 0.99 倍这一遵守定编的数字相比,这个差距是显而易见的。大众化在这方面可谓是伴随着办学条件和成本的下降进行的。

三、大众高等教育的课题与政策上的应对(1975 年以来)

以私立部门为主导、以教育水平下降而进行的规模扩张,即向大众阶段的过渡,在临近 20 世纪 60 年代末,开始对社会与政治方面提出各种各样的问题。在 1969 年 7 月的学潮最盛时期,被学生占领并封锁校园、罢课的有 75 所学校,遍及大学总数的 20% 的大学学潮和学生暴乱使社会认识到大众化的大学和高等教育所存在的问题的严峻性,并成为迫使摸索政治性对策的重要契机。

正如美国教育社会学家马丁·特罗所准确指出的那样,在从精英向大众阶段过渡时,会产生要求对高等教育系统的各个组成部分进行再探讨的强大压力。在日本,毛入学率的急速提升也开始强烈要求把精英型的高等教育系统构建为大众型的高等教育系统。大学学潮暨学生暴乱正是以暴力的形式表现出重新审视传统的、精英型高等教育系统的必然性。

1. 中央教育审议会的咨询报告（1971年）

为构建适应大众阶段的高等教育系统的政策性摸索，是从1967年文部省对中央教育审议会提出的咨询开始的。全面审视二战后的教育重建和历经1/4世纪的教育制度，并对未来进行展望的这个咨询报告，其中心研讨议题是对高等教育系统的再探讨。1971年提交的咨询报告中有关高等教育的部分阐述了以下13项改革构想，从中我们可以了解到，对涉及多方面改革的必要性是如何进行研讨的。

（1）高等教育的多样化；（2）教育课程的改善；（3）教学方法的改善；（4）高等教育的开放与资格认定制度；（5）教学组织与科研组织的分离；（6）"研究院"的设置；（7）高等教育的规模与管理运营体制的合理化；（8）教师的人事与待遇的改善；（9）国、公立大学的设置形态的变革；（10）国家的财政扶持方式与奖学制度的改善；（11）高等教育的有计划完善；（12）学生生活环境的改善与充实；（13）入学选拔制度的改善。

在咨询报告提出的改革构想中，既有如改善对私学部门的财政扶持方式等的内容，也有如变更国、公立大学的设置形态（法人化），进入2000年之后才实现的内容。总之，这个咨询报告无疑对构筑适应大众阶段的日本新的高等教育系统，提供了基本的蓝图。以下，让我们来看看以该咨询报告为线索，在解决大众化提出的各种问题方面，出台了哪些政策？

2. 开始实施国库资助（1975年）

国库对私立大学经常费的资助，在中央教育审议会的咨询报告以前的1970年就已经开始了。这是苦于巨额贷款的返还、受大学学潮的影响提高学费变得困难的私立大学，对政府施加政治压力的结果。国库资助的目标被设定在资助经常支出的50%，但资助被认为违反宪法，政府在无法预测私立部门的规模扩张会持续到什么程度的状态下增加国库资助，也持消极态度。从1970年占私学部门经常支出总数的7.2%开始的国库资助，其大幅度增加经费额的原因是，1976年接受中央教育审议会咨询报告的建议，政府一方面谋划下面将要看到的高等教育计划，另一方面采取法律手段控制规模扩张。随着私立部门的规模扩张受到严格控制，国库资助额也大幅度提高，占经常支出的比率 1976 年为 23.2%，最高时期的 1980 年达到 29.5%，对缓和向大众化阶段过渡的私立部门的经营危机，起了很大的作用。

3. 制订高等教育计划（1976 年）

以私立部门为主的高等教育规模的急剧扩张，伴随着质量的显著下降，其结果，促成了以"从数量到质量"转变为目标的高等教育计划的制订。政府从大众化开始不久的 1963 年就已经认识到对高等教育规模扩张与大学等的区域分布制订计划的重要性，并开始了研讨。但是，由于受到讨厌规制的私学方面的强烈反对，一直到接受 1971 年的咨询报告的建议之后才开始制订、研讨高等教育计划，并分别于 1972 年和 1976 年付诸实施。根据该计划，10 年后的 1986 年，毛入学率的目标值严格控制在 40%，同年超额录取率降到 1.5 倍。作为达成这个目标值的政策手段，政府一方面强化国库资助，另一方面通过修订《私立学校法》，严格"设置基准"，即 1981 年之前除了"（政府）认为特别有必要的情况"外，私立大学与短期大学的新办、学部与学科的增设、入学定编的增加一律不予认可。据此，正如我们已经看到的那样，规模的扩张完全受到控制，毛入学率稳定在 35%～36% 的水平上，计划完成的目标年（1986 年）的毛入学率是 34.7%。被当作"质量"的指标之"超额录取率"，由于对超过一定比率的大学采取减少国库资助以至停止资助的严厉措施，也戏剧性地得到了改善，1979 年目标值已经回落到 1.4 倍，1986 年甚至降低到 1.19 倍。通过持续到 20 世纪 90 年代初的高等教育计划，可以说教育"质量"的改善与提高这一目标已基本达成。

4. 高等教育的多样化（1975 年）

中央教育审议会的咨询报告还以升学需求的接收站——高等教育机构的多样化为目标。日本的高等教育系统由四年制的大学、两年制的短期大学以及横跨中等教育与高等教育的五年制高等专门学校等三种类型的机构组成。其中高等专门学校是于 1962 年新设立的、以培养理工科人才为目的的特殊的高等教育机构，直到现在还仅占毛入学率的 1% 弱。虽然咨询报告建议把在高等教育系统中居核心地位的大学分为综合领域型、专门体系型和目的专修型三种类型，但并没有实现。不过有一点必须指出的是，这个咨询报告虽然没有提及，但作为多样化的重要政策，政府一方面控制大学与短期大学的模式，另一方面却于 1975 年创设了"专修（专门）学校制度"，作为升学需要的新的接收站。

在日本，除了《学校教育法》规定的正规学校以外，还有以培养工业化过程中不断出现的新型的职业人为目的而设立的多种形态与水平的（主要是私立）教育机构，这些机构一律被称为"各种学校"。"专修学校制度"是对"各种学校"中满足一定条件的学校赋予其在学校教育制度中作为"专修学校"的地位，特别是对接收高中毕业生的高等教育水平的专修学校，承认其"专门学校"的名称。作为这种升学需求的新的接收站之专门学校的入学率，从 1976 年的 3.5%开始，年年持续上升，1980 年达到 12%，超过了短期大学与高专的 11.9%。截至 2004 年，专门学校入学率为 23.7%，远远超过高专与短期大学的比率（8.3%），甚至达到占日本短期高等教育的主流。可以说，20 世纪 70 年代后半期以后，使大学与短期大学的规模扩张能够得到有计划的控制，是由于专门学校制度的创设与发展。

5. 教学与科研的功能分离（1974 年）

大众化的进行使精英高等教育，特别是其研究与培养研究者的功能弱化，或正在孕育着引起危机的危险性。中央教育审议会的咨询报告以创设被称为"研究院"的、专属研究与培养研究者的大学院作为上述的"高等教育多样化"的一环，以及把教学与科研的组织分离的形式，表明了对这一方面的危机感。这些建议虽然没有直接地得以实现，但是也推动了若干个先导性的尝试。关于前者，1988 年以后，除了新设 4 所没有学部组织的大学院大学以外，还不断增加国立大学设置被称为"独立研究科"的与学部没有关系的大学院。咨询报告所强调的作为研究与培养研究者的大学院以及"研究型大学"（research university）的扩充完善的必要性也于 20 世纪 90 年代后，以"大学院重点化"的形式被具体化了，"大学院重点化"即以东京大学等旧制帝国大学系统的大学为主的 13 所国立大学，其教师所属由学部移到大学院，并谋求预算额度的增加等。作为使咨询报告的目标具体化的模式大学暨"新构想大学"——筑波大学于 1974 年成立。筑波大学大量采用美式的组织结构和管理运营的思考方法。它虽然没有直接对其他大学的教学与科研组织产生影响，但对 2004 年的国立大学法人化却起到了"先导性的尝试"的作用。不过，也仅仅表现在上述提到的 13 所重点化大学教师所属的变更本身、科研与教学的功能分离以及研究功能的强化上。

6. 导入统一考试制度（1979 年）

以私立部门为主的大众化带来的最大社会问题，是考试竞争的激化。在私立部门成为大众化的主要接收站的过程中，以研究与培养研究者和培养高级职业专门人才为主发展起来的国、公立部门的规模，正如我们已经看到的那样，年年相对减少，越来越强化精英部门的性格。国立部门的规模扩张的必要性，特别是从机会均等化的视角来看，在前面的中央教育审议会的咨询报告中也强烈地提出来，并非没有努力过。但是，政府以财政困难为由，基本上持续采取控制国立部门规模的政策。另外，在谋求国立部门的扩充时，采取重视培养成本高的自然科学类和医师与技术者等高级专门职业人才的政策，这与以成本低的人文社会科学类为主的私立部门正好形成鲜明的对照。因此，作为大众部门的私立和作为精英部门的国立之两者的功能与特性的差异，在大众化的过程中变得更加鲜明。如果控制社会威信高、办学条件优越、学费便宜的国立部门的规模，那么，难免会激化以代表"好的入学机会"的国立大学为目标的考试竞争。而且，精英的国立大学在就业机会方面也处于优势地位。以社会威信更高而且也有利于到好企业就业的大学为目标，通过上补习学校并多次参加考试才考上的"学生"，在1965年达到入学者的27.7%，超过国立大学录取名额的30%。中央教育审议会的咨询报告所提出的缓和激烈考试竞争的策略，除了建议重视高中的学习成效、导入论文考试和面试以外，还提出开发统一考试的必要性。日本的大学长期采取所有的国、公、私立都通过由各大学学部制作的试卷来选拔入学者这一特别的方式，但其弊害已逐渐为人们所认识。

统一考试的导入，经1977年政府创设"大学入学考试中心"，并通过1979年设立以国、公立大学为对象的"第一次学力考试"制度，得以具体化。这种制度把国、公立大学进行的选拔考试分为第一次和第二次，通过对入学考试中心开发的统一考试的第一次考试和各大学独自进行的第二次考试的成绩进行合计来决定入学者，并一直延续到现在。其间，从1989年开始，私立大学也利用这一统一考试，大多数希望入学者接受了"入学考试中心考试"。但是，大学独自的入学考试依然在几乎所有的大学中实施。

7. 教育的改革（1991年）

咨询报告也涉及教育内容与方法的改革的必要性。但是，这方面的改革少有进展。日本的大学由于深受欧洲，特别是德国大学的影响（二战结束前大部分帝国大学教授曾留学德国），所以多数教师偏重科研，并习惯于照本宣科的教学。咨询报告希望转变这种教学的应有形态，以应对大众化的进展，但是大学与教师的反应却很迟钝。

咨询报告也指出了对本科阶段的教育课程重新编制的重要性。日本的大学在本科教育方面，被严格要求根据"设置基准"将其分成普通教育和专业教育两部分来编制，以及在各自的部分中开设一定数量和种类的教育科目。而且由于采取对应诸如文学、经济学、工学等学术领域的专业学部制，因而对本科教育缺乏适应社会与学术变化的柔软性的强烈批评之声早已有之。大众化带来的学生及其学习要求的多样化，以及取得高速发展的企业等对人才需求的变化更加强化了这种批评。文部省想通过《大学设置基准》的部分修订，来回应这种变化和批评，于是1991年终于对"设置基准"中的教育与教育课程编制的部分进行根本性的改革。通过被称为"设置基准的大纲化与自由化"的这次改革，教育课程的编制和新的学部与学科的设置均大幅度地自由化，日本的本科教育终于在咨询报告提交后的20年后，开始朝适应学生与社会的要求转变。

8. 设置形态的变革（2004年）

中央教育审议会的咨询报告建议的国、公立大学的设置形态的变更（"法人化"）与伴随着这一变更的管理运营方式的改革，迟至2004年才得以实现。国立大学在此之前是隶属于行政机构文部省的一部分，经营上的自由完全不被允许。这意味着国立大学面对社会的变化或大学可能面对的各种社会要求，完全不具有主体性的应对能力。不论升学需求如何旺盛，学部与学科的新设自不待言，就连入学定编的增加或教职员工的增加，国立大学均没有任何的决定权。2004年的国立大学法人化在这个意义上说，的确是划时代的改革，大学作为自立的经营体开始发挥灵活性作用。法人化对国立大学产生了什么样的变化，对包括私立部门在内的日本高等教育整体带来了什么样的变化，我将另文论述。

四、日本的教训

马丁·特罗发表关于高等教育阶段过渡的著名论文是 1973 年的事。这个时期，日本的高等教育正在紧随美国之后，先于欧洲快速迈向大众化。众所周知，特罗的论文以美国的经验为基础，鲜明地描述了入学者增加和规模扩张这一"数量"的因素是如何引发高等教育系统"质量"、结构性的变化，从精英到大众阶段的过渡是如何提出新的课题，并要求变革高等教育系统的。特罗的这篇论文，是日本高等教育有关人员在经历了急速发展的大众化并开始面临着很多问题或课题时才知道的。

在论文中，特罗阐述如下：

"虽然变化的是类型，但学生数的增加的发生，几乎毫无例外地先于其他制度上的变化。""数量规模扩张发生之后，在构成制度的诸要素中，首先是大学生的地位所具有的意义和选拔的原理发生急剧的变化。""其他的构成要素与此相比，变化的速度慢，有时还会对变化有抵触。这是因为，相对于数量规模扩张的决定、高等教育的定义、选拔的标准等主要由大学外部的力量所支配的因素而言，课程、管理运营的形态、教师的资历、教学方法、学术水平等比大学外的各种力量更受大学内部的各种力量所制约。而这种内部的变化过程，无论如何都显示出极其保守的作用。""这种保守性的根基，一是大学的管理运营的方式，另一是大学教授本身的特性与价值取向。"

从上面我们已经看到的那样，旨在"从数量到质量"转变的日本中央教育审议会的咨询报告，提出以创造适应大众阶段新的高等教育系统为目标的、1971 年高等教育的改革构想与实现的过程，与特罗的上述论述有多么惊人的吻合。美国与日本均共同经历了大众化及其带来的诸课题，以及为解决问题而出台诸政策，在许多方面具有共通性。同样的经验，对现在正处于急速发展的大众化过程中的中国来说，在许多方面也应该具有共通性。日本在大众化告一段落的 20 世纪 70 年代中期以后，是如何反复探索并采取政策性的选择来解决所提出的各种课题的，我坚信，其中的经验教训对中国来说，也一定会有启示的。

参考文献

[1] 天野郁夫.高等教育の日本的構造[M].東京：玉川大学出版部，1986.

[2] 天野郁夫.日本型マス高等教育の成立と展開[A].天野郁夫、吉本圭一編.学習社会におけるマス高等教育の構造と機能に関する研究[R].千葉：放送教育開発センター，1996.

[3] 天野郁夫.日本の高等教育システム——変革と創造[M].東京：東京大学出版会，2003.

[4] 黒羽亮一.大学政策——改革への軌跡[M].東京：玉川大学出版部，1986.

[5] 文部省.わが国の教育水準[M].東京：文部省，1959.

[6] 文部省.わが国の教育水準[M].東京：文部省，1964.

[7] 文部省.日本の教育統計[M].東京：文部省，1966.

[8] 文部省.わが国の私立学校[M].東京：文部省，1967.

[9] 文部省.わが国の教育水準[M].東京：文部省，1970.

[10] 文部省.高等教育の計画的整備について[R].東京：文部省，1976.

[11] 文部省.わが国の教育水準[M].東京：文部省，1980.

[12] 文部省.今後における学校教育の総合的な拡充整備のための基本的施策について（中央教育審議会答申）[R].東京：文部省，1971.

[13] 横浜国立大学現代教育研究所.中教審と教育改革（増補）[M].東京：三一書房，1973.

[14] Martin Trow. Problems in the Transition from Elite to Mass Higher Education in OECD, Policies for Higher Education —General Report of the Conference on the Future Structure of Post-secondary Education, OECD, 1973.

[15] マーチン・トロウ．高学歴社会の大学——エリートからマスへ[M].天野郁夫、喜多村和之訳．東京：東京大学出版会，1976.

[16] 広島大学高等教育研究開発センター.高等教育データ集（第3版）[S].広島：広島大学高等教育研究開発センター，2006.

附录　日本高等教育诸指标的变化（1960—1975 年）

（1）人均国民收入　　　　　　　　　（17.1 万～132.5 万日元　7.7 倍）
（2）高中入学率的急剧上升　　　　　　（57.7%～91.1%　1.6 倍）
（3）希望升入大学与短期大学的比率　　（12.0%～40.1%　3.3 倍）
（4）大学与短期大学的入学率　　　　　（10.3%～38.4%　3.7 倍）
　　　大学　　　　　　　　　　　　　（8.2%～27.2%　3.3 倍）
　　　短期大学　　　　　　　　　　　（2.1%～11.8%　5.6 倍）
　　　男性　　　　　　　　　　　　　（14.9%～43.6%　2.9 倍）
　　　女性　　　　　　　　　　　　　（5.5%～32.9%　6.0 倍）
（5）大学与短期大学的校数
　　　大学　　　　　　　　　　　　　（245～420 所　1.7 倍）
　　　短期大学　　　　　　　　　　　（280～513 所　1.8 倍）
（6）大学与短期大学的入学者数
　　　大学　　　　　　　　　　　　　（16.7 万～42.4 万人　2.5 倍）
　　　短期大学　　　　　　　　　　　（4.2 万～17.5 万人　4.2 倍）
（7）大学与短期大学之国、公、私立类别（私学比率）
　　　大学　　　　　　　　　　　　　（64.4%～76.4%　增 12.0%）
　　　短期大学　　　　　　　　　　　（78.7%～91.2%　增 12.5%）
（8）专业领域类别
　　　人文科学类　　　　　　　　　　（70.9%～65.7%　减 5.2%）
　　　社会科学类　　　　　　　　　　（41.1%～41.7%　增 0.6%）
　　　工学类　　　　　　　　　　　　（15.3%～20.2%　增 4.9%）
（9）大学毕业生职业类别
　　　专门与技术性　　　　　　　　　（42.8%～39.1%　减 3.7%）
　　　事务性　　　　　　　　　　　　（41.4%～36.4%　减 5.0%）
　　　销售　　　　　　　　　　　　　（9.6%～19.2%　增 9.6%）
（10）每个专职教师拥有的学生数（师生比）
　　　　国立大学　　　　　　　　　　（8.0～8.5 人　增 0.5 人）
　　　　私立大学　　　　　　　　　　（26.4～31.5 人　增 5.1 人）

(11) 学生人均建筑面积
　　　国立大学　　　　　　　　　　　（31.9～29.8 平方米　减 2.1 平方米）
　　　私立大学　　　　　　　　　　　（7.4～8.9 平方米　增 1.5 平方米）
(12) 高等教育费用负担（占 GDP 的比率）
　　　政府负担　　　　　　　　　　　（0.32%～0.45%　增 0.13%）
　　　家庭负担　　　　　　　　　　　（0.16%～0.34%　增 0.18%）
(13) 私立大学的资本性支出（占总支出的比率）
　　　资本性支出　　　　　　　　　　（28.7%～21.5%　减 7.2%）
　　　债务偿还费　　　　　　　　　　（10.7%～12.5%　增 1.8%）
(14) 私立部门的超额录取率
　　　私立大学　　　　　　　　　　　（1.67～1.84 倍）
　　　私立短期大学　　　　　　　　　（1.54～1.70 倍）
(15) 私立部门的学生缴纳金（占全部收入的比率）
　　　　　　　　　　　　　　　　　　（41.8%～54.3%　增 12.5%）

（原载于《高等教育研究》2006 年第 10 期，陈武元译）

第七章　日本研究型大学的走向

一、高等教育系统的结构

　　2000年春季，日本的大学与短期大学的入学率达到了49%。确切地说，在18岁青年人口中有49.1%正在大学和短期大学学习。从各府县来看，比例最高的为京都府，达到了61.4%。大学入学率为39.7%，余下部分为短期大学。就男性而言，仅大学的入学率就已达到47%。总之，入学率在这五六年间急速增长，越过50%的界限只是时间问题。

　　对于高等教育的数量规模扩张，美国的社会学家马丁·特罗提出一种发展阶段学说，即用同年龄人口比的15%为指标，在这之前称为精英阶段，之后称为大众化阶段。而且还把入学率50%作为另一项指标，超过这个指标，则称之为高等教育普及化阶段。[①]根据特罗的这个学说，美国高等教育已经进入了普及化阶段，日本则紧随其后。欧美各国在很长一段时间内，入学率仅为20%左右，最近急速增长，就连英国在21世纪初都有可能达到45%。当然，这一数字不仅包括大学，也包括像短期大学这样的学习年限较短的短期高等教育机构。

　　总之，高等教育正在接近普及化阶段。然而，所谓普及化，并不意味着谁都去上大学，而是指"接近"普及化状态，即普及化是指希望入学的人均能获得入学的机会。为此，整个高等教育系统的开放性是普及化的重要条件。如后所述，日本也逐渐向这一方向靠近。

　　现在，日本约有650所大学，570所短期大学。从入学人数看，大学约为60万人，短期大学约为14万人，入学规模在74万人左右。目前，过半数的大学设有大学院，每年硕士课程的入学人数增至近7万人，博士课程约为1.6万人。当然，这650所大学并不完全一样，而是多样化的。

---

　　① マーチン・トロウ. 高学歴社会の大学——エリートからマスへ[M]. 天野郁夫、喜多村和之訳. 東京：東京大学出版会, 1976.

这些大学不仅有国立、公立、私立的区别，在规模上也极富多样性。既有招生指标为 100 人或 150 人的大学，也有招生指标为三四千或近 1 万人的大学。从学部学科的组成来看，既有综合性大学，也有单科性大学。整体来看，1/3 左右是单科性的大学。入学人数在 500 人以下的大学占 1/3 以上，但也有入学人数近万人的巨型大学。

更为重要的是这些大学在职能上的差异。一些大学具有实力雄厚的大学院，自然研究职能就强，与之相对，也有研究职能不强的大学。另外，一些大学重视专门职业教育，比如医学类和工学类的大学，但也有一些人文社科类的学部与其说是职业教育，毋宁说是实施教养教育的场所。由此可见，大学在职能上正在不断分化。换句话说，大学正在不断地走向多样化。高等教育的普及化正是伴随着这样的变化而向前发展的。不过，高等教育的规模扩张总是伴随着大学的新设，因此新类型的大学已经不断地出现了。其中既有传统精英型的大学，也有众多大众型的、适应大众化阶段的大学，最典型的事例是放送大学①。这种大学只要是高中毕业生，谁都能注册上学。

精英型大学的事例，本章后面还将详述。日本只有极少一些大学拥有雄厚实力的大学院，大多数是大众型的大学。而且，目前很多短期大学都成为普及型的高等教育机构。短期大学事实上是免试（open admission）入学，也就是说，谁都能入学。现在越来越多的短期大学，学生无须学力测试，仅凭学校推荐就能入学，但即便如此，还有短期大学不能招满学生，出现这种状况的短期大学的数量正在快速增加。

从入学者的选拔来看，既有选拔标准极为严格、被称为"选拔性"的大学，如东京大学、京都大学、庆应大学和早稻田大学这样的名校，也有免试的、谁都能进的大学和短期大学。事实上，有不少四年制大学也开始免试入学，但其中还有很多有某种程度竞争的、被称为"竞争性"的大学。这样，大学逐渐分化为选拔型、竞争型、免试型这三种类型。

二、精英型大学的危机

日本的高等教育已然形成这样的结构。但这里，我想当作问题研究的是

---

① 日本的放送大学相当于我国的广播电视大学。——译者注

精英型大学的问题。所谓精英型大学，是指古典类型的大学。在日本，精英型大学是指按照德国大学模式建立的大学。这一古典类型的大学提倡科研和教学相结合，在重视科研的同时，实施高水平的专业教育和专门职业教育。也就是说，这类大学在培养社会各个领域的精英、各种专业人才的同时，也培养研究者（大学教师）。绝大多数这类大学培养当大学教师的研究者暨学术专门人才，体现了大学这一组织的人力资源再生产。培养研究者、社会精英和专门职业人才的大学，由于汇聚了众多优秀研究者，产出了高水平的、出色的研究成果，能够吸引学习成绩优秀的学生。其结果，这类大学的选拔标准也很严格。这样，招到很多经严格选拔、成绩优异的学生的大学，由于社会评价高，自然就会获得丰厚的资金投入。所谓精英型大学就是这样一类大学。

这种古典类型的大学由于重视科研，提倡科研与教学相结合，以学术（德语称之为"wissenschaft"）为中心，因而具有世界主义的、国际化的特质。或许可称之为国际性大学组织的成员。她们围绕尖端学术研究水平展开互相竞争，一直处于互竞状态。留学生和研究者都以从事最尖端的学术研究的大学为指向而流动。一个国家内部如此，国际上亦如此。资金也集中到这种尖端研究的场所。这类大学的存在形态即使在大众化、普及化程度很高的情况下也不会变化。精英型的大学反而愈发被卷入国际性的大学间的竞争网络中，而且竞争日益激化。实际上，对当代精英型大学而言，国际竞争的激烈程度是不言自明的。

尽管精英型大学能够生存并发展到现在，但是，如果整个高等教育的普及化继续发展下去，精英型大学也不得不受其影响。这表现在三个方面：

其一，如果大学或高等教育整体的规模继续扩张下去，整体而言，投入大学的公共资源或社会资源就会增多，而伴随资源的增多，大学面对来自外部的压力也会增大。用最近流行的话说，大学将面临"问责"（accountability）的问题。"问责"是指应负责的、可说明的意思，即大学有说明责任。目前的状况是，获得大量资金投入的大学，若不向社会说明大学正在做什么，或不努力满足社会的期待，就无法继续获得充足的资金。

诞生于德国的近代大学的理想是孤独和自由。在远离世俗、孤独如寺院般的地方，作为研究者的教授们与学生一道，享受学术的自由。英语用"autonomy"和"academic freedom"这两个词来表示孤独和自由。因此，大学的理想状态是国家支持但不控制（support but non-control）。实际上，大学至少是精英型的大学，一直享受着这种权利。现在的大学并非受到资金最大提供者——政府的强有力控制。但是，大学的这种特权究竟为何、为谁而行使的问题已经开始受到质疑。

这个问题尤其与研究经费的配置有关。在国家投入的资源中，与教育经费同样多的是研究经费。教育经费是培养学生所需的费用，但研究经费却并非如此。在大学问责中，包含着对使用了大量研究经费的大学和教授们究竟取得了哪些研究成果的质疑。大学不仅从国家，也从学生、社会，甚至企业和财团那里获取资金。资金提供者开始要求大学说明自己做了什么，取得了哪些成果。

最近常被提到的自我检查与评价，就与这个问题密切相关。责任说明是涉及对大学评估的问题，因此现在不论哪个国家，大学都开始成为受评估的对象。英国作为这个方面的先进案例国，备受国际注目，它开始对大学这一组织的研究能力进行评估，并根据评估结果配置研究经费。虽然大学评估的重点是科研评价，并占大学问责的重要部分，但现代大学已无法避免来自外界的压力。

其二，学生意识的急速变化。学生是当今大众社会的一员，没有精英意识的学生日益增多，这种现象有好有坏。作为高中进一步延伸的大学就是针对大众化了的学生而言的大学。过去社会给予学生的各项特权正在逐步消失，典型的事例如给予学生的交通优待等。这或许也与学生运动的低潮有深层关联。学生们已不再被社会认为是知识阶层的胚胎。他们的升学目的模糊，大学只不过是他们度过青年时代的地方之一。大部分学生没有与教师一起做学问、共建"知识共同体"并成为其中一员的意识。这是高等教育机构内部的变化。

其三，大学在自身实现规模扩张、职能多样化、开放化的过程中，快速走向"巨型化"。"巨型大学"是美国学者克拉克·科尔在20世纪60年代初为定义现代大学特征而使用的词语。[1]日本的大学和美国一样，也在快速逼近"巨型大学"。在学术研究日益走向精细化、尖端化的同时，大学的各种职能也开始为社会所期待。在面对各种各样要求——如必须向社会开放、与区域社会交流、积极接受来自企业的资金和研究者等——的情形下，大学扩大了规模，拥有了各种学部、附属研究所和独立的研究科等，并发展成为一

---

[1] クラーク・カー.大学経営と社会環境[M].箕輪成男、鈴木一郎译.東京：玉川大学出版部，1994（原書1962）.

个庞大的机构。克拉克·科尔说,"巨型大学"就是像联合国一样的组织,大学的总校校长类似联合国的秘书长。各个学部、大学院和研究所等就像具有主权的国家一样,其联合体就是大学。

因此,对大学这一共同体的忠诚心和归属感,无论在大学教师之间还是在学生之间,都日益淡漠。大学教师的职业被要求对学术和大学都应具有忠诚心,然而现在的发展趋势是,教师对学术的忠诚心在不断增强,而对大学的忠诚心却在不断减弱或消失。这种变化是在大众化和普及化的影响下产生的,因而精英型大学无论如何都得面对这个问题。这在美国 20 世纪 60 年代被称为精英型大学的危机,如今,包括日本在内的许多国家的大学都开始面对同样的问题。

三、日本的研究型大学

下面谈日本的情况。现代社会一般称精英型的大学为"research university"或"研究型大学",即研究实力强的大学。那么,以什么标准来衡量大学研究实力的强与弱呢?

美国约有 3500 所高等教育机构,其中大学约为 1800 所,占一半左右。其余为短期高等教育机构。针对数量众多且具有多样性的美国大学,有广泛使用的标准分类的框架。卡内基分类就是这种标准分类的框架,它是综合每年授予博士学位的数量和获得联邦政府研究开发经费的数额这两项指标,对大学进行分类的。根据这个分类标准,授予学位数多且接受联邦政府研究开发经费多的大学约有 70 所,其中公立 45 所,私立 25 所。这个数据略为陈旧,是 1992 年的数据。这样,能够被称为研究型大学的大约占高等教育机构总数的 2%。其中,私立的有哈佛和斯坦福等大学,公立的是州立的名校,如加州大学的伯克利分校,密西根、威斯康星州立大学等。这 70 所大学约占大学生总数的 13%,因而也是巨型化了的大学。

那么,如果用同样的指标来看日本的大学,情形又将如何呢?

若以学位授予数和获得文部省科研经费额度为指标来看,如何画线是很困难的。但是假如以每年授予课程博士(论文博士除外)学位数 100 个、文部省科研经费的配置额度 10 亿日元以上为界,那么有 10 余所大学可进入"研究型大学"的范畴。从具体校名来看，首先是 7 所旧制帝国大学。旧制帝国大学以外的国立大学还有东京工业大学、筑波大学、广岛大学、神户大学、千叶大学和冈山大学，这些国立大学在这两项指标上都位居前列。私立大学方面，除庆应大学和早稻田大学以外，没有位居前列的大学，而公立大学方面，只有大阪市立大学和东京都立大学排名比较靠前。

但是，这两项指标含有一定的偏向性。其一，在日本的大学，学位授予数和文部省科研经费的配置额度，医学部均占有很大比重，因而有医学部的大学更有可能位居前列。理工科比重大的大学也具有同样优势。由于人文社科的学位授予数少，科研经费大部分配置给理工科，人文社科的研究水平不能很好地体现在这两项指标上。其二，私立大学由于人文社科的比重大，比如早稻田大学等在这两项指标上就不占优势。又如一桥大学这样的国立文科型大学，由于其学位授予数不太多，这两项指标也不能位居前列。

虽然现在还没有替代这两项指标的恰当指标，但是，假如以在媒体发表成果数为指标来看，私立大学和像一桥这样的国立文科型大学就会占有优势。另外，以在经济和法律专业杂志发表成果数这一涉及经济学和法学的指标来衡量，同样可以看到，排行会发生相当大的变动。①

尽管有这样的制约，但从学术性来说，参加国际竞争的日本研究型大学还是以自然科学为主的大学。其数量从各种指标来看，有 10 余所。

现在，国际上大学之间的竞争是以自然科学而且以研究方面的竞争为主，不过也有其他方面的竞争。比如，也有事实表明，日本的留学生集中在美国大学的学术型研究生院，日本的企业把不少职员派到美国的商学院去学习。也就是说，美国的大学在人文社科领域，在世界大学中亦占有很高的排行。哈佛、斯坦福、加州大学伯克利分校等大学，均拥有优秀的人文社科研究者，并以在学术领域和培养专门职业人才的高水平为傲。而日本的特点是研究型大学中的人文社科部分还比较弱。

这个暂且不说，从国际上来看就成了自然科学的学术竞争，因此就以在《自然》杂志上发表的论文数、被《化学文摘》等数据库收录的论文数以及论文的被引用数等作为表示大学研究活动水平的指标来使用。

在这里，日本的研究型大学如果从具体的校名来看，我们会发现，能够进入这个范畴的大学都是具有悠久的历史传统和雄厚的学术积累的。

---

① 具体数值请参照日本朝日新闻出版局出版的《大学排名》各年度版。

日本的研究型大学，最强的是旧制的 7 所帝国大学。其中，也有像 1939 年才设立的名古屋大学这样的新大学。但是，名古屋大学也具有悠久的历史，因为其医学部的历史可以追溯到明治初期。其次是被称为"十一所官大"的大学群。所谓"十一所官大"，是指二战结束前设立的 11 所国立单科性大学。以这 11 所国立单科性大学为母体的大学，就占据研究型大学的一部分，这个话题下面还会涉及。再次是庆应、早稻田这两所大学。庆应、早稻田是日本两所历史最为悠久的私立大学。可以说，这些大学给我们勾勒出了日本研究型大学的大致轮廓。

要解读日本的研究型大学，从某种意义上说，重点在于以东京大学为首的旧制帝国大学。东京大学设立于 1877 年，1886 年成为帝国大学。1939 年在名古屋设立最后一所帝国大学，至此共有 7 所帝国大学。但是这 7 所帝国大学中，只有东京大学和京都大学是综合性大学。九州大学和东北大学的文科学部只有法学部和文学部。北海道大学、大阪大学、名古屋大学这 3 所帝国大学在二战结束前都没有文科学部。因此，事实上，帝国大学除了东京大学和京都大学这 2 所大学外，都是理工科的大学。这些大学的理工科比重大的状况一直延续至今。

这 7 所帝国大学一直享受着国家的优厚待遇，甚至可以说，研究职能全面集中在这 7 所大学。只有这 7 所帝国大学采用讲座制，在所有学部之上设立大学院研究科，附属研究所也为其所垄断。教授会自治和学术自由也只有帝国大学和官立大学才被许可。众所周知，帝国大学拥有旧制高等学校这样的精英型的预科教育机构，以保障其生源质量。这在某种意义上也显示了帝国大学的特权。

国立的 7 所旧制帝国大学和 11 所官大也垄断了学位授予权。11 所官立大学是在大正末期以后才设立的，私立大学直到大正中期暨 1918 年《大学令》颁布后才被政府所认可。在此之前，都是以东京大学和京都大学这 2 所大学为主的旧制帝国大学垄断了学位授予权。这些大学是典型的精英型大学，同时也是研究型大学。除此之外的专门学校和旧制高等学校是教育的场所，不要求具备研究职能，因而也就没有教授会。

7 所帝国大学均是拥有理、工、医、农这样的理工科学部的大学。尽管现在其他国家的大学也是如此，但是，精英型大学如哈佛大学，既没有大的工学部，也没有农学部。欧洲的大学也没有精英型大学那样的应用性学科领域。然而，日本的精英型大学从一开始就设置并发展了工学部和农学部。这是与欧美的研究型大学显著不同之处，也是解释日本的大学为什么在《化学文摘》的刊载论文数方面位居前列的一种理由。若从每位大学教师平均发表的数量看，名次则会大幅下降。（日本大学的）论文总数多不仅仅是因为大学的研究水平高，更重要的原因是理工科的学部规模大。

二战结束前，受到政府如此特殊保护的大学，既有旧制帝国大学，也有参照此标准设立的医学、商学、工学、文理等 11 所官立大学。在私立学校中，庆应大学和早稻田大学是最早强化其研究职能的 2 所大学。

二战后，大学制度发生了很大变化。旧制的专门学校和师范学校，以及包括旧制高等学校在内的全部高等教育机构，都被重组合并成四年制大学。在国立大学方面，根据所谓"一县一大学原则"，既有的 11 所国立大学以现在的校名而言，除东京工业大学、一桥大学、东京教育大学（后改称筑波大学）这 3 所大学外，均被编入在各地新设的综合性大学中。广岛文理科大学被编入广岛大学，神户商业大学被编入神户大学，千叶和金泽等医科大学成为千叶大学、金泽大学的一部分，等等。

四、讲座制的含义

因此，以前一提到综合性大学，就是指旧制的 7 所帝国大学，尤其是指东京大学和京都大学。二战后，通过在各地设立国立综合性大学，大学在制度上迅速得以平等化。新制国立大学的数量到 1955 年已有 72 所。其中，既有单科性大学也有综合性大学，然而在多数国立大学之间，实际上仍存在隐性的差异化结构。这就是讲座制和学科制的差异。旧制大学和学部均采用讲座制，而新制的大学与学部则采用学科制。也就是说，在教学科研方面采用不同的组织原则，由旧制高等学校、专门学校和师范学校合并组建的大学与学部采用学科制，而继承旧制大学与学部的则采用讲座制。而且只有采用讲座制的大学才被允许设大学院研究科。反过来说，只有采用讲座制的大学与学部才有学位授予权。

在日本的学位制度下，有一奇怪的现象是，二战结束前大学一直实施的学士称号并不是学位，而只是各大学给予毕业生的"称号"。在 1991 年"设置基准"大纲化时，学位制度也发生了变化，学士才成为学位之一。授予学位的权限,尤其是博士学位的授予权,只属于国立大学中采用讲座制的大学和学部,由于私立大学与讲座制无关,只有设置大学院博士课程的大学才被允许有学位授予权。

法律上规定,讲座制是教学科研方面的组织。由于是教学科研方面的组织,因而首先是教学的组织。一个讲座的基本形式是设教授、副教授、助教三种岗位,每种岗位各一人。如果是实验类和临床类,其助教数分别增至两人和三人。在很长一段时间内,某讲座一旦设立,则意味着该教学科研的领域作为一个学术领域,已获得了制度上的认可。而作为学术领域获得认可,则意味着讲座既是培养研究人员的单位,也是编制课程的单位。预算也以讲座经费的形式配置到讲座单位。研究生自不待言,本科生的所属也基本上归于讲座单位。这就是讲座的基本特点。

与此相对,采用学科制的学部,则要预先估计学生的教育所必需的科目(课程),然后将每个教师配置到科目上。因此,学科制原则上是教学方面的组织,在制度上并不要求具有研究职能。当然,教师个人可以研究者身份自由地进行研究,然而他们所属的是以教学为目的的组织。

文部省在政策上把大学分为讲座制和学科制的基础上,对采用讲座制的大学与学部的增加则进行了极其严格的控制。二战后设立的大学或学部能够被批准采用讲座制的,只有六年制的医学部,这项政策一直持续了很长时间。结果,像神户大学和广岛大学这样根据"一县一大学原则"设立的大学,其采用讲座制和学科制的学部长期处于并存状态。反过来说,旧制的大学与学部、讲座制大学由国家给予特权地位,并加以庇护。从预算来看,学科制和讲座制的大致比率为1:4。若加上临床类、实验类、非实验类,则差距就更大。入学者的选拔在很长时间内,也采用一期、二期制,旧制的讲座制大学为一期校,可优先录取优秀的学生。总之,政府采取各种政策形式庇护旧制的大学或学部。比如,附属研究所也绝大多数集中在旧制大学。在制度平等的情况下,政府正是通过隐性方式来谋求对研究型大学庇护的目的。

对于这种政策,有关人士当然会问,在制度上一样的大学之间为什么要设置不同的类别,并以大学间的等级问题为由进行了严厉的抨击。"过分优待旧制大学,以致'地方国立大学'陷于贫困"的这种批评声音不绝于耳。这难道不是二战结束前的高等教育结构原封不动的翻版吗?因此,在国立大学的有关人士之间,大学间的等级问题已经引起了很大的争论。

在这个过程中,文部省从20世纪60年代开始也采取了宽松政策。首先文部省批准新制大学与学部可设置硕士课程大学院。静冈大学始开先河，从工学类开始到现在的教师培养类，在大致所有的学部之上都设置了硕士课程。因为学科制的大学不能设立大学院，所以学科制大学新开设了硕士讲座。硕士讲座虽然比博士讲座预算少，但毕竟设置了研究科，开设了讲座。因此，现在的国立大学已全部拥有硕士学位的授予权。

到了 80 年代，博士课程大学院开始设在这些大学的一部分硕士课程研究科之上。由于规模小且只是部分硕士课程研究科可设置博士课程大学院，因此，承担本科与硕士课程的所有教师可承担博士课程的情形尚未形成，但是，大学开始出现了以整合农、工、理等自然科学类研究科的形式，设置自然科学类博士课程的动向。由于准许大学联合创设博士课程研究科，因而设立了农业类博士课程的联合大学院。教育类也有同样的动向。

但是，迄今为止，传统意义上的研究型大学，即在所有学部之上拥有博士课程研究科的、所谓完整形式的大学院大学的数量，可以说毫无增加。就追赶旧制帝国大学的综合性大学而言，最为接近旧制帝国大学的是以东京教育大学为母体创设的筑波大学。不过，筑波大学的部分教师仍然不能承担博士课程。广岛大学和神户大学这 2 所大学也是如此，仍残留着只有硕士课程的部分。也就是说，即使二战后已历经近 50 年，文部省的政策仍然没有从制度上认可旧制帝国大学之外的综合性研究型大学。单科性的独立大学院大学最近有 2 所分别在北陆和奈良设立（尖端科学技术大学院大学）。由于大学院大学在组织设计上没有本科，因而这两所大学自然从一开始就设了博士课程。除此以外，在接近旧制帝国大学的大学或相当于旧制帝国大学的大学中，筑波大学、神户大学和广岛大学等虽说以研究型大学为目标正在不断发展，但是不得不承认，与旧制帝国大学的差距依然很大。

五、日益贫困的研究型大学

整体而言，在平等主义主导下，研究型大学却以各种名义受到政府的庇护，并且达到相当高的水平。但是，这毕竟是日本国内的说法。从国际水平看，日本的研究型大学与欧美各国的大学相比，仍有相当大的差距。日本的整个社会，无论是产业界还是政府，相对于基础科学而言，都更加重视实用性的应用科学，这种倾向也给大学带来了很大影响。相对于人文社会科学而言，理工科且实用性的学科更加受到重视。旧制帝国大学便有这种特征。

正如前面提到的那样，帝国大学从建校之初便有工学部，不久又增设了农学部。在东京大学的学部之间的传统排序是法、医、工、文、理、农。法、医、工、文、理在帝国大学成立时是一起设立的学部，但其排序被确定为法、医、工、文、理，是极具象征意义的。即文理在后，应用科学在前。尤其是作为官僚培养机构的法学部更居于首位。在日本模仿的欧洲大学里，当然也有法学部和医学部，除此以外还有神学部和哲学部。而且，只有哲学部才被认为是学术的中坚力量。不久，虽然哲学部被分为文学部和理学部，但哲学部占据最高地位，正是德国大学的特征。然而，模仿德国大学的日本帝国大学，却是法学部和医学部居于前列，然后才有工学部，最后面是文学部和理学部。接下来创办的帝国大学中，还出现了完全没有文科类学部的大学。甚至有这么奇怪的政策——把这样的大学视为综合性大学。

最早的帝国大学暨东京大学，其本科生的入学定编、研究生数和教师数在这40年左右的时间内是如何发生变化的？首先从本科生的入学定编来看，增加的全是理工科学部。东京大学的入学定编总规模扩大了1.5倍，但是工学部从400人增至1000人，入学定编扩大了2.5倍。以前文科类学部的入学定编超过理工科学部，但如今理工科学部却占很大比重，即文科由原来的56%下降至现在的46%。而像大阪大学和名古屋大学这样的旧制帝国大学，入学定编的70%和80%均为理工科。

其间，东京大学还急剧增加了以理工科为主的研究生人数。若比较1955年和1997年的研究生人数，理工科的硕士生，后者为前者的近5倍，而博士生，后者也大致为前者的4倍。当然，这期间教师数也增加了。整体而言，办学规模尤其是理工科的规模得到了不断扩大。除此之外，东京大学还招收了约1600名留学生，而这些留学生几乎都是研究生。

这样，从数量规模来看，东京大学虽然实现了大扩张，但校园和设施设备并没有得到相应的发展。其结果是，东京大学这所代表日本的研究型大学，呈现出了显著的过密化趋势。不仅是东京大学，其他的大学也是如此。由于过密化的持续发展，教学科研条件相对降低。再补充一项内容，由于教授、副教授岗位的增加是以调换助教和技术人员的编制形式进行的，因而研究辅助者和青年研究人员的数量大幅度减少了。也就是说，教学科研辅助人员的数量减少了，所以教学科研水平的相对下降并非仅仅表现在设施设备一个方面。

而且，作为教学科研基础经费的预算之增长，从 20 世纪 70 年代到 80 年代间，年增长率为 1%左右，还不及物价上涨率。在设施设备方面，对不断创设的国立新构想大学投入了巨额资金，而对既有大学的投入不多，这种状况持续了很长一段时间。这一时期是日本经济最富裕的时期，但是大学并没有因此而变得富裕。在日本社会经济财富的增长中，大学的教学科研条件不论是资金方面，还是人力物力方面，反而呈现出日益贫困化的趋势。

这种状况与大学学潮的后遗症有关。政府在 20 世纪 60 年代末期的大学学潮后，有很长一段时间几乎不关心大学的发展，除了入学考试的改革问题。由于产业界在这一时期也只靠企业本身的研究所搞研究，不指望大学，因而企业的研究开发经费急剧膨胀。而大学由于得不到资金，处在自信丧失的状态，无法对社会和政府提出要求。

正如前面也提到的那样，每个讲座是教师、学生和预算的单位。若每个讲座的预算不能增加，那么大学的预算要增加，就必须增加讲座数。这一时期不断有增加讲座的要求，而讲座数增加了，教师数和学生数也都相应地增加了。这一切都是相关联的，因此，本科生和研究生的入学定编都稳步增加了。东京大学分为驹场校区的专业学部和本乡校区的教养学部，只要本乡校区有增加讲座数，驹场校区的学生数也会增加。结果，每次本乡校区增加讲座，驹场校区就会变得拥挤一点。

在大学院方面，长期以来，入学定编与实际的入学人数有差距。比如，在法学部，一个讲座配置两个硕士生和一个博士生的入学定编，但大学院的入学者非常少。尽管人文社科类的讲座和研究生的入学定编都增加了，然而由于报考人数少，大部分的入学名额是空置的。东京大学就以这些空置的入学名额转到理工科的方式，扩充了以理工科为主的大学院。但是，由于其入学定编和入学人数的差距不断由人文社科类的学部来填补，因而（理工科的）研究生人数更进一步增加了。然而，大学院里并无独立的设施设备。尽管有《大学院设置基准》，但没有规定大学院必须有独立的设施设备，这样，大学院的设施设备并没有增加。而且，多数情况下，讲座数的增加是以调换助教和技术人员的岗位进行的，这样，科研辅助人员的作用也就相对被弱化了。由于每一讲座的预算是固定不变的，因而即使是讲座制的大学也日益变得贫困。

六、教育职能的弱化

以上谈的是研究方面的内容。研究型大学还有另一项重要职能就是培养社会精英。培养社会精英的基础不是大学院，而在于本科教育。充实本科阶段的教育正是研究型大学的重要条件。例如，二战后取代德国成为研究型大学典范的美国大学，最重视的就是本科教育。哈佛大学虽以学术型研究生院和专业学位研究生院而闻名，但大学的核心仍是本科阶段的教育。英国的牛津大学和剑桥大学亦然。然而不得不承认，日本大学的本科教育功能在二战后一直被弱化了。

我认为，在日本，本科阶段的教育有三个作用为人们所期待。第一是教养教育暨陶冶人格，第二是专业教育，第三是专门职业教育。以前旧制高等学校发挥作用的教养教育部分，二战后由于被认为是特权式的教育场所而被完全废除。取而代之的是，在所有的大学里设置两年的基础教育课程。大学本科必须在完成两年的基础教育或教养教育之后，在后期两年的时间内进行专业教育或专门职业教育。这三个功能全部由四年的本科教育来承担。如果从重视研究的大学来看，其中最重要的是专业教育。由于这部分与大学院培养研究人员直接相关，因而给予这部分相当大的比重。在日本的大学，教养教育和职业教育受到轻视，而且这种倾向日趋增强。

尤其是在基础教育的部分，在担任基础教育的教师中存在很强的受挫感。其标志是，1991年文部省修改了《大学设置基准》，在极短的时间内，全部国立大学都取消了教养学部。专门职业教育也是如此，由于新制大学在最初的制度设计上是将专门职业教育放在大学院进行，因而仅靠两年的本科阶段教育是不够的。这个问题作为本科阶段的教育问题，从设立之初便存在。

然而，随着大众化的推进，就是研究型大学，学生对专业教育也不太感兴趣。教师想传授研究的发展前沿，而学生并没有学习欲望。与此同时，由于研究日益专业化和高水平化，向学生传授最尖端的研究也变得不可能。这样，就连采用讲座制的大学，也在快速地出现研究和教育的背离。教师的研究目的性越是增强，本科教育就越发空洞化。随着这种事态的进一步恶化，到了20世纪80年代，研究型大学不论在研究方面还是在教育方面，都出现了严重的问题。

二战后，本应根据新理念大展宏图的大学开始变质了。如果再次审视二战后的改革理念,二战后新大学的模式应该是美国的大学。美国大学的典范,不论是哈佛大学还是加州大学,不论是公立还是私立,都是由三个部分构成的大学。一是学部,即学院(college),二是学术型研究生院(graduate school),三是专业学位研究生院(professional school)。

美国的大学本科阶段只有一个被称为学院(college)的学部,不像日本这样分为法学部和经济学部等专业学部。这个学院,越是高水平的研究型大学,就越成为实施教养教育或陶冶学生人格的中心。除此之外的大学也进行公民教育。有时本科阶段,比如以主修工商管理专业的形式,进行初级的职业教育。高级工商管理的专门职业教育在研究生院暨商学院进行,本科阶段是初级的职业教育。另外,作为本科阶段的教养教育的场所,还有这样一种结构,即存在为数相当多的、质量高的、独立的文理学院,其毕业生升入专业学位研究生院或学术型研究生院继续深造。

例如,哈佛大学由哈佛学院、学术型研究生院(graduate school of art and science)和专业学位研究生院(如新闻学院、法学院等)构成。这些学院和研究生院实际上都是各自独立的组织单位,学生从哈佛学院毕业后,并非都是直接升入哈佛大学的学术型研究生院或专业学位研究生院继续深造的。大多数的学生分散到其他大学的研究生院。而且,教学组织和科研组织也是分工的。学院是教学组织,学生属于学院。教师属于系,如社会系、历史系等。一种形式是,教师属于学术型研究生院,然后从研究生院到学院去教书。专业学位研究生院则是不同的教学组织,学生和教师都归属这个组织。

二战后,在建立新制大学时,美国占领当局试图在日本建立美国式的大学。根据这个理念,学部必须是进行教养教育或公民教育的场所,高级专业教育和职业教育让给大学院。但是,日本从明治初期开始,已经适应了德国、欧洲式大学的方式。拥有讲座制和专业学部制就是例证。欧洲的大学直到最近还没有相当于研究生院的部分。虽然美国大学的研究生院被认为是模仿德国大学建立的,但是,这是一个"美丽误解"的典型案例。总之,日本的大学是在保留德国式的讲座制和专业学部制的状态下过渡到新大学制度的。

其结果是,日本的大学本应以美国的大学为模式,但实际上却仍是倡导教学与科研相统一、采用专业学部制的大学。专业学部始终是大学的核心,教师和学生均从属于这种组织。大学院依附于专业学部。由于是专业学部,专业教育和职业教育都在那里进行。法学教育、医学教育和工学教育等,全都从本科阶段开始。而且,教养教育的部分也与之并存。这或许可以说,日本的大学采用功能分工弱且模糊的结构。

在这种情况下，教养教育变为两年的基础教育，而且学习年限比旧制高等学校缩短一年，因而人格培养被弱化了。美国大学花四年时间的教养教育，能否用两年时间完成呢？现在，事实上仅有东京大学还有教养学部，称前期教育，进行为期两年的教育。虽然用两年时间的过密课表进行教养教育，但是，能否与教养教育等值，是令人怀疑的。以前只有 1000 人左右的旧制第一高等学校的校园，现在硬塞进了 7000～8000 人，即使是以东京大学为例，也不得不承认教养教育或人格培养功能的弱化是不争的事实。

在专业教育方面，正如前面已经提到的那样，在大众化的推进过程中，学生对专业教育不太感兴趣的现象已经成为主流。例如，学经济学的学生对学习经济学理论暨纯学术的经济学并不太感兴趣。在专门职业教育方面，"两年时间不够"的看法也是越发明确的。虽然医学部从最初开始就采用六年制（专业教育四年），但是，除它之外的学部，如法学部无法用两年时间培养出合格的律师，这从参加司法考试的许多学生从入学开始就去上辅导班也可以清楚地看到。东京大学法学部的学生至少有三成或接近一半参加了辅导班。也就是说，培养律师仅靠法学部的两年专业教育是很困难的。从这个意义上也可以说，大学已经不是专门职业教育的场所。工学部、农学部、理学部的学生一般都会继续读硕士。由此也可以说明，在本科阶段要实现终结性的职业教育已越来越难以指望。

七、研究型大学的重要性

日本的大学院与美国不同，学术型研究生院和专业学位研究生院在制度上的区分是模糊不清的，这是一个问题。大学院研究科基本上是先有两年制的硕士课程，后在此之上有三年制博士课程，这是一种积木式结构，因而专门职业学位和学术型学位的区别并不清晰。日本的大学教师，用英语都称为博士（Ph. D），而实际上是工学博士或法学博士等。在美国，培养职业人才的专业学位研究生院和培养研究人员的学术型研究生院，其授予学位的种类是不同的，只有后者才授予博士（Ph. D）学位。而日本没有那样的分法，而且，大学院在人力、物力等所有方面都依附于学部，从结构上看，只要大学院扩大，就会挤压本科教育。也就是说，两者的关系是，只要研究型大学的研究职能增强，其教学职能就会弱化，越重视研究，教育环境的贫困化也就越无法避免。这种状态一直持续着。

在这种状态当中，到了 20 世纪 80 年代后期，这次突然一变开始重新认识到研究型大学的重要性。其理由之一是大学内部的危机感日益高涨。在国际性研究竞争的激化过程中，对大学的研究水平，开始以各种形式进行国际性评价。日本大学的研究人员尤其是自然科学的研究人员也从某一时期开始，使用《化学文摘》这样的数据库，对日本的大学在国际上处于何种水平进行了分析。自然科学的研究人员和留学生开始大量赴欧美留学。

自然科学有许多国际性学会，多数学会杂志是英文的学术期刊。在这种学术界中经历越多，自然就越会关注自己在学术界的相对水平。现在，世界的学术中心主要在美国。美国有位学者甚至认为，世界 3/4 的研究型大学在美国。不仅政治和经济，而且世界的研究也为美国所主导。日本的研究人员和留学生都集中在欧美各国，尤其是美国，因此越了解实情，反过来就越是批评日本的现有状态。而且，这种批评的重点都集中在现在日本的系统过于僵化这一点上。

日本的讲座制原则上是小讲座制，人事和预算的制度也与此相关联。大学内部的组织结构僵化，缺乏自由和弹性，其背后是文部省在法规上的严格控制。自然科学的研究人员已强烈地意识到，如果再不解决这个问题，日本的大学在国际竞争中就会落后。与此同时，产业界和政府也在这一时期开始有了危机感。尽管其中也有日本经济已进入低迷期的原因，但是，在尖端科学技术竞争日趋激化的过程中，基础研究越发具有重要意义。然而，企业正在失去单靠自己搞基础研究的实力。基础研究不得不寄希望于大学。由于希望用公共资金来推进基础研究，因此，研究重心又回归大学，对大学的关注度变得越来越高。

进入 90 年代，这种倾向更加增强，各种经济团体开始探讨大学改革的问题，并提交研究报告。借用财界有关人士的话说，这里所强调的是独创性和创造性的问题。而这首先是大学院和研究型大学的问题。大学院是大学研究职能的中坚力量，若不致力于其规模的扩大和完善，日本的大学就无法与欧美各国为伍。然而，从研究生院在校生的人口比来看，日本无法与美国相比，也远远不及英国、法国和德国。因此，国内扩大并完善大学院的呼声从 80 年代末起就不断高涨。

八、研究型大学成为热点问题

在这种状态当中,大学方面的反应,现在开始被遗忘了。但是,20 世纪 90 年代初东京大学提出的"学院构想",人们却仍然记忆犹新。这一构想由理学部提出,试图把学部的后期两年和大学院合并,组建"学院"这种组织,以便高效地培养研究人员。该构想提出的背景是,当时曾有一个将国立的共同利用研究机构横向联合设立综合大学院大学的方案。这个方案暂且不说,由于学院构想由理学部提出,也得到其他理工科学部的赞同,因此,东京大学在评议会上批准了这个"学院构想"。也就是说,在强化研究职能的方向上,东京大学决定创建连接本科专业教育和大学院的新型组织。

为了实现这个构想,当然需要修改法规,因此在提到能否向文部省推动这个提案时,法学部提出了大学院的"部局化构想"。这个构想是在现行法规下可行的、关于大学院重点化之捷径的想法。它的做法是,将现在的学部讲座全部移到大学院,把全体教师变成大学院的教师,谋求讲座的大学院讲座化。如果实现大学院的讲座化,就和以前的学部脱离了关系,成为独立大学院的形式,因而学部就可以另外计算教学所需的预算。另外,在实施大学院讲座化时,通过调换副教授与助教的岗位,可以增加教授岗位,也可大幅增加讲座数。因此,预算大致增长 1.5 倍。文部省作为对研究型大学进行重点投资的策略支持这个构想,并批准了法学部的大学院重点化。

以前不太关心大学院扩张的法学部,采取大学院重点化政策,并且制定与之平行的实务法学教育课程,编制接收社会人员入学的框架,设置了从未有过的、培养研究人员以外的人员的专业学位研究生院,这种做法具有划时代的意义。在大学院规模不大的法学部成功实现大学院重点化后,理工科学部也接连不断地以大学院重点化为目标,从而全面推动东京大学朝着这个方向发展。众所周知,这项政策也波及其他研究型大学,并使大学院重点化在研究型大学中开始全面展开。这种动向以大学的主动作为开始,以文部省认可的方式推进。

除此以外,进入 20 世纪 90 年代,日本开始通过各种政策强化研究职能。比如,日本学术振兴会设立了特别研究员制度。这是谋求培养青年研究人员的计划。还有,大幅度增加科研经费,由以前只有 300 亿日元左右到超过 1000 亿日元,并逼近 1500 亿日元。甚至还提出被称为卓越中心构想(center of excellence，简称 COE）的计划。这是在研究实力强的大学里设立 COE 组织，并对这种组织投入巨额财政经费的计划。《科学技术基本法》也被制定并颁布了，十几兆日元的资金已投入振兴科学技术中。进而，在外界的强烈要求下，教师的任期制也被法制化了。

虽然通过各种方式开始努力激活研究活动，但是在采取积极政策的过程中，大学组织结构的问题日益凸显。由于国立大学处于文部省的严格控制下，以致现行的制度（如预算制度）未必适合科研教学活动。由于研究经费对投入设备这一狭窄的渠道比较积极，因而出现了人员和设施没有增加而仅有研究资金增加的情况。

另外，教师作为教育公务员，其身份也很僵化，干什么都有约束，无法进行自由的研究活动。作为科研教学组织单位的讲座制也变成了搞活研究活动的瓶颈。进而，整个管理运行体制机制被认为都存在着问题。结果，甚至引发了对国立大学的设置形态在现有的状况下是否可行的议论。现在，在国立大学的一部分教师中间，甚至提出了"在没有自由的国立大学里无法取得高水平的研究成果、国立大学必须民营化"的言论。

这些都是以研究型大学为主发起的言论。正如前面所述的那样，研究型大学已被置于国际性的特别是与美国大学的激烈竞争中。讨论的焦点是，国际竞争首先是研究自由的问题，即作为学术探究场所的大学组织之僵化问题。为了激活研究活动，需要更多的自由，为此国立大学需要宽松的制度环境。但是，放松限制同时也意味着国立大学将脱离文部省的庇护。限制和自由、庇护和自立是一种相辅相成的关系。正因为这个问题不仅关涉研究型大学，也与全部国立大学有关，因此可以预计到，今后这个问题还将引发更为广泛和激烈的讨论。

日本拥有超过 650 所的大学，其中国立大学仅有 99 所。在大众化、普及化不断推进的过程中，已经明显地表现出，仅仅依靠平等主义已无法应对各种问题。在普及化的进程中，越要努力满足社会的多种期待，就越难维持让所有大学的教学科研水平都具有同样的卓越性。如今已经到了必须讨论如何维持大学卓越性的时刻。为此，有必要更积极地推进包括私立大学在内的资源竞争分配，也有必要使组织或系统变得更加富有弹性。我认为，关于日本研究型大学的应有形态，现在必须开始展开正式的讨论。

（原载于《大学教育科学》2011 年第 3 期，陈浩译）

第八章　日本高等教育的学力问题

一、美国的学力问题

在阐述日本高等教育的学力问题之前，我想先谈谈美国的 CUNY（纽约市立大学）。CUNY 是 City University of New York 的缩写，即纽约市立大学。虽说是市立大学，却拥有数个校区和近 20 万名学生，因而这整个庞大的大学机构（系统）被称为 CUNY。以前我曾访问过 CUNY 的几个校区。在这里，只要是高中毕业成绩排在前 50% 的，均可免试入学；剩下的另外 50%，只要有入学愿望，也都可以进入被称为社区学院的公立短期大学。在这个意义上可以说，CUNY 的确是一个普及型的高等教育系统。

CUNY 在 20 世纪 70 年代中期，曾因纽约市自身陷入财政困难，支付不起教师工资和办学经费等原因，关闭了 3 个月左右。据说，当时最大的理由之一是，补习教育的费用过高。这所只要成绩排在前 50% 的学生都能进入的大学，可以说是代表了当时美国大学中补习教育的模式。

学校关闭了大约 3 个月后又恢复办学了。我没有追踪过恢复后的 CUNY，不知它变得怎么样了，但最近，偶然读到了一份有关美国高等教育的信息报——《美国高等教育大事记》，上面提到了 CUNY，才知道它仍然重视并实施着补习教育。

据该资料记载，CUNY 的学生入学时，首先要进行读、写、算的学力测试。尽管只是高中一年级程度的测试，但从结果来看，约有 70% 的学生在三个科目中至少有一个科目不合格，有 20% 以上的学生三个科目都不合格。为加强基础学力而学习补习课程的人约占入学人数的 20%，其大学授课时数的 12% 被用于这种补习教育。

这样大规模的补习教育，现在仍在进行。但最近共和党市长却开始对此提出异议。为什么需要长期的补习教育呢？成本太高了！让需要长期补习的学生入学，这件事本身就很奇怪。有人以"与其让这种学生在大学里接受补习教育，还不如让其在其他的教育机构接受恰当的教育"为由，对大学采取攻击的态度。大学方面则以违反教育机会均等理念为由，予以抵制。众所周知，在纽约还有许多少数党团体，它们也以"要开放高等教育的机会，并且全员入学即普及型的系统业已形成"为由，予以抵制。

但是虽说如此，市政府当局提出的问题却不能不回应。因此，大学规定补习教育仅限一个学期。超过这个补习教育期限的学生，今后将不让其入学。即便如此，对跟不上大学课程的学生，再在夏季学期中集中组织补习教育课程让其修习。这样一来，以可能减少补习教育成本为条件，应对市政府当局。同时，大学方面还与高中合作，探求学生进入大学学习所需的科目，并要求高中必须让学生学习一定科目的课程。

以上谈的是美国的情况，但与日本也绝不是没有一点关系。因为日本的高等教育毛入学率也已接近50%这一普及化阶段的指标，谁能保证日本大学在不久的将来不会出现像CUNY现在的状况？在毛入学率接近50%的同时，只要有必要，谁都有机会享受高等教育，这就是普及化的意思。事实上，适龄人口的50%或超过50%的人们有机会享受高等教育的这种状况，已经开始在几个国家率先出现了。美国自不用说，日本也已接近，我们的邻国——韩国已超过60%，比日本还更早达到普及化阶段。

随着普及化的推进，必然引发的是，大学方面期望学生达到的学力水平和实际入学者已达到的学力水平间的差距问题。这不会出现在只有一小部分人才能进入大学的时代，而是随着升学率超过30%，甚至40%、50%，这种差距才越来越凸现。为了填补这种差距，就必须多方下功夫，建立相应的机制。

以 CUNY 为例，它建立的美国式的机制之一就是补习教育（remedial education）。但是，正如上面所看到的那样，如果大量采用补习教育的话，就会产生一个问题：为什么本该由高中做的事，却不得不由大学来完成？虽然补习教育也有它的局限性，但不管怎么说，美国的大学还是建立了补习教育制度。

机制之二是和高中的合作问题。虽说是"必要条件"，但却是大学希望升学者在高中要修习指定科目的一种方式。如果过于强化，就会引起限制高中的教育自由这样的问题。如果对没完成某科目学习的学生，就不给入学的机会的话，又违反了机会均等原则。同时还有另一个问题，即尽管在高中指定了必修科目，但这也并不能保证学生的学力。总之，这是美国发明的第二种机制。

机制之三是中途退学或转学。学力不足的学生就算是入了学，若是达不到一定的程度，只好让其退学，或是劝其转到与自己程度相当的大学。在美国的大学之间，相互间的转学（transfer）大部分都会获得承认，而且这种措施也是可行的，因而，几乎所有的美国大学都采用了这种制度。

机制之四，在美国的大学系统中存在着一个被称为社区学院的公立短期高等教育机构，它作为一个重要的保证和维持学力的机制正在发挥着作用。多数社区学院采取极其开放的招生制度，这种制度被称为"开放招生"，即只要高中毕业（偶尔即使高中未毕业也可以），谁都可以入学。为了增强学力，首先进社区学院，如果成绩提高，转学、插班进入大学，继续学习后两年的课程。高等教育机构的在校生总数中，约有40%在社区学院学习。对于四年制的大学来说，社区学院在维持学生的学力方面，发挥着"缓冲器"的作用。学生进入社区学院之后，还想继续学习，而且有足够的学力，便可转入四年制大学。其他的学生，可以接受职业教育后就业，或者就在拿到社区学院毕业文凭后离校。

总之，普及化越向前推进，大学很显然是无法回避而必须要考虑学生的学力问题。这不是仅仅像CUNY这样的大众型大学才有的问题，众所周知，即使是被称为"research university"的一流研究型大学的本科教育也有各种各样的问题。在这些很注重学术研究的大学里，教师十分重视研究生教育，其结果，便导致本科教育水平的下降。有关研究型大学的本科教育问题，有各种各样的研究，也发表了许多研究报告。

前面提到的《美国高等教育大事记》中介绍了一个关于研究型大学的本科教育应进行改革的10点建议的报告书。从这个改革建议的第二点来看，该报告认为，学生在入学前应该具备一定的技能，大学把宝贵的时间和人力花在补习教育上实在是浪费。反过来说，如果在大学里不进行补习教育，入学后的教育就无法顺利进行。美国虽约有3500所的高校，其中研究型大学约70所。这份报告书的建议中也提到，即使是最富有传统的精英型大学也有相当一部分感到有必要进行补习教育。大学方面期待的学力水平和入学者已经达到的学力水平之间的差距，在美国的超一流大学中也并非个别案例。

二、日本的学力问题

以上虽是美国的现状，但是众所周知，在日本随着高等教育普及化的推进，出现了与此相似的问题。2000 年春，日本大学和短期大学的入学率已达到 49%，确切地说是 49.1%。在几年之内，入学率超过 50% 的时代无疑会到来，关于这一点我们下面还会谈到。在进入这个阶段时，日本的大学通过什么样的措施和机制来面对或已经正在面对普及化所引起的学生学力问题，这是我下面想提出的问题。但简单地说，我认为，直到最近，或者就在现在，日本的大学并没有认真思考过这个问题。

前面提到过，20 世纪 70 年代中期，我曾访问过 CUNY，对有关人士谈到在大学里进行补习教育这一问题感到惊讶，因为这在当时的日本是完全不用考虑的。入学率好不容易才达到 30% 左右的日本，大学尚与补习教育问题无缘。实际上我们后来才知道，像石川县的金泽工业大学，这样一所 60 年代中期成立的新办私立大学，已经开始进行补习教育了。专门为在英语和数学方面学力不足的学生设置特别课程，让其在正规教学以外学习。补习教育一直要进行到能证明其学力已达到所需水准为止。但是，说到底这只是极个别的案例。当时，学生的学力低下问题已经成为教师们经常谈论的话题，但也仅仅是发发感慨而已，还谈不上达到有强烈的危机感并思考对策的程度。

这是什么原因呢？当然有日本的普及化程度低于美国这个原因，但还有一个特殊的情况，即日本的大学教师并不热衷于教学。20 世纪 90 年代，有学者以 14 个国家的大学教师为对象做过一次国际比较调查。结果表明，日本的大学教师在回答"教学和科研哪个重要"的问题时，有 70% 回答"科研重要"；而在美国，回答"科研重要"的只有 30%，认为教学重要的教师占多数。

不仅如此，我们都知道，日本的大学通过学力考试来选拔入学者，一旦允许其入学后，便不太过问其学力达到了什么水平。也就是说，因为没有进行严格的学力评价，所以，虽然会有人留级，却没有人中途退学，大多数学生都能毕业。从数字上便可看出，约有 90% 的入学者尽管留级一年或两年，但还是能毕业。教师对教学不热心，换个角度也可以说是教师对学力问题并不怎么关心。但不知从何时起这种状况开始慢慢改变了，大概是在进入 80 年代后开始改变的吧。

为什么会发生这样的变化呢？它与我刚才提到的，日本大学对学生学力的判定方法有密切的关系，也就是说，它与入学考试制度的迅速变化有关。

三、选拔入学者的机制

思考日本的大学时，与上面提到的美国大学有一个决定性的不同点在于，日本有一个很重要的维持和保证学生学力的机制，即入学考试制度，至少以前是这样的。大学在选拔入学者时的基本方针即招生政策（admission policy），其选拔入学者的基础在于日本长期以来实施的学力考试。而且大学考试是以国立大学为中心，大多数学生的第一志愿填报的都是国立大学，并兼报私立大学。这种状况在日本长期存续下来。

国立大学的入学考试，在二战后很长的一段时间内，都按照文部省的规定，以五教科七科目为基本的考试科目。高中也以此为基础来设置课程。按美国人的说法，高中的课程是学究式的课程，教学科目都以必修科目为中心，所有的学生都要接受基本的五教科九科目的课程教育，这些都是以文部省规定的学习指导纲要为基础的标准化课程。国立大学的入学考试是以五教科七科目为基础设置的，在这个意义上，高中教育或许可以说是为升学做准备的教育。高中这种以五教科九科目的学究式课程为中心的教学，即为升学做准备的教育。因此，高中以升学准备这种形式来唤起学生的学习动机。

入学考试作为一种学力保证机制，渐渐开始发生改变是在20世纪70年代末到80年代初这一时期。70年代，针对"考试地狱"的批评声音日益尖锐，作为一项改善方案，1979年在国立大学入学考试中引入"共通一次试验"（统一考试）制度。把国立大学的入学考试分为两部分：首先，第一阶段进行统一的五教科七科目的考试，然后在第二阶段由各国立大学自主出题，进行学力考试。但第二次考试的科目要尽可能减少，以此谋求缓解"考试地狱"问题。

这种制度持续了几年之后，很快又在国立大学的有关人士之间甚至在大众传媒方面出现了一种议论，认为五教科七科目的考试，对于考生来说负担过重，科目数量应该减少。在国立大学内部，特别是文科类的经济学部等，强烈地认为国立大学在与开始削减考试科目的私立大学竞争考生方面处于不利的状态，甚至有人提出已出现远离国立大学的危机。由于考生数量减少、偏差值下降，有强烈危机感的一部分国立大学、学部的相关人士强烈要求减少考试科目，并与舆论的压力相结合，促成入学考试科目改为五教科五科目，其后，正如大家所知道的那样，以"菜单"的方式，要求考生参加几门科目的考试成了各大学的自主权，进而改成私立大学也可参与利用的、先行的考试中心实施的考试制度。这一系列变化，昭示着很难坚持以旧有的入学考试方式来保证和维持学力的机制。

不仅如此，自20世纪70年代末起，文部省本身也开始大力推进选拔方式的多样化政策。认可考试科目的削减是其一种表现形式，除此之外，文部省也给予强有力的指导，比如，应该采取学力考试以外的多种方式来选拔入学者，或是应该积极引入推荐入学考试制度等。其结果，不仅国立大学之间，甚至连私立大学也开始大力推动超出以往的多样化进程。

此外，入学者选拔制度的多样化也与高中教育的变化有关。高中同样推行多样化政策，课程多样化，选修制的幅度也大。这样便逐渐强化了入学者学力的多样性。学生如以往那样通过标准化课程的学习，并参加五教科七科目类型的入学考试才能入学的状况，已不复存在。我认为学力问题从此时起便成为一个重要的问题。但是，它并没有作为一个大问题而为人们所认识，或暴露出来。这可能是因为这个时期是考试竞争很激烈的一个时期。有人认为，为缓和考试竞争，有必要进行改革，可事实上，考试竞争不但没有得到任何缓和，反而被更加激化了。

这是因为从20世纪70年代中期开始，文部省采取了严格限制入学定编扩大的政策。高等教育计划于1975年开始实施，其后虽每隔几年做些修订，但计划的关键词始终是"提高质量"。文部省为应对60年代到70年代间高等教育急速扩张所造成的后果，决定有计划地管理高等教育，并制定了对超额增加的定编数不予认可的政策。60年代仅有10%的入学率，到1970年达到24%，1975年达到38%，由此可见，扩张速度非同一般。特别是私立大学，在设施设备和教师的增加未赶上扩张的速度的情况下，已经达到了超额录取率1.8倍、招收的学生人数约为定编2倍的状况。文部省为了抑制过快的扩张并消解超额录取的份额，不得不在政策方面作出努力。

其结果是导致考试竞争的进一步激化。文部省力图使教育机会分散于各地，对在大城市里新设的大学和学部不予认可，所以，尽管在第一次人口高峰集中的大城市，希望入学者数剧增，报考率也很高，但文部省仍不允许大学增加入学定编数。我还记得，当时的情况就像是加了盖的高压锅。为此，在主要的大城市引起了激烈的考试竞争。

实际上,这种考试竞争对日本的大学来说也发挥着学力维持机制的作用。考试竞争一激化,学生们要么去私塾补习,要么上预备学校,或成为复读生,其结果,学力低下问题被掩盖了,这种现象发生在20世纪80年代。

可是进入90年代以后,激烈的考试竞争这一维持学力的机制也渐渐不起作用了,文部省趁着放宽规制的呼声,大力推动高中教育以及入学者选拔方式的多样化。与此同时,自进入90年代起,文部省预测到第二次的人口高峰是在1992年达到峰值,如果不预先放宽规制,考试竞争将会更加激烈。因此,为缓解这种状况,就只得同意增加入学定编。也就是说,不得不放宽控制政策,哪怕是临时性的。作为策略,除增加常规性的入学定编外,也同意增加临时性的定编。尤其是大城市的私立大学,也积极谋求增加临时性的定编。这样一来,特别是私立大学,入学定编大幅增加,使考试竞争如政府预料到的那样,在相当程度上得到了缓和。

1992年达到人口峰值时,18岁人口是205万人,而在7年前的1985年只有156万人,18岁人口增加了约50万人。相应地,入学人数也从1985年的60万人增至1992年的80万人,共增加了20万人,其结果是,以往十几年间一直徘徊在35%~36%的入学率,尽管在18岁人口的峰值年即1992年,也仅上升到39%。而且,峰值期过后,文部省还是同意私立大学维持原有的入学定编增加份额,因此,入学定编徘徊不前的状态一直持续到现在。在作为分母的18岁人口的减少过程中,大学的入学人数徘徊不前,理所当然入学率便会急剧上升,2000年达到了49%。

不言而喻,这意味着考试竞争也大幅度缓和下来。在考试竞争被缓和的同时,入学考试制度作为维持和保证学力的机制就不能发挥作用了。考试竞争的缓和和多样化路线并行的结果是,学力低下现象以具体化的形式暴露出来。最终,大学的相关人士已经意识到问题的严重性,并开始感到必须要建立新的维持和保证学力的机制来代替入学考试制度。

四、探索新机制

那么,新的维持和保证学力的机制在日本会是什么样的呢?如上所述,

第八章　日本高等教育的学力问题

日本的高等教育与美国具有不同的结构。

日本和美国的第一大差异在于，日本没有美国维持学力的重要机制之一，即作为缓冲器的相当于社区学院的短期高等教育系统。众所周知，这不是制度本身没有，日本也有短期大学制度，在高等教育机构80万人的入学者中，就有约20万人是短期大学的入学者，但是，日本的短期大学和美国不同，几乎都是私立、单科性、专为女子的高等教育机构。女性入学者上四年制大学和短期大学的比例曾经是1:2，而最近则变为1:1，或者略微超过四年制大学的入学率，但是，长期以来，短期大学还是发挥了接收女性升学的容器作用。男子几乎不进短期大学。就高等教育毛入学率而言，上短期大学的仅有2%。男性入学者几乎都进入四年制大学。

因此，短期大学对于女子升学来说也许是一种缓冲器，但对于男子却不是这样。而且从短期大学转入四年制大学的制度并不十分完备。在美国，有转学的形式，相当多的社区学院毕业生都能转到四年制大学去，但在日本，从最近的数据来看，短期大学毕业生只有15000人左右能转入四年制大学，还不到10%。即使在同一学校法人的大学和短期大学之间，转学也是困难的。现实情况是，日本的高等教育是在不具有美国那种缓冲器的情况下迈向普及化的。最近，正如大家所看到的那样，短期大学因招生困难而有改为四年制大学的倾向。

日本和美国的第二大差异在于，中途退学和转学制度在日本事实上并不存在。因为几乎没有接收中途退学者的大学，所以就是想让那些入学后经严格的学力评价成绩不达标的学生退学，也没有一个专门接收的地方。学生要进入大学，就必须在高中毕业时参加入学考试，从正规的入口进入。在这种体制之下，大学理所当然采取一旦让学生进入大学，就得尽可能在四年或五年之后让其毕业这样一种策略。在引入了严格评价学习成绩的学力评价制度和中途退学制度的青森公立大学，入学者有10%到20%不得不中途退学，但在这种情况下大学并非已准备了其他接收他们的场所。据说，每当校长要求学生退学时，都会感到胃痛或失眠。这种状况是日本所特有的。在美国，取得大学学位的毕业生占入学者的一半左右，而在日本，这个比例达到近90%，这完全是制度不同导致的结果。

第三个差异是与高中之间的关系。以往日本的高中和大学之间的关系可以说要远比美国更密切。高中以标准化的、学究式的课程来教，大学则课以与此相对应的入学考试。但是，两者逐渐相脱节，在这个意义上可以说正在走向美国化。高中在大量引入选修课制度,而大学则有削减入学考试科目的趋势,大学和高中的关系已今非昔比。在吸引考生方面,越没有竞争力的大学,就越会削减入学考试科目,所以越是这样做就越会陷入入学者学力低下的困扰之中。即使考生数量在减少,但私立大学出于经营上的需要,必须要招到一定数量的学生,因此,不论学力如何都不得不让其入学。尽管如此,也仍会出现招生不足的情况(短期大学30%到40%,大学也约有20%)。这样的大学或短期大学,即使入学时实施了学力考试,但是对学力的判定并不起任何作用。竟然出现了不得不让几乎所有考生都合格的状况。从这个意义上可以说美国化的程度已相当高。

第四个差异是关于补习教育的问题。日本大学还未充分积累起补习教育的经验。只有例外的一部分大学在做。特别是在一些为学生跟不上专业教育而烦恼的工科院校里,引入补习教育的动向越来越显著,但在一些文科院校基本上尚未展开。最近,在东京大学那样的大学里,由于不是入学考试科目,学生就没有选修的情况已开始成为一个问题,比如,可以看到专为那些因不是入学考试科目便没有选修物理学和生物学的人特别安排授课。但是从总体来看,日本依然不像美国大学那样,积累了丰富的正规补习教育经验。即使进行了补习教育,但能达到像美国的大学那样,在入学时先用标准的学力测验来判定学力,确认其学力水平达到的程度之后,再来进行有针对性的补习教育的大学实在是屈指可数。

日本大学的学力问题已经处在这样的状况下,如果要问日本应从何处着手倾注精力以改善学力问题的话,我认为应该重新研究并完善本科教育。为什么说问题会集中于此呢?正如刚才提到过的那样,日本的大学和大学教师与其他国家相比对教学不太热衷,在此"事实"前提下,大学的有关人士以及大学外部都在期待,只要他们能热衷于教学,问题就应该能得到解决。正因为如此,历来占据主导地位的议论是,在考虑学生的学力问题之前,应该首先改善大学的教育内容和方法。

具有代表性的动向是,1991年的大学审议会提交的咨询报告,以及以此为基础进行的包括修订"设置基准"在内的一系列大学教育改革。1991年咨询报告标题为"关于大学教育的改善",旨在改革本科教育的应有形态。众所周知,该报告不仅消除了对基础教育和专业教育的束缚、推进自由地编制四年的本科教育课程,而且在改革课程这个"大道具"的同时,还对各种"小道具"的引入给予奖励。制定教学大纲,引入学期制,或是采取由学生对授课进行评价和 FD（faculty development）制度等的改革，即引入诞生于美国的"小道具"就是例证。

在这当中，还有另一个问题，即不仅是在客观上能测量的学力本身，而且是学生的学习态度或对学习的动机也有问题。例如，产生于 80 年代的上课说悄悄话问题。学生虽然来上课，却只顾说悄悄话，根本不认真听讲。不仅上课缺席的学生很多，来上课却不听讲的学生也开始增加，因此，必须积极引入适合学生的教育内容或是能激发学生的学习动机的教育方法，在这种状况之下，开始了课程重组、教育内容革新和教授方法的改善。或许在把学生的学力下降当成问题之前，大学和大学教师已被迫自我反省了。

这种趋势现在仍在持续。1998 年发表的大学审议会咨询报告《关于 21 世纪大学的应有形态》，在提高本科教育水平问题上也有很大篇幅。报告中提到，应把正式修订专业教育和教养教育的课程作为一个课题，但作为更大的课题，则列举了改善教育方法的问题并提出了各种建议。例如，"教师应更加认识到教育的责任"。在授课方面，应充分认识到一个学分要保证 45 课时的学习，应充分做好授课准备。制定教学大纲虽是出于这样的目的，但还要加大对学生的指导力度，还要对学生提出课外作业要求。另外，报告还提到应该做好严格的成绩评定。报告中引用前面提及的青森公立大学的例子并论述道，所谓的 GPA 制（grade point average），即不仅看取得的学分，还要看取得学分时的成绩在 5 分制下的平均成绩，如果平均成绩没有达到 2 分以上，就不能升级。据说采用这种方式旨在力图完善学力评价制度。

此外，报告中还提到了选课数量的限制制度。学生就像高中的课表那样，提交的履修申请书，把从第一节到第四节或第五节课全部选上，而实际上，他们却只选择那些容易拿到学分的科目参加考试。因而不重视这种过量选课的问题，是很奇怪的。再加上由于进公司考试的时间推延，学生们只用三年的时间就几乎修完了所需学分，最后一年专门埋头找工作。即使大学费尽心思准备了多样化的教养教育课程，但学生们只要在一年级能修完就想尽早地修完，学习的形式化有扩大的趋势。如果是认真学习的话，一年内学生能修读的学分不会那么多。关于各大学应规定每学年、每学期学生完成学分的上限这一点也被写进了报告中。此外，虽然 FD 制的引入也有进展，但还不够深化。在这种情形下，有人提议是否要把努力作为义务写入"设置基准"中，也有人提议应在教师的教育活动中引入评价制度。

五、入学前和入学后

以上这些全部是关于加强、充实本科教育的内容、方法,即提高入学后的教学质量,可以说是只把入学后的学力当成问题,而奇怪的是有关学生入学时的学力问题却几乎没有触及。入学者选拔的问题在另外的审议会上被讨论过,在那里也没有提出具体的改革方针,受此影响,在这份咨询报告中几乎没有被提到。报告中只写到这样的程度:在高中期间学习一定的科目是进入各个大学、学部后接受专业教育所必需的,因而对指定必修科目应予以承认。也就是说,是在没有触及入学时的学力问题的情况下,仅要求加强并充实入学后的教育而已。

虽说日本大学的教育改革正沿着美国化的方向发展,但可以明确的是,这中间仍有很大的差距。在美国,尽管要进行补习教育,入学时还是要仔细测定学力,明确了学力不足的到底是哪些学生后,才进行义务性的补习教育,然后有一套通过再次测定学力来确认达到水平的手续。而在日本,像这样把补习教育摆在恰当位置上的大学几乎没有。

正如大家所看到的那样,到目前为止,日本大学的学力保证长期以来依赖于入学考试。其结果是,一般都不会对已允许入学的学生再用测验来确认一下学力,并依此来安排补习教育。但这并不是说入学时的学力就不重要,恰恰相反,是非常重要的。入学后严格的成绩评价也好,升级、毕业制度也好,或是 GPA 制度的问题等,所有这些都和入学时学生具有什么样的学力有很密切的关系。在不搞清楚这些的情况下就安排进行入学后的教育,原本就不可能,我们是否应该考虑一下问题并非仅仅在于那些没有选修或不考试的科目上。

入学时的学力问题进一步说也是入学前的学力问题,即高中教育能够达到什么样的学力水平的问题。可以说日本的高中,在二战后长期以来都是以旧制中学为模式的。二战后,新的高中制度刚建立时的模式,还是旧制中学。旧制中学就是为升学做准备的教育场所,用学究式的课程,实施以考试为目标的教育。以毕业后直接就业为目标的人往往是少数。在这样的学校里,不管是入口还是出口,考试竞争越激烈,教育就越有效果。上一级学校的入口狭窄,考试竞争很激烈,学生们不管愿意不愿意都必须努力学习,这种自明治以来长期持续的状况,被二战后的新制高中原封不动地继承下来,可以说这对维持和保证学力发挥了非常有效的作用。

其结果，长期以来就有种说法：大学入学考试的形态束缚了高中教育。可是反过来，我们不能忽视的一个侧面是，高中教育本身正是由于被入学考试束缚而建立起来的。众所周知，高中教育已经开始发生了大变化。由于自由化、个性化和多样化，教学科目进一步细化，如2学分科目和4学分科目，同样的教学科目被分成不同的级别进行教学，选科制度被大幅引入。从整体上来看，高中生的学力水平下降是不言而喻的。但是这里不仅仅是学力下降问题，多样化这一方面也包含其中，这是不能忽略的。

大学的入学考试正像我们刚才所提到的那样，随着自由化、个性化、多样化的推进，学力考试也在向着减少科目、降低比重的方向发展。试想一下，虽说入学考试有维持、保证学力的功能，可是大学并非根据考试结果只让那些具备充足学力的学生入学。学力考试是作为根据入学的定编数筛选考生的手段来使用的，而不是大学让具有如此这般学力的学生入学之一定的标准。换句话说，这意味着考生数量的减少，即考生层面一变化，相应的入学者的学力水平也会发生变化。

现实情况是，如果整体的报考人数开始减少，理所当然，不论哪所大学都会为满足招生计划降低选拔入学者的学力标准。报考人数若是未达到招生人数，则全员合格，或者合格人数少于招生人数，则通过补录等方式依次让其他人入学，因此入学考试作为判定学力的手段并没有发挥其有效性。而且实际上，其有效性正朝着越来越低的方向变化。

与此相对，此前一直以考试为中心实施教育的高中，即使在考试竞争显著缓和的今天，对考试的注重仍有增无减。从一年级开始就文理分开，到了二年级，则进一步根据要报考国、公、私立的哪种类型的大学分科。在入学率接近50%的现阶段，受考试影响最大的是重点高中。也可以说，所谓的重点高中到目前为止仍以几乎没什么变化的课程来实施教学。那些被重点高中的学生当作目标的、考试竞争依然激烈的大学，几乎没有减少入学考试的科目。因为大学提出了严格的要求，正统的为考试而准备的教育就不得不继续下去。但是尽管如此，似乎文理科的分化还是过早了点。

一旦进入重点学校，学生可报考的大学数量就增多了，因而可选择的范围也随之扩大。所谓在数量上持续扩大的高等教育的中心部分，即以大多数的考生为对象的大众型大学，为了招到学生而降低入学者的选拔标准，从而考试竞争迅速得到缓和。这其中还有不少大学的学力考试只有一个科目或两个科目。因此考生早期就开始修习与报考学校相对应的科目，除此以外的科目可以说全部放弃。如果受这种一个科目、两个科目入学考试的支配来教授相应课程的话，高中教育便会渐渐丧失其应有的体系。

如果仅有一部分的课程凭借考试才能让学生完成学业、激发学习动机的话，那么高中教育的整体秩序就难以建立起来。再加上课程的多样化和选择制的强化，越发难以激发学生的学习动机，这难道就是高中教育的现状吗？虽然已经意识到了必须要从何处着手，力图摆脱、改变这种以应试为中心的教育方式，可是仍有很多高中无法改变传统的以应试为中心的教育。目前的现状是，入学考试能够发挥维持和保证入学者学力作用的大学，着实是在减少。

六、课程改革和少子化

这虽是一般的状况，但也产生了若干重大问题，即以教育课程审议会和中央教育审议会的讨论为基础不断深化的课程改革动向。如果完全引入 5 天学习制，便可计算出从小学到高中约减少了 800 小时的授课时间。若从相当于一学年的授课时间来看，则意味着减少了约 3/4。不仅如此，众所周知，教育内容也向减少 30% 的方向实施。比如像算术等课程，原本应在小学四、五年级学完的内容，被移到更高的年级去学习。

课程内容的减少并不是从这次才开始的，在 10 年前的课程改革时就已经削减了近 30%。有人认为通过这两次的课程改革，高中以前的课程将比过去削减 1/2 的内容。当然，学力并不会因此而变成原来的 1/2，但是毫无疑问，这些接受与过去不同程度和内容教育的学生，必将要上大学。我们可以预料到，大学所期待的学力水平和入学者实际达到的学力水平之间的差距，只会扩大而不会缩小。

对于大学来说，另一个重大的问题就是 18 岁人口在减少。1992 年 18 岁人口是 205 万人，2000 年是 150 万人，2010 年预计将减至 120 万人。将来会否再度回升到 200 万人的事情暂且不要考虑，估计最多能回升到 130 万人左右。这样，在 18 岁人口长期减少的状况下，按照最近比较稳定的数字来看，如果大学和短期大学的入学者人数维持在 80 万人的话，2000 年 18 岁人口是 150 万人，入学率将上升到 52% 至 53%。但实际上入学率是 49%，入学人数是 74 万人。

因为 2010 年 18 岁人口预计是 120 万人，所以文部省制定了一个目标，把临时增加的定编收回一半，超额录取率也由目前的 1.2 倍减至 1.1 倍，这样 2010 年的入学人数预计约为 70 万人。但是尽管如此，入学率仍然令人吃惊地高达 58%。这只是大学和短期大学的数字，另有近 20% 的人在专修学校等就读，若加上这个数字，则出现高中毕业生的近 80% 在大学、短期大学和专修学校就读的状况。

这种状况意味着什么呢？正如心理学家所说的那样，智力是呈正态分布的，如果它和学力具有高相关性的话，今后将会有越来越多的智力和学力偏低的人进入大学。而且这不仅仅是在一部分大学中出现的情况，而是在所有的大学都会发生的变化。

例如，东京大学目前的入学人数约为 3500 人，205 万人口时的 3500 人和 120 万人口时的 3500 人，其在智力和学力方面是不一样的。也就是说，就连东京大学这么难进的大学，都不得不从比现在相对低学力层的学生中选拔入学者。大学有关人士每年都在不断抱怨入学者学力下降的时代已经到来了。如果高中之前的教育水平获得提高，培养出不论智力如何都能给予高的教育附加值，并具有高学力水平的学生，问题或许能得到某种程度的缓解。可是，正像刚才所看到的那样，由于改革是向着课程内容、授课时数大幅削减的方向变化，因而这种指望是难以实现的。如何填补令人烦恼的、被期待的学力水平和实际达到的学力水平之间差距的问题，将会变得越来越重要。

被称为难考的大学，即一流大学等这一小批大学或许对这个问题的认识还不会那么深刻。这些大学并不降低所期待的学力水平，而是持续出难度大的入学考题。由于国立大学被要求应根据人口的减少，削减本科的入学定编，以及旨在恢复入学考试中心的"五教科七科目"的考试，因而或许能够维持以往那样的入学者的学力水平。在这些大学里，虽说是考试竞争得到了缓和，实际上却仍然很激烈。而且希望进入这些大学的学生，先要在六年制的私立学校接受教育，再到公立的专为升学做准备的学校接受补习教育，还要到应对考试的培训班接受考试训练，因而学力下降问题或许并不那么严重。

但是，这样的大学只是一小批，除此以外的大学的确不能不受到考试竞争缓和的影响，在受到入学率上升的影响方面也是一样的。日本的高等教育系统中私立学校的入学者占总数的 80%，私立学校为了能够持续经营，无论如何也要确保一定数量的入学者。如果不能维持入学人数、不得不减少学生，那么学费就会提高，或者为了降低成本，只好减少教师工资，甚至裁减教师数。为了招满学生，哪里顾得上严格审查学力水平，而是尽量让学生入学。如果接收比以往学力水平低的学生，理所当然必须谋求完善补习教育，并且进一步深化本科教育的改革。

正如前面所提到的那样，虽说本科教育的美国化已有相当进展，但还不够充分。以引入的学期制为例，几乎所有的大学都是将全年的授课任务分成两部分，各按每两个学分编制授课科目。若是完全转换成学期制的话，一个科目每周必须授课两次。更进一步的话，就不是像现在这样将同一水平的授课科目事先并排列出，而是必须区分出科目间的等级。似乎有一部分大学已经开始这样做了，大学需要准备好各种水平的授课科目，从入门的、基础性的科目到高级科目都编好序号事先准备，教师也须尽力改进授课方法。

七、采取多样化综合性的应对方式

作为一个重要的建议，前面提到的大学审议会提交的《关于 21 世纪大学的应有形态》咨询报告，提出高水平的专业教育放在大学院进行。有人将此解读成，本科阶段的教育已经不是高水平的专业教育。这似乎可以看作是，因为在本科阶段进行高水平的专业教育或专门职业教育，靠将来进来的学生的学力是困难的，所以要提升到更高阶段的水平上。假如真是这样的话，我们不得不质疑这种方向是否真是我们所期望的。在日本的高等教育中占据核心地位的是四年制的本科教育。如果是因为来自高中的学力不够的学生入了学，就无法在本科阶段进行充分的专业教育，而只得寄希望于大学院的话，那么就难以保证不会陷入大学院也需要补习教育的悲惨境地。我认为，现在到了该在什么地方把两者好好区分清楚的时候了。

总之，入学后的补习教育无疑是有必要的，但大学有关人士应该更加关注入学前的高中阶段以前的教育。而且，严格进行入学时的学力评价很重要，但对学生们入学后的学力也要认真评价。有关学生们的学力要达到什么程度，即在教育方面要给予多大的附加值的问题，有必要考虑设定一个明确的目标。同时也有必要向考生提出希望他们在高中阶段完成何种科目学习的要求。

此外，包括私立学校在内，利用入学考试中心考试的人群在增加，目前考生人数已超过 50 万人，正接近 60 万人。虽然也包括复读生，但仅是应届考生也有约 50 万人，想要升入大学的人中约有 3/4 要参加中心考试。据说连短期大学的升学者也想利用中心考试。也就是说，与其说中心考试已经成为入学考试的一部分，还不如说其性质正在转变成为一个测量高中学力水平的学力鉴定考试。但是这种性质转变并未被充分认识到，依然只有国立大学把它作为入学考试的一部分，私立大学仅有极少一部分利用其考试成绩。中心考试该何去何从，虽有各种各样的议论，但起码其性质应该明确地朝着测量高中学力达到的水平这一方向上变化。如果实施标准化的学力考试的话，入学者的学力问题对大学来说也会变得容易识别，而对高中来说也会得到一个使学力水平达到什么程度的测量标准。

标准化的学力考试问题是否应寄希望于入学考试中心，这另当别论，但它已成为思考学力问题方面的一大课题。不管怎么说，学力问题并不是在入学后才开始出现的，而是在入学前就已经存在了。我认为，大学应该再度认清，需要更加关注高中以前的教育使什么样的学力达到什么样的水平的问题。

以前，大学教育或许还不用关心高中以前的教育。但是，在普及化推进的当今，大学是整个学校教育系统的组成部分，高中以前的教育制约着大学教育的应有形态。大学在对此充分理解的基础上，必须认识到，不得不对学力问题采取综合对策的时代已经到来了。

（原载于《国际高等教育研究》2007 年第 2—3 期，王方译）

第九章　日本的大学评价

一、大学设置基准——国家的评价

日本高等教育系统由国、公立（主要是国立）和私立两个部门构成。截至 2005 年，大学总计有 726 所，在校生总数为 287 万人，其中私立部门占大学总数和在校生总数的比例分别为 76%和 78%（以下考察对象仅限于大学）。日本的大学评价问题与庞大的私学部门的存在有密切的关系。

在相当长的时期内，日本政府对大学，特别是私立大学拥有很大的控制权，设立新大学自不待言，在学部、学科的新设或变更时，也均须按照文部科学省制定的《大学设置基准》接受审查。

20 世纪 90 年代以前，《大学设置基准》不仅对基本财产、校园与校舍面积、体育馆等设施、教师人数、学生定编、图书馆藏书册数等作为大学必须具备的物力与人力条件，连设置的学部与学科名称、教育课程、授予的学位名称都进行了严格的规定，满足这些条件是设置大学的必需前提。

这意味着，国家制定的《大学设置基准》和根据该基准的审查（由文部科学省设置的"大学设置审议会"来进行），实质上对大学的"评价"与"质量保证"发挥了重要作用。但是，不论对大学还是学部，这种评价与质量保证到底只是设置时的标准。文部科学省和大学设置审议会对已经认定的大学与学部没有再审查或事后确认的权力。

但是，这并不意味着完全没有事后评价与质量保证的机制。二战后，在引入美国高等教育系统模式后，日本政府制定的《大学设置基准》只是最低标准，获得设置认可的大学被期待从此一直自觉地维持并提高质量。为此，早就设立了"大学基准协会"，这种机构是各大学自愿参加的、实行会员制的美式评价团体。

这种美式的、大学自觉的相互评价与维持并提高质量的系统，在日本并没有充分发挥作用。这是因为，大学设置基准虽说是最低标准，但对基本财产少、以学费收入为主要来源的大部分私学来说却发挥了最高标准的作用，很少有大学在获得设置认定后，再自觉地以达成高质量为目标而努力，因此通过大学基准协会的"标准判断"（accreditation）而成为"会员"的大学并不多。大学通过自觉的相互评价，不断谋求维持并提高质量的这一美式系统，没有在日本扎下根并发展起来。

这并不意味着，日本的大学在20世纪90年代之前与评价无缘。因为在入学者的选拔与毕业生的就业这两个"市场"，大学经受了激烈的竞争与评价。

在19世纪后半叶开始快速发展的背景下，经历了复杂发展过程的日本大学，以大学间的等级性（hierarchical）和排序、缺乏流动性的结构为特征。这种结构的形成，不仅是由于研究职能存在强弱差异，而且也因为各个大学的历史、传统以及与此密不可分的社会威信也存在差异。入学者的流向与毕业生的受聘机会则与这个结构相呼应，发挥了强化、再生产它的作用。

也就是说，在倾斜度大的金字塔状的高等教育系统下，考生以考入更高位次的大学为目标，企业也优先录用更高位次的大学的毕业生。因此，以下两项指标被认为是社会对各大学的质量或水平的"评价"指标，即各大学的入学者的学力水平，更具体地说是"偏差值"的大小；企业对大学的评价是以各大学在其新聘员工中的数量多少为标准的。大众媒体每年大肆宣传的入学与就业这一大学的入口与出口的排行榜，可以说作为非正式的第三者对大学的评价，长期在日本社会发挥了重要作用。这里缺乏的是，对作为教学科研机构的大学本身的质量，以及大学教学科研活动水平的直接和客观的，亦即事后的与相互评价的系统。

二、"评价时代"的到来

20世纪90年代，日本的评价时代是从修改作为最重要的国家评价标准发挥作用的《大学设置基准》（1991年）开始的。这一修正案被称为"设置基准"的"自由化"，虽说它把能让同年龄人口的近50%入学的大众化高等教育作为"最低标准"，但也预示着难以用设置标准严格控制的时代已经到来。

关于大学"评价"的必要性，最早由文部科学省提出，与这次《大学设置基准》的修改相关联。一方面实施教育课程编制的自由化,另一方面担忧教育质量下降的文部科学省,向大学提供与教育质量有关的自我检查评价的方法与式样的模式,并强烈要求各大学自觉努力地付诸实施。其中也包括引入学生对授课的评价制度。评价被期待能作为重建适应成熟的大众阶段的大学教育——换句话说为大学的教育改革——的手段发挥作用。

  但是,关于大学的评价系统的引入,这个时期其他方方面面的力量也已经开始起作用。

  (1) 20 世纪 90 年代初,在日本泡沫经济崩溃之后,政府迫于财政压力,不得不致力于行政、财政改革。高等教育也不例外。为了能有效地使用有限的资金,根据教学科研水平或成果的评价,在大学间实施倾斜的、重点的分配引起广泛的议论。

  (2) 根据评价进行资金的重点分配的议论也与在日益激烈的尖端科学技术的竞争中,大学特别是在国际上被评价为一流的"研究型大学"(research university)的重要性有关。这是因为,这一小批大学既是尖端知识与技术的创造者,又是培养担负竞争的高水平人才的场所,人们在深刻认识到有必要对这些大学在资金上进行集中投入的同时,也逐渐认识到,使之正当化的只能是科研与教学成果的公开评价。

  (3) 不仅仅是这一小批研究型大学得到巨额公共资金投入,发展成为庞大的社会系统的大学和高等教育系统,也逐渐被强烈地要求履行对国民或社会进行"说明的责任"(accountability),也有从这一角度呼吁引入针对大学的第三者评价系统的必要性。进入 20 世纪 90 年代后半期,对得到巨额税收投入的国立大学实行法人化的声势浩大的议论,与这种说明责任的问题有密切的关系。

  (4) 与此同时,在大众化的快速发展过程中,随着大学的规模扩张、组织日益复杂、功能也变得更加多样,的确开始出现了"巨型大学"(multiversity)化。这就像国立大学法人化议论所形容的那样,大学正在从"知识共同体"向"知识经营体"转化,换句话说,意味着大学也开始引入在企业已是常识化的 PDCA(Plan-Do-Check-Action,即计划—实施—确认—成效)这一经营活动。大学开始被要求把"Check"即评价的功能纳入教育的内部中来。

  (5) 另外,大学的评价伴随着全球化的进展,在国际上也日益成为一个大的发展趋势。众所周知,对象征国家最高学术水平的"研究型大学",

正在尝试着各种国际性评价和排行榜。还有，如留学生增加所带来的学生之国际流动量的增加，正促使联合国教科文组织制定大学评价的国际性框架。在此之前，如在（1）至（4）中所见到的那样，高等教育与其周遭的环境变化正在不同程度地作为各国共有的现象发生着。这是一个不能不寻求大学内外评价系统化的、时代的大潮流，日本也难以摆脱这种全球化潮流的影响。

三、"认证评价制度"的建立

1991 年，"设置基准"的修订在大学间引起了自我检查评价的热潮，越来越多的大学制作了详细的"自我检查评价报告书"，并公开发表。尽管一部分大学只限定在特定的学部和学科，但却进一步任命外部人员为委员，开始实施"第三者评价"。学生对教师的授课评价虽是部分的，但引入这种评价机制的大学却越来越多。不过，必须指出的是，这种评价的动向主要在国立大学，私立大学对评价的关注却显得意外地迟钝。

1998 年，文部科学省的大学审议会提交了展望 21 世纪大学的长篇咨询报告《关于 21 世纪大学的应有形态》。日本的"评价时代"以此为契机，迎来走向规范化的第二阶段。

文部科学省接受该咨询报告的建议，把以往只要求努力做到的自我检查评价规定为所有大学的义务，同时下决心设立国立的"大学评价与学位授予机构"（1999 年）。这个"评价机构"在政治与社会方面要求国立大学进行"说明责任"的压力背景下，期待在调查研究评价问题、开发评价技术方法的同时，具体实施以国立大学为对象的"第三者评价"。即使在这个阶段，评价的问题仍把私立大学置于视野之外，而主要考虑纳税人关注的国立大学。

但是，第二阶段很快就宣告终结。这是因为，到 2000 年，（文部科学省）宣告"评价时代"将面向第三阶段进一步展开。因为文部科学省的中央教育审议会于 2002 年提交了咨询报告《关于构筑大学质量保证的新体系》，要求不论国、公、私立的所有大学，都有义务接受由文部科学省"认证"的评价机构实施的每 7 年一次的"第三者评价"。由此可以看出"评价时代"的急速发展。

新世纪伊始，在小泉政府领导下实施政府放宽规制政策，即坚决实行以

"从事前规制向事后确认转变"的行政、财政改革。对推进行政、财政改革的小泉政府来说,文部科学省领导的日本教育行政是"事前规制"的堡垒,必须尽可能地废止这些规制,或者至少也得放宽。根据《大学设置基准》的大学设置认可行政作为这种"事前规制"的典型受到严厉的批评,并被强烈要求应进一步修正或放宽。

如果在课程设置以外的部分,也要大幅度放宽作为国家事前"评价"和"质量保证"机制的《大学设置基准》和大学设置审议会据此进行审查的话,那么,必须创造出替代它的大学"评价"和"质量保证"的新机制。以"从事前规制向事后确认转变"为卖点的提案暨 2002 年的"认证评价制度",的确只是为了建立这种"事后确认"的系统。文部科学省受政府放宽规制政策的推动,其规制放宽不仅使包含放宽校园与校舍面积标准在内的大学设置认可变得容易,而且还从学部学科变更的申报制扩展到允许设置股份制大学。为了兑现这一政策,以大学质量与水平的"事后确认"为目的构想的、从 2004 年开始实施的"认证评价制度",在评价机构的设置与大学的选择方面允许有相当大的自由度。也就是说,只要满足文部科学省制定的一定的"认证基准",评价机构的设置是自由的,各大学在选择哪一家评价机构方面也拥有完全的自主权。

作为"事后确认"的"认证评价制度"只是 2004 年刚刚建立的,它能在多大程度上替代"事前规制"作为"评价"和"质量保证"的机制发挥作用呢?现在还看不出其具体的形态。这是因为,作为得到文部科学省认证的大学相关评价机构,到目前为止仅有 3 家,即除了前面见到的"大学基准协会"和"大学评价与学位授予机构"以外,还有新设立的"日本高等教育评价机构",但 2004 年、2005 年两个年度接受评价的大学数为 67 所,还不到总数的 10%。

四、认证评价制度的概要

作为评价机构的主要认证标准,文部科学省提出以下四项标准:(1)评价标准及评价方法必须足以准确地进行认证评价;(2)为确保认证评价的构成且准确地实施,必须完善必要的体制;(3)在公布、报告评价结果之前,必须给予大学对与认证评价结果有关的意见的申诉机会;(4)为准确且圆满地进行认证评价,评价机构必须是拥有必要管理基础的法人(社团或者财团)。

其中对最核心、具体的评价标准与方法有以下更进一步的规定:

①评价标准必须符合学校教育法及各设置基准,评价标准的项目必须从有助于促进大学富有特色的教学科研的发展来设定。

②在决定评价标准时,必须采取能让方案公开等确保公正、透明的措施。

③作为评价方法,必须包含对自我检查与评价的分析并进行实地考察。

④评价结果应登载在杂志或利用网络公布。

⑤在设定评价标准时,对以下事项必须进行评价(大学综合情况的评价):教学科研方面的基本组织、教师组织、教育课程、设施及设备、行政组织、财务、其他与教学科研活动有关的事项。

此外,作为整个认证评价制度的设计,把评价分成"机构评价"(上述⑤所指的"综合情况的评价")和"专业领域类别评价"两部分进行,但目前只实施机构评价(法科大学院除外)。也就是说,认证评价制度下的评价,有很强的替代以往政府实施大学设置基准的作用,而专业与职业领域类别的评价体系(在美国已成为"标准判断"制度的另一重要支柱)尚不完善。

五、三大认证评价机构

从上述列举的事项可以看出,评价机构的认证标准并不严格,除"评价标准(由文部科学省制定)必须符合学校教育法及各设置基准"以外,关于具体地根据什么标准与方法进行评价的问题,各评价机构的自由度很高。因此,不同的评价机构,实际评价的水平或质量可能不同。反过来说,由于接受不同评价机构的评价,各大学的水平或质量是多样的,或者有可能变成多层次的。以下是各评价机构的概况。

1.大学基准协会(财团法人)

大学基准协会是 1947 年作为美式的唯一的标准判断团体建立起来的,有较长的历史并积累了经验。正如我们上面已经看到的那样,以满足"标准判断（入会标准）"的大学为会员，以会员间的"相互评价"来自觉提高大学质量为目标的这个团体，无法拥有众多的会员大学，因而没能充分发挥作为评价机构的作用。但是，伴随着"评价时代"的到来，该评价团体的功能也被激活，会员校的数量也不断增加，并成为新制度下最早的"认证评价机构"。学校获得认证之后也采用会员制，把"入会标准"和"相互评价"这两项等同于"认证评价"。会员校除会费以外，在接受评价时，还要支付评价费用。接受评价的大学数，2004年为34所，2005年为25所，是三大认证机构中最多的。评价分三个档次，即"合格（含指导与建议）"、"保留"和"不合格"，虽然近两年来没有"不合格"的学校，但2004年有两所学校的评价结论为"保留"。

2.大学评价与学位授予机构（独立行政法人）

该机构是于2000年由原来的学位授予机构增加评价部门而重新建立起来的。当初是文部科学省的一个机构，但2004年成为独立行政法人。2000年建立之初，是仅以国立大学为对象（同时也设想公立大学可自愿利用）的评价机构，但随着认证评价制度的建立，也成为以所有大学为对象的评价机构。机构设立之后不久，曾多次试行专业领域类别的评价，但现在对大学仍然只进行"机构评价"。它没有实行会员制，只要支付所规定的费用，不论国、公、私立，都可以接受评价。评价分两个档次，即"满足评价标准"和"未满足评价标准"。即使是满足评价标准的大学，只要有"需要改善的地方"，也会被指出来。其实际的业绩是，2005年仅实施对4所大学的评价（全部为"满足评价标准"）。但是，作为准国立的评价机构，在资金方面得天独厚，人力和物力条件均很完备，被认为将在各个方面对日本的评价制度发挥主导性作用。

3.日本高等教育评价机构（财团法人）

该机构是于2004年由最大的私立大学团体暨"私立大学协会"创设、以私立大学为主要对象的评价机构。私立大学协会的会员校有370所，以二战后设立的大学为主，约占私立大学总数的2/3。多数有悠久传统的大学则属于另一有实力的私立大学团体暨"私立大学联盟"。这个"评价机构"虽然也采用会员制，但只要支付一定额度的会费，任何大学都可以成为其会员，与大学基准协会不同，不需要在入会时接受评价。也就是说，与美式的"标准判断"团体暨大学基准协会在这方面是不同的。同时，只要支付评价费用，即使是非会员的大学，也不论是国、公、私立，均可以接受评价。作为历史最短的评价机构，评价的实际情况是，2005年也仅有4所。评价分三个档次，即"认定（含参考意见、需要改善的地方）"、"保留"和"不认定"，其中"保留"是指"对虽然未给予认定但被认为有希望在短时间内改善的大学则给予保留"。2005年度的评价没有"保留"和"不认定"的。

由此可见，三大评价机构在性质和评价方法方面均各不相同，作为主要评价对象来设想的大学也不相同。比如，大学基准协会以有悠久传统的大学为对象，大学评价与学位授予机构以国、公立大学为对象，而日本高等教育评价机构则以私立大学为对象。认证评价制度本身刚刚建立，各评价机构以什么样的大学作为顾客、进行什么内容与水平的评价、在社会上能够得到多大程度的认可，现阶段还难以预测。但是，只要考虑到大学的财政基础、传统和威信的不同，则可以认为接受评价的大学与其说会分化成三大集团，不如说分化成三个等级层次的可能性更大些。

六、"评价时代"与评价文化

关于近几年快速展开的"评价时代"，尚不具备从客观上讨论其成功与否或功过的实际成效和资料。但是，以往大学在长期以来被置于政府严格以"事前规制"为名的"评价"之下，其结果是大学本身以及由大学团体自觉进行的、主体性的"评价文化"是不发达的和不成熟的，只要认识到这一点，可以推测日本的"评价时代"的前途将面临很多的困难。但是，不论被预测有多么的困难，有一点是不容置疑的，即正规化的"评价时代"切实渗透到了大学的世界，并将改变大学的内部与外部。

大学设置基准和大学设置审议会的审查虽说已放宽，但还保留着，因而不能说"事前规制"已完全取消。但是，规制已得到放宽，"事后确认"的机制也已经出现，这意味着大学与大学人不得不自觉地和主动地提高自己的教学科研活动的"质量"。

不仅仅如此，日本的大学，特别是私立大学现在正面临少子化带来的入学人数长期减少这一严峻问题。18 岁人口在 1992 年达到最高峰的 205 万人，2006 年则减少到 133 万人，而且还将进一步减少。接近 50% 的毛入学率也将保持平稳状态，入学人数低于入学定编的大学在 2006 年春已超过了私立大学的 40%。大学为了在与其他大学的竞争中胜出，招到数量充足的学生，必须关注教育的质量，接受学生消费者的"评价"。在曾经以"考试地狱的社会"而闻名的日本，现在比起由大学根据对入学者的评价进行的"选拔"来说，由入学者根据对大学的评价进行的"选择"更具重要性的时代已经到来。而且，教育的内容与质量越来越成为大学被"选择"的最重要的条件。

此外，以国立大学为主重视研究的大学，为了在全球化的大学间赢得竞争的胜利，被要求不断致力于维持和提高研究水平，还要努力位居由研究业绩的评价而形成的国际性大学排行榜的前列。企业提供的研究经费自不待言，连政府（文部科学省）向大学提供的财政性教学科研经费也有年年强化根据评价进行竞争性分配的趋势，在这方面，大学也正在经历严格评价。

日本的大学长期以来受到政府的严格控制，也得到优厚的庇护，在这样的条件下，以教师为中心持续进行大学运营，并享有大学自治与学术自由。作为这种"知识共同体"的大学现在正在进行根本性的转变，即确立如 PDCA 所象征的将自我检查评价纳入其中的大学经营，并接受不仅来自政府和认证评价机构而且包含学生及其家长、企业等广义的社会在内的"第三者"评价的"知识经营体"。"评价时代"的到来，只是表示这种现代社会中的大学大转变的一个侧面而已。

关于"评价时代"，特别重要的是大学人的作用。不论由什么样的组织或机构来进行评价，直接的甚至是最终的大学评价者常常是大学人自身。在认证评价机构里，承担大学评价的还只能是大学人。作为大学基准协会这样的"标准判断"团体，以会员大学的有关人员之"同行"的相互评价为原则的评价机构自不待言，其他两大评价机构在以大学人为主要评价者的方面也没有变化。

评价无论自觉与否，都是大学人职业作用的重要部分，其作用在于与大学长期争取、培育起来的大学自治、学术自由有密不可分的关系。"评价时代"在这个意义上是大学人相互的共同责任，并作为专门职业人的能力和职业伦理接受考验的时代。长期习惯于政府的控制与庇护的大学人把公平公正的评价的能力与伦理——换句话说，"评价文化"——培育到何种程度？以及相互能在何种程度上共有它？"评价时代"把如此严肃的问题摆在每个以及所有的大学与大学人的面前，这是不能回避的课题。

参考文献

［1］天野郁夫.中教審答申と新しい質の保証装置[J].大学評価研究，2003(3).
［2］天野郁夫.大学改革——秩序の崩壊と再編[M].東京：東京大学出版会，2004.
［3］天野郁夫.評価のコスト[J].IDE-現代の高等教育，2005(12).
［4］天野郁夫.大学改革の社会学[M].東京：玉川大学出版部，2006.

（原载于《教育发展研究》2006 年第 11A 期，陈武元译）

第十章　日本短期大学的危机

一、短期大学的不幸

1998 年，文部省的大学审议会就"关于 21 世纪大学的应有形态与今后的改革策略"的咨询提交了咨询报告。这份咨询报告几乎没有涉及短期大学。

从内容来看，该咨询报告专门阐述了四年制大学本科阶段的教育与管理运行的问题以及大学院的问题。现阶段日本的高等教育正如报告中所言，正在迎来普及化阶段。其依据是，大学与短期大学合计（从 18 岁人口比来看），入学者的数量接近 50%；若加上专修学校等，超过 2/3 的人在 18 岁后，都正在接受高等教育。具体数字分别是，大学约 60 万人，短期大学约 15 万人，专修学校 22 万～23 万人，以及高等专门学校约 1 万人。

由此可见，短期大学在高等教育中占有很大的比重，在学校教育法方面，作为大学的一种类型无疑占有一席之地，而咨询报告完全没有涉及短期大学令人感到奇怪。对此，我作为审议会的委员之一，多次要求应涉及这方面的问题，但意见最终没有被采纳。

其理由之一是时间上的限制，即从接到咨询到提交报告仅有不到一年的时间。但是我认为，并非仅仅是时间问题。东京工业大学矢野真和教授指出，日本高等教育是"四年制大学本位主义"，即全部以四年制大学为中心来思考问题。的确有这方面之嫌。短期高等教育机构的重要性没有被完全认识到，并非始自今日，而是从二战以后新的大学制度建立之初起，就成了日本高等教育存在的问题。

尽管没有再论述的必要，但是，二战结束前的高等教育大致是由大学和专门学校这两种类型的学校构成的。其中，就专门学校而言，男子在 17 岁时从五年制的中学毕业，而女子则以四年制为主，因而 16 岁时就从高等女学校毕业，之后均接受 3 年的专业教育。而对大学来说，学生要经过 3 年的预科教育（旧制高等学校或大学预科）后，才接受 3 年的专业教育。因此，

第十章 日本短期大学的危机

专门学校的教育年限比大学短3年，也就是所谓的短期高等教育机构（从17岁入学直到20岁之前一直在接受教育）。从二战结束前高等教育的数量比重来说，专门学校毕业生占高等教育机构毕业生总数的60%～70%。少数的大学与多数的专门学校正是二战结束前的高等教育结构，即以短期高等教育为主的系统。

二战以后，学制改革使包括专门学校在内的所有高等教育机构都被改编成四年制大学，换另一种说法，就是专门学校升格为大学。正如大家所知道的那样，从1949年开始建立新制大学以来，对当时受各种条件限制难以升格的专门学校，便以暂时的措施设计了短期大学的制度。我认为短期大学存在以下几个不幸。

首先，短期大学是在二战以后的起点上，在缺乏积极意义的状态下建立的。关于新制大学的应有形态，有各种各样的讨论。但是，对新的高等教育系统为什么需要短期大学的问题却几乎没有讨论过。在这种状况下，把不能升格为四年制大学的学校先认定为短期大学。这是它的第一个不幸。

对短期大学来说，第二个不幸是，社会对二战以后的学制改革表现出强烈的不满。由于学制改革，二战结束前的专门学校销声匿迹。特别是，农业、工业、商业等实业专门学校以及专门学校水平的师范学校全部重组变成了大学。这意味着，日本的社会，特别是与企业雇佣体系有关而建立起来的学历主义的秩序（即小学、高小、旧制中学或实业学校，在此之上既有官、公、私立专门学校又有大学，大学又分为帝国大学和官、公、私立大学的这种由于学历不同所构成的复杂而又阶层化的秩序）从教育制度方面一下子崩溃了。对此，特别是雇佣毕业生的企业表现出强烈的不满。其结果是，主张复苏以专门职业教育为主的短期高等教育机构的呼声一再出现。其间，产业界反复表明了这样的意见，"必须废除短期大学这类莫名其妙的学校，建立'专科大学'或'专修大学'，尽可能地建立起与新制中学直接连接的、五年制的新型的短期高等教育机构"。

然而，虽说是暂行措施，但是一旦建立起来的短期大学，便开始表现出了与这种讨论无关而独自发展起来。一方面，将升格为大学的短期大学不断地出现，特别是男子短期大学一旦满足升格为四年制大学的条件便升格；另一方面，加入短期大学制度的学校也不断地出现。但是，新加入的几乎全是女子短期大学。

为什么女子短期大学增多了呢？这恐怕与日本二战结束前的女子中等

教育机构，即许多高等女学校之上有专攻科或高等科有关。由于女子高中以其为母体，在此之上成立女子短期大学，因而女子短期大学的数量增加了。1952 年，女子占短期大学在校生的比例开始超过了男子。此后，正如大家所知道的，现已超过 90%，呈现出短期大学女子化的趋势。总之，短期大学从 20 世纪 50 年代初期开始快速地成了以女子为中心的短期高等教育机构。这是短期大学从制度上看的第三个不幸。

二、受时代之风的影响

20 世纪 50 年代，作为教育政策方面的一个大问题就是"专科大学"的构想，即要恢复相当于旧制的专门学校或师范学校的学校的构想，但是却遭到短期大学方面的强烈反对。结果，1961 年建立了有别于短期大学、被称为"高专"的高等专门学校制度。这从当时的政治生态来看也许是理所当然之事。但是，对日本的短期高等教育来说，却是一个非常重要的选择。这是因为进行职业性专业教育的部分已进入短期大学的外围。"高专"直到现在几乎都是与工业有关的学校，这部分进入短期大学制度的外围，具有摘掉日本短期高等教育向多样化发展可能性萌芽的一面，这是不能否定的。

短期大学此后于 1962 年作为永久性制度被确立下来，成为大学的一种类型，即"二分之一大学"。根据当时的《大学设置基准》，规定大学进行基础教育与专业教育，因而短期大学在课程方面也进行基础教育与专业教育。现在想来，源自这种"二分之一大学"的教育课程是不完善的。如果坚持基础或教养教育，便会因为成为"前期大学"暨"大学教育的前期课程"而真正走向短期大学化；如果坚持职业教育，则也许会发展成为接近于现在的"高专"或专修学校。但是，这两者都不是，而是把基础（教养）教育和专业教育各编成一年的课程。

由于短期大学作为永久性的制度被确立下来，而且作为大学的一种类型被制度化，因而被套在（大学）设置基准的框架上，失去了除此之外的发展可能性。尽管如此，短期大学此后在数量上仍得到了快速的发展。这是因为"时代之风"吹向短期大学的缘故。换句话说，对于当时的社会需要，短期大学的教育或者短期大学的存在是极其合适的。所谓的社会需要，就是作为女子高等教育机构的需要。

当时的日本社会，女性地位之低是现在所无法想象的。对女性来说，不需要接受与男性同样高的教育。但是，在升入大学的男子增加的过程中，从平衡上考虑，（女子）还是需要接受比中等教育高的教育，这是当时人们的普遍想法。另外，父母希望自己的女儿在自己的眼皮底下上学，不想让她们一个人在大城市生活；并且，教育成本最好低一些。总之，人们认为，女孩子还是需要适合于作为女性的生活课程的教育。

所谓"适合于女性"是怎么一回事呢？当时人们认为，一般女性应该在23岁或24岁之前结婚。那么就有一个问题，即18岁高中毕业到结婚前的这段时间该如何度过。对于这段时间，人们设定了这样的生活课程，（女性）在短期大学接受教育，毕业后经历几年的社会体验（当时称作BG），过着女办事员（OL）的生活。其实在二战结束前也有同样的情况。可以说，从二战结束前的某个时期开始，高等女学校快速普及，这与社会如何处理女性从寻常小学校或高等小学校毕业后到结婚的这段时间的问题有很深的关系。与此相同的情况也在短期大学发生。话说时代的这种"风气"或社会需要，让想接受高等教育的女性或她的父母"发现"了短期大学。正因为短期大学被这些人"发现"了，于是许多女性便开始进入短期大学学习。

大学与短期大学入学率的变化如果简单地从男女类别来说的话，以1960年18岁人口的入学率看，男子为14.9%，女子为5.5%。进入大学与短期大学的女子的具体情况是，大学占2.5%，短期大学占3.0%。这个数字到1970年则是入学率男子为29.2%，女子为17.7%。女子的具体情况是，大学6.5%，短期大学11.2%。到了1980年，入学率分别为男子41.3%，女子33.3%，女子的具体情况是大学12.3%，短期大学21.0%。1990年的入学率则分别为男子35.2%，女子37.4%，女子的具体情况是大学15.2%，短期大学22.2%。1996年的入学率，男子为44.2%，女子为48.3%，女子的具体情况是，大学为24.6%，短期大学为23.7%。

从这种每隔10年的数字中我们可以看到，1960年女子入学率是男子的1/3水平，而且在大学与短期大学方面基本上是相等的。1970年入学率本身提高了，短期大学绝大多数接收了女子入学者的大部分。1980年为1：2的比例，短期大学女子入学者占多数的状况一直持续着，甚至可以说在某一时期，提高女子入学率是因为有短期大学的存在。重要的是，在这个时代，尽管短期大学已经和大学、各种学校或专修学校形成了相互竞争的态势，但由于适应时代的需要，或者说很好地抓住了时代之风，因而发展起来了。这就是短期大学在女子短期高等教育机构方向上的发展。

这个时期，就短期高等教育机构之间而言，可以说是短期大学接近"一个人胜利"的状况。尽管"高专"以制度形式建立起来了，但由于与工业有关，而且几乎都是国立学校，从建立之初到现在，入学定编的规模在9000人左右，几乎没有变化。也就是说，它是缺乏发展性的短期高等教育机构。专修学校当时还没有以制度形式确立下来，被称为"各种学校"。各种学校与短期大学相比，其社会评价要低得多。被定位为大学的一种类型之女子短期大学，不费力气就能招收到很多学生。这就是20世纪60年代、70年代短期大学的情况。

问题是这种社会需要，或者说"时代之风"逐渐地改变了。社会需要变化，如果巧妙地抓住这一变化的高等教育机构以其他形式出现的话，短期大学就不得不与其竞争。进入20世纪80年代以后，这种变化已经开始发生了。在"时代之风"开始发生变化的时候，为了应对这种变化，就要求要有那么一点需要弹性的应对能力。短期大学是否充分具备这方面能力，有待下一个时期的检验。

三、新状况的出现

从20世纪70年代中期至后期期间，我有几次机会赴美国和欧洲考察，也曾经在美国的大学待过一年左右。当时，美国的高等教育大众化成了一个问题。为了调查高等教育大众化和终身学习的实际状况，我到美国各地调查，并对社区学院表现出强烈的兴趣，于是访问了以加州为主的几所社区学院，从而有机会了解到其实际状况。

根据这一经历，我大概在1978年给日本私立短期大学协会创办的刊物《短期大学教育》写了一篇题为"地方社会与私立短期大学"的文章。其观点简单地说就是，日本短期大学有许多地方应该向美国社区学院学习，大致分为四个方面，即多样性、开放性、多功能性和地方性。

当时，日本的短期大学实际上几乎没有这四种特性。关于地方性，正如大家所知道的，许多短期大学都是建在地方上的，所以未必缺乏地方性。但

第十章　日本短期大学的危机

是，当时的短期大学并不太意识到自己是地方性的高等教育机构，而其他三个方面当时的短期大学几乎没有。事实上，如果不具有这些方面的特性，对今后发展尤为不利。社区学院作为美国的短期高等教育机构，正在发挥着大众化、普及化的排头兵作用。而日本高等教育系统中并没有与此相类似的学校。对此，我在文章中写道，"短期大学必须朝这个方向改变"。

同时，我强烈地感受到，为了具备社区学院所具有的四个特征，日本的短期大学首先必须具有作为组织的独立性。美国的社区学院（大学也如此），都是作为独立的组织各自经营，并且相互竞争，而日本的短期大学在这方面是相当弱的。由于（日本的短期大学）是私立学校，尽管是由学校法人创办的，但是学校法人几乎同时是创办大学的学校法人，或者是创办高中以下学校的学校法人，因而作为学校法人在经营方面只能采取平衡的策略。也就是说，单个短期大学不是独立的经营实体。这种类型的短期大学在日本是大多数（现在或许已经改变了）。日本短期大学的特征就是作为独立的经营组织不够强大，这是与社区学院进行比较时，我们可以看得到的。

在撰写上述文章的时候，短期大学周遭的状况已经开始发生急剧变化。社会需要，或者说时代之风已经开始改变了。

第一个变化是，1976 年建立了专修学校制度。尽管各种学校的一部分被认定为短期高等教育机构，并被定位为高等教育系统的一部分，但是，这种专修学校很快就在职业教育方面成为短期大学强有力的竞争对手。前者由于成了专修学校，社会评价比以前更高了。但是，更为重要的原因是，在日本的社会结构或职业结构急剧变化的过程中，专修学校比短期大学更具适应性，即为了应对变化而改变了教育的内涵。由于专修学校没有像大学（短期大学）设置基准这样严格的标准，因而根据时代的变化能够容易且以较低的条件不断地创办学校，而且还能够改变。也就是说，比起短期大学，专修学校拥有更多的多样性、开放性、多功能性等社区学院所具有的特征。看美国的社区学院，令人强烈感受到的一点是，与日本的短期大学不同，它更多地具有专修学校式的部分。事实上，日本的短期大学把这种职能的绝大部分都让给了专修学校。

第二个变化是，文部省从 1975 年开始实施高等教育计划。当时，升学需求日益高涨，长久以私学为主接收超定编的学生，即所谓的"超额入学"仍在持续，高等教育的质量水平下降已成为社会问题。计划启动的原因是，"超额入学率"上升一度接近 1.8 倍，必须刹住数量规模的扩张，谋求质量的提升。与此同时，以与该计划配套的形式，也开始实施对私立大学和短期大学的国库资助。

这项高等教育计划的核心是，在抑制高等教育机会扩大的同时，谋求高等教育地方化。不允许在大城市新办四年制大学，尤其是私立大学。但是，为了解决高等教育机会的区域不平衡问题，允许地方根据需要设置大学。也就是说，由于这项规定，四年制大学这一短期大学的新的竞争者，开始在地方不断地创办起来。

第三个变化是，从进入 20 世纪 70 年代开始，围绕女性的价值观也发生了很大的变化。随着女性学在日本兴起，男女平权主义时代也接踵而至。男女平等化的趋势在职业界日益增强，同时女性的结婚年龄开始不断上升，甚至不结婚的趋势也更加显著。最近的统计数据显示，在大城市，接近 30 岁未结婚的女性急速增加，现在这种趋势还在增强，同时女性的就业意向也不断增强了。

如果再加一个变化的话，那就是伴随着少子化的推进，父母承担教育费用的能力也提高了。新生代的父母与二战结束前受过教育的一代不同，有更自由的想法，想让女孩子接受与男孩子同样的教育的想法越来越强烈。

四、已经吹起的逆风

在这种一连串的变化中，从 20 世纪 80 年代开始出现"远离短期大学"现象。从前面列举的数字我们可以看到，女子的升学者，四年制大学与短期大学在 1970 年之前是 1∶2，1980 年分别是 12.3%和 21.0%，即四年制大学与短期大学也基本上是 1∶2，但从那时起，短期大学升学率完全停滞不前，而仅有四年制大学升学率呈现出单方面提升的变化。这象征着女性选择四年制大学多于短期大学，即所谓的"远离短期大学"。值得关注的一个事实是，从现在起，女子高等教育升学率也比男子上升得快，而且（女子升学率）提升的主要是在四年制大学方面。

但是，短期大学相关人员并没有太意识到这种变化。他们满足于入学学生的实际数的增加，而没有注意到升学率的变化，即四年制大学升学率已经开始提高了。

第十章　日本短期大学的危机

刚才已经提到了 1975 年开始实施的高等教育计划，这个高等教育计划也与这个动向有很大的关系。究竟是什么关系呢？如前所述，这个计划的目的在于，在谋求控制大城市大学数量、推进高等教育地方化的同时，加强对高等教育总规模的控制。尽管规定要将大学与短期大学升学率控制在36%～37%这条线上，但是我记得有过"这不是在高压锅上加盖吗"这样的议论。想升入大学的学生数量和比例，尤其在大城市年年增长。因为想控制大城市大学接收能力的增加，所以那么说也是理所当然的。其结果是，考试竞争在全国，尤其是大城市变得越来越激烈。

请大家再次回忆一下前面提到的数字，1980 年升至41.3%的男子升学率，在 1990 年时却下降至 35.2%，特别是一度达到近六成的东京都的升学率下降至 40%左右，由此可以明显看到"高压锅现象"。数据显示，在这个过程中，女子报考四年制大学的趋势越来越显著，优秀女子接二连三地升入大学，而男子却产生了相反的结果。另外，很少有女性由于非上四年制大学不可，甚至不惜复读，因而四年制大学和短期大学同时报考，如果四年制大学上不了，就去短期大学。考试竞争的激化以如此的形式对短期大学来说是幸运的，可以不用太辛苦就把学生招来了。这种情形使得短期大学推迟了应对高等教育世界正在发生结构性变化的努力，反过来可以说，短期大学直到 20 世纪 80 年代为止一直处于黄金时代。

这种状况发生大的变化，是从 1992 年 18 岁人口达到最高峰，此后明显地长期处于减少的节点开始的。在 1992 年以后的这种"时代之风"发生大变化的过程中，短期大学自建立以来一直不为社会重视的作为高等教育机构性质的模糊性重新被追问的情形，已明显地表露出来。也就是说，在 18 岁人口减少的过程中，具体显露出来的不是升学者的数量减少的问题，而是涉及短期大学这种高等教育机构的基本性质的问题。

1992 年达到峰值的 18 岁人口减少的影响，在高等教育机构中首当其冲的是短期大学问题的表面化。1993 年是短期大学入学者的峰值年，入学者有25.5 万人。但是，1997 年为 20.8 万人，约 4 万入学者的减少是在这四五年间发生的。四年制大学没有经历那么大的入学人数的减少，反而有些许增加。另外，专修学校招生超乎预想，并没有出现那么大幅度的减少。现实情况是仅有短期大学受到 18 岁人口变动的正面冲击。有各种各样的说法，尽管不清楚准确的数据，但是有一种说法是入学者低于入学定编的短期大学有三成或四成，也有人认为报考者人数已经低于整个短期大学的入学定编数。毋庸置疑，短期大学不得不面临如何生存的问题。

五、危机中的探索

如此说来，或许有人认为仅有短期大学，或者仅有日本正在处于如此严峻的状况中。但是，严峻性既不是短期大学才有的问题，也不是日本才有的问题。现在，高等教育在全球范围内正在遭受很大的结构性变动。正确的看法是全球高等教育处于整体性的危机状况中。

美国大学人的总代表、加州大学前总校长克拉克·科尔在其20世纪90年代初撰写的论文中，从多个视角提出了全球范围内正在发生高等教育危机的问题。他说："对高等教育机构来说，生存已经不是理所当然的前提，不仅要关注将来的繁荣，也要关注生存。"[1]即高等教育机构不得不关注生存，这是世界性的发展趋势。确切地说，从进入20世纪90年代起，高等教育在全球范围内正在迎来"大冰河时代"。

日本高等教育的问题不仅是国内问题，也是国际问题的一部分。这是因为，日本高等教育也开始被纳入国际性生存竞争之中。经济界正在发生围绕全球标准的激烈竞争，但也必须看到同样的事情正在高等教育世界中发生。在经济与教育的世界中，放宽规制在这个意义上绝不是没有关系，而必须看作是两者在深层次上相互关联在一起。

这种国际性竞争的问题暂且不说，即使单从日本国内来看，高等教育机构的相互竞争也越来越激烈。对于1998年大学审议会发表的《关于21世纪大学的应有形态》咨询报告，某报纸报道概括称"总之，大学要自己思考今后在日趋激烈的竞争中如何生存的问题"。但是，正如"在竞争环境中发挥个性的大学"这个咨询报告的副标题那样，今后大学之间、高等教育机构之间必将产生激烈的竞争。各大学和短期大学要考虑如何在竞争中生存下来，这可以看作是该咨询报告想要传达的最重要的信息。

所谓放宽规制，就是竞争的自由化。私立高校相关人士对日本高等教育行政十分不满，国立大学的相关人士也持批评态度。尽管政府通过"设置基

---

[1] クラーク·カー.アメリカ高等教育 試練の時代 1990－2010 年[M].喜多村和之監訳.東京：玉川大学出版部，1998（原書1992）.

准"严格统一管理大学，但是，这种统一管理反过来说也是庇护，具有保护大学的一面。自20世纪70年代后半期起，旨在总量控制、地方化的高等教育计划也限制了参与竞争的大学数，也就是说，具有保护既有大学和短期大学的一面。而且，不论大学还是短期大学，只要满足一定的条件，就能够平等地得到资金配置。"规制与庇护"、"统一管理与保护"可以说具有表里的关系。但是，我们应该领会到咨询报告所说的"今后这种关系已不可能维持"的意味。不仅大学之间、短期大学之间，就连大学与短期大学之间、短期大学与专修学校之间今后也将展开激烈的竞争。为了从这种竞争中胜出，大学和短期大学只能自觉认识到各自所具有的特质、特性和个性，并以此为武器进行竞争。

为此，各高等教育机构必须具有作为经营体的自立性。克拉克·科尔在前面所提到的论文中说道，"大学周遭的世界正在快速变化，为了应对这种变化，大学越来越强化校长作为企业家那样的企业体的素质"。在美国的研究者中，有人认为美国的大学正在走向"服务大学化"的方向。也就是说，大学为应对社会的各种各样的需要，正在变成提供服务的机构。当然，大学是教学科研机构，不是企业。但是，各大学和短期大学作为教学科研机构，正处在为实现生存和发展的战略而努力经营的时代。这是在世界范围内正在发生的高等教育变化的过程中，大学与短期大学的有关人士以及高等教育相关者不得不被迫应对的课题。

在这种状况中，作为高等教育机构的短期大学的特征是什么？这个问题必须重新回过头来看。短期大学首先是短期的、两年制的高等教育机构。以前是"二分之一"的大学。不仅如此，短期大学中很多是规模小的学校，单科性的短期大学也很多。很多情况下是在同一学校法人下与其他学校同时设置，且以女性为主。另外，就办学地点而言，可以说地方性很强。

"短期"大学、"二分之一"大学是以前短期大学所具有的制度和组织方面的特征。众所周知，现在已经出现了想要改变它的动向。短期大学虽然是两年制的短期高等教育机构，但却在其上设置专攻科，实施三年的教育。而且还出现了从短期大学向四年制大学的组织变更的情况。实际上，向四年制大学过渡的短期大学从这几年来看，已经达到了不少的数量。不过，从调查结果来看，并非所有的短期大学都想要升格为四年制大学。尽管有证据表明，作为一种选项，有短期大学通过设置专攻科来延长修业年限，进而升格为四年制大学，但是，并不是所有的短期大学都想这么做。

关于"二分之一"大学,由于"设置基准"的大幅度修订,使短期大学在课程设置方面有了相当大的自主权。有了自主权后往什么方向走,这个问题前面也已经提到过,我认为一个方向是充实专业教育,或者是职业教育,即与所谓的专修学校的性质相近。另一个方向是,重视教养教育或基础教育,使其朝"前期大学"方向发展。这是扩大学生转入四年制大学的方向。最新数据显示,尽管有1.5万名左右的学生转入四年制大学,但是进一步扩大规模的趋势却越发强劲,因此向前期大学发展的趋势必将进一步推进。

朝这个方向的变化对短期大学来说,并非不是最理想的。美国的社区学院也正在发挥这样的作用。但是,如果完全朝前期大学方向发展,就不是短期大学;如果偏向职业教育,就与专修学校没有差别。而且,由于受到"设置基准"的束缚,在课程设置和教学方面还不如专修学校那样有自主权。由于制约依然存在,因此在这两个方向上应该有某些局限性。

正在朝着这两个方向发展的短期大学已经出现,今后也还会增加。但是,对大多数短期大学来说,如何发挥短期大学所具有的个性,使其作为完结性的教育机构生存发展下来,依然是一个重要的课题。以这种独立性为指向的短期大学,从问卷调查结果来看,依然超过半数。对这种短期大学来说,如何捕捉前面提到的"时代之风"或社会需要,是比以往任何时候都更为重要的课题。

六、新时代之风

那么,新的"时代之风"究竟是什么?尽管专修学校化和前期大学化肯定是"时代之风",但是,除此以外,我还想列举以下三项。

一是终身学习化。这是以前短期大学发展的一个方向,在大学审议会的咨询报告中也被提及。当时的着眼点在于短期大学的地方性很强。在这一点上,与美国的社区学院接近。可以说,日本的私立短期大学是比较接近美国社区学院的。

但是,私立短期大学要成为与社区学院同样的教育机构,是极其困难的。社区学院正如其名称所告诉我们的那样,是公立的学院。它原本就是贴近地方、用地方居民的税收创办的短期高等教育机构。在具有"二分之一"大学

第十章 日本短期大学的危机

的悠久传统、私立占多数、全日制就读的女生占大多数、规模小和单科性的短期大学里，要具有美国社区学院那样的性质，是不可能的。

的确，由于地方性强，大部分入学者都来自该地域。但是，它既不能像社区学院那样满足地方居民的多样且实用的学习要求，也存在成本分担的问题。如果把终身学习作为经营的一根支柱，那么理所当然必须得到相应的收入。如果由受教育者负担营运所必需的成本，那么就必须征收相当数额的听课费。美国社区学院之所以能够成为为居民服务的地方性强的教育机构，是因为公立且学费便宜，而日本的短期大学无法满足这种条件。

日本的终身学习，特别是现在正在进行的，例如像公开讲座这种形式的终身学习，其成本效能是非常糟糕的。现在的终身学习尽管写着"服务和牺牲"，尽管把大学或短期大学要向居民开放、适应终身学习的需要作为理念是好事，但是现实情况是，即使提供了服务，也无法得到与其相当的收入。甚至几乎是大学或短期大学单方面的牺牲。因为在绝大多数情况下，仅靠收取听课费是无法做到收支相抵的，因而把现在这种类型的终身学习作为私立短期大学的经营支柱是非常困难的。尽管文部省若干年前就倡导短期大学的终身教育机构化，但是很难在这个方向上有行动。

现在正在吹的第二股风是"普及化"，与终身学习化也并非没有关系。普及化这个词使用之初，是指高等教育入学者占适龄人口的比例超过50%的状态。后来则指不是所有人都入学，而是只要有需要谁都可以获得高等教育机会的状况。在日本，也有预测认为到2010年将会出现报考人数低于入学定编人数的现象，即人们所说的全入时代或普及化时代。但是，普及化的本意与此不同。

所谓普及化不是说毛入学率超过50%，而是指能够保障任何人都可以获得高等教育机会。日本的确也在朝这个方向行动，因而在这个意义上说，与终身学习化接近。但是若说到普及化之风对大学或短期大学提出何种要求，那就是开放性，即向更开放的系统或组织过渡。这种情况下的"开放"不仅仅是提供终身学习的机会，而且意味着大学或短期大学这个组织本身要变得有弹性和开放。

就现在进行的事项而言，便是对毕业于其他高等教育机构的人大幅度开放转入学的机会。还有通过学分互换的形式推进学生在大学之间或短期大学之间的流动。或者说是对接受全日制教育有困难的人，给以科目选修等的形式扩大学习机会，即考虑通过学分累计制度使学分获得更加弹性化。此外，创办白天晚上开课型的大学院,或更进一步创办周六周日也开课的新型大学院,旨在使社会人士能够自由学习。

这些都是在对成人学习者开放正规教育机会上的努力,也是消除大学与短期大学之间、短期大学与短期大学之间、大学与大学之间的开放流动障碍的努力。这股普及化之风已经强劲地吹进大学,许多大学特别是私立大学正在开放化的方向上进行各种各样的实验。例如在京都,以学分互换为主的大学之间的联盟从几年前就开始形成了。其进一步的发展方向是,拥有独立的建筑物、自筹经费组织教育计划和联盟。我认为,这是大学开放化的标志,而且在呈进一步深化的趋势。

如果置身于这种潮流来看,则短期大学落后于这种潮流。它依然没有改变接收全日制应届高中毕业生、以女性为主的教育体制。普及化的深入即意味着多种类型学习者的入学。为了应对这种趋势,组织层面和教育层面都必须要有弹性。但短期大学依然持续着以女性、全日制、应届高中毕业生为主的教育体制。一方面,大学正在考虑进一步扩大转入学的规模;另一方面,文部省也在考虑为专修学校的毕业生打开转入大学的渠道。在这种动向中,仅有短期大学被纳入四年制大学的框架中就行了吗?为了使短期大学变得更加开放,必须认真研究需要什么样的努力。不言而喻,短期大学伙伴之间也需要相互开放,但是,不可否认当下迫切需要研究的是在四年制大学本身发生变化的过程中,短期大学如何处理与四年制大学或专修学校的关系。这正是第二股"时代之风"。

第三股"时代之风",我认为是"教育革命"。高等教育普及化意味着对高等教育机构所具有的教学职能的期待,或者说教学职能的重要性日益提高。高等教育机构被认为具有四项基本职能:第一项是研究职能,第二项是专业教育或职业教育,第三项是公民教育或教养教育,第四项是社会服务职能。显然,大学是被期待具有这四项职能的,被定位为"二分之一大学"的短期大学也同样被期待具有这四项职能。但是,大学和短期大学在这四项职能中承担什么样的比重,现在正在发生很大的变化。

例如,在研究方面,建设研究职能强的大学的动向快速深化。现在,全国有 99 所国立大学,以前都是平等对待国立大学的,在制度上所有的大学都是平等的,认为区别对待大学将助长等级化、产生不平等的观点占据主流。但是,最近这种单纯的讨论却隐藏起来了。被卷入国际激烈竞争中的日本,必须积极培育研究职能强的大学(研究职能强的大学被称为"研究型大学"),

即必须培育研究型大学。实际上，文部省对高等教育的投资逐渐重点转向包括私立大学在内的、特定的研究职能强的大学上。所谓大学院重点化，就是创办以大学院为主运营的大学，并期待其有更强的研究职能，这种形式的变化也正在出现。

与此同时，自"设置基准"修订以来，在大学中，一方面，出现了向专业教育或职业教育倾斜的大学，即压缩相当于以前的基础教育和教养教育的部分，重视专业教育和职业教育的大学；另一方面，也出现了新类型的大学，这种新型大学虽说是进行专业教育，但是在人文社会科学类的大学和学部中却首次打出"实施高水平的公民教育或教养教育，实施作为教养教育的经济学教育和文学教育"这样的招牌。从最近剧增的各种各样的新名称的学部本身、非传统的学术中心、范围广泛等的意义上说，可以看作是以实施某种教养教育为指向的。在四年制大学之间，这种分化也逐渐出现了。

不言而喻，也出现了致力于社会服务的大学，如创办大量接收社会人员的新型大学院的大学，或整合公开讲座，在大学旁边创办公开学院和终身学习中心，或像美国大学那样设置大学开放部。专修学校则将发展方向重点放在专门职业教育，尤其是高水平的专门化的职业教育上。

七、短期大学的新使命

在这种变化中，短期大学究竟要做什么，能做什么？

短期大学不可能具有很强的研究职能。那么，社会服务的职能如何？规模小、单科性的私立短期大学不可能发挥很广泛的社会服务职能。美国社区学院的社会职能之所以很强，是因为它是具有多样性的复合型的教育机构。尽管不同的地域有所不同，但是在大城市的大部分都是那种复合型的、规模大的学院，日本的私立短期大学不可能与其相同。若如此，私立短期大学能够发挥的作用，或许最重要的是公民的教养教育和职业教育，以及专业教育。其中，公民的教养教育或许是今后短期大学最能发挥个性的作用所在。

美国前总统克林顿在1997年的年初咨文演说中，提出要把保障所有18岁的年轻人接受两年的高等教育作为一项政策。也就是说，所有年轻人只要自己认为必要，高中毕业后再接受两年的教育，政府将予以保障机会。它的确是高等教育普及化理念的宣言。可以说，日本的普及化是在没有这种理念宣言之下，一步一步向前推进的，但是，今后日本社会需要的是 20 岁之前作为公民教养的高等教育。所谓公民教养，不是仅限于基础教育。短期大学应当成为实施广泛意义上（包括作为职业人在社会中生活所需要的基本知识和技术）的教养教育的机构。

我们社会的现行教育正处在学校教育饱和即所谓"过度教育"的状态。过去到幼儿园去的小孩很少，而现在绝大多数从 3 岁或 4 岁开始就进入幼儿园。此后到 20 多岁之前一直在学校接受教育，即要在学校度过很长时间。这也是我们社会的理想。尽可能给予孩子们更长时间的教育，尽可能保障更广泛的人们接受教育的机会，义务教育的这种想法就是从这些做法中提炼出来的。于是，在这个理想基本达成的时候，社会被置于反面的状况，即开始面临严峻的教育问题。关于这个问题，可能有各种各样的看法，但最为重要的是，它意味着教育本身不仅仅是数量的问题，即给多少人实施多少年的教育的问题，而是与"人的素质"有关的问题。

虽然大学审议会的《关于 21 世纪大学的应有形态》咨询报告也注意到这个问题，但是，偏向"人才培养"的表达方式引人注目。被追问的不是"人才"的质量，而是"人品"的质量，这个问题只要看看现在正在发生的各种各样的社会问题就可以明白，但是大学审议会咨询报告不怎么提到这个问题。总之，比以往更清楚的是，学校不是仅仅传播知识的场所，而是陶冶人格的地方，这方面更为重要。

伴随着信息化的推进，若仅仅为了知识，即使不去学校，无论如何也能够获得。在多用途媒体的信奉者中，有人认为，不要学校，不必每天乘电车去大学，在自己的家或办公室就可以借助电视机或电脑等的画面很容易地获得知识和信息，这样的时代已经到来了；也有人认为，今后大学不需要有校园和大楼，"虚拟大学"今后将成为主流。如果仅是指传播或获取知识的作用，那么的确不需要学校或大学。但是，大家不要忘记学校或大学具有不可颠覆的另外一面，即使就知识传播而言，也具有以此为媒介陶冶人格的职能。没有或者轻视这种意义上的教育，正是日本的现状。为了改变这种现状，需要对教育进行革命性的变革。

在这种状况下，短期大学被期待发挥作用的，首先是上述狭义上的教育，或者陶冶人格意义上的公民教养教育。陶冶人格的基础最为重要的是人与人之间的关系，或许可以说是人与人之间的交流关系。在这个意义上说，短期大学在提供陶冶人格的场所方面，比其他高等教育机构具有更大的可能性。

短期大学具有规模小、单科性和地方性强的特征。而且，不少短期大学采取与初中、高中或大学一同设置的形式。这些特征无论在哪个方面，在提供丰富的人格养成的场所上都是正能量。短期大学的教育目的，从这种视角看有必要重新研究。这虽是以前就提出过的，但必须转变"二分之一大学"的意识。我认为，有必要重新思考短期大学所应发挥的重要作用和使命是什么这个问题。

八、普及化过程中

最近读过的《短大第一阶段论》①是一本很有启发价值的书。书中写道，短期大学的教育是关系到一生的高等教育的"第一阶段"。我认为的确如此。高等教育的世界今后将快速走向普及化。普及化概念的提出者、加州大学的马丁·特罗教授前几天来日本，并在日本高等教育学会的研讨会上发表了演讲。他在演讲中强调，自己所说的普及化并不是意味着"普遍参与"，即不是全体人员都就学，而是意味着"普遍机会"。也就是说，表现为参与的普及化，即以一些什么形式使所有的人都能够获得高等教育机会的状态。在这个意义上，短期大学的教育既然是第一阶段，那么就应该将其定位为关系到一生的生活与学习的基础的乃至基本的阶段。不是高等教育的第一阶段，而是应该定位在为生活与学习的第一阶段。美国前总统克林顿阐述的保障18岁的孩子再接受两年的高等教育，我认为恐怕也是基于这个意义而提出的。

普及化的时代是高等教育多样化与竞争的时代。它同时也是功能分化与个性化的时代，各个高等教育机构的教育理念和目的以及个性被追问的时代。就国立大学而言，现在就是所谓的特别行政法人化或民营化。也有人提议，设立为实施外部评价的第三者机构，在评价结果不能满足一定水准的情况下，可以进行重组合并。由此，被称为由"政府保驾护航"的国立大学也开始被吹进严酷的时代之风。当然，并非只要乘上时代之风就好。但是，我认为，今后的大学或短期大学必须要有捕捉这种时代之风的天线。

日本现有私立短期大学500所，私立大学450多所。尽管大学和短期大

---

① 高鳥正夫、館昭編.短大ファーストステージ論[M].東京:東信堂,1998.

学是不同的高等教育机构,但是占近三成的私立大学事实上仅是一个学部或两个学部的规模小、单科性的大学。在这种单科性大学中,当然有医科大学或工业大学,但大部分是人文社会科学类的大学。这种大学虽然正在实施人文科学或社会科学的专业教育,但是其实质不是专业教育,或许是教养教育,是一种博雅学院。

据说在日本没有博雅学院,的确,除了像国际基督教大学这样的大学之外,没有明确标榜有博雅学院的大学。但是,像许多人文类的女子大学这样明确实施具有很强博雅性质的本科教育的大学绝不少见。那里是以人际关系为基础建立的教育场所,那里的教育并非为了学术。现在在这些规模小的私立大学、四年制大学里,正在开始进行各种各样的实验。许多新建的四年制大学也在进行某种形式的实验。这种规模小的四年制大学所存在的问题,实际上与短期大学所存在的问题几乎是相同的。

各种各样的尝试在短期大学之间已经进行了,但是,有必要更积极地将四年制大学正在推进的以教学为中心的变革之努力作为一种参考,开辟短期大学的新时代。

(原载于《大学教育科学》2013年第6期,陈武元译)

第十一章 日本国立大学的财政制度：历史性展望

随着国立大学的法人化，国立大学的财政财务的应有形态正在发生很大变化。但是，与法人化问题一样，财政财务的问题并非最近才突然浮出水面。它具有明治以来，即日本近代大学成立以来的悠久历史。因此，现代改革的各种问题，与这种悠久的历史就不无关系。但是，在这段历史中，包含着区分改革成败的许多教训。以下，从现代改革的视角，尝试追溯围绕国立大学财政财务的应有形态而展开的、历史性探索的过程。

这个过程的核心是财政方面的自立与自律的问题。"基金制"、特别会计制、讲座制、估算校费制等，均是作为确立财政制度的策略而引入的，而且与法人化问题也有很深的关系。倡导财政自立的国立大学法人的建立，究竟能够在何种程度上有助于解决明治以来的这个问题？探讨这个问题的各种各样的线索，便隐藏在这种探索的历史过程中。

一、帝国大学的成立与财政制度

由于明治十九年（1886 年）《帝国大学令》和诸学校令的颁布，从近代高等教育的制度基础确立后至二战结束（1945 年）期间，国立学校的财政制度基本上是以把帝国大学和其他国立学校分开，并给予帝国大学特别地位的形式展开的。这是因为，帝国大学不仅具有与其他国立学校不能相比的预算规模，而且事实上长期作为唯一的大学，在整个高等教育制度中占据着特别地位。在制度建立之初，人们并没有充分意识到大学自治和学术自由相结合的帝国大学的特殊性或特权性与财政财务的关系，大学有关人士对作为"学术中心"的大学自治问题也认识得不够深刻，但是，带有此后大学财政特征的若干基本思考已经开始显现。

（一）基金或资金制的构想

对二战结束前的大学财政最具特征的思考之一，就是重视自己创收收入，以及构想以此建立"基金"乃至"资金"制。

明治二十一年（1888年），政府颁布的《文部省直属学校收入金规则》规定，"文部省直属学校可以将征收的学费、考试费、证明费等其他收入积累起来建立基金"。当初，国立学校中尽管有实施官费生制度的学校，但是不久征收学费已形成常态化，特别是明治十八年（1885年）就任文部大臣的森有礼采取了大幅度提高学费，并将其作为大学和学校自己创收收入支柱的政策。其构想是，不是把以学费为主的自己创收收入列入一般会计把它用完，而是另项累积起来，谋求建立能使大学将来具有财政自立的"基金"。这可能是向欧美的大学或学校学习借鉴来的经验。这种"基金"的构想早在明治十二年（1879年）就已经有了，但直到明治二十一年（1888年）才被明文化。

当然，从（国立学校）整体所需要的经费来看，学费等收入本身是很少的，从累积起来的"资金"中获得的收益还不足以成为重要的财源。比如，明治二十三年（1890年）年末，帝国大学的基金额为5.6万日元，由此得到的利息收入为2800日元，与政府支出金额44.6万日元相比，是微不足道的。但是，值得注意的是，在近代学校制度建立初期，在政府内部就有这种财政自立化的构想，而且为此积累资金的工作到二战结束前一直被持续着。据说，至1945年日本战败时，国立学校积累的基金总额为5630万日元，相当于昭和二十二年（1947年）当时国立学校年预算总经费的6%。

（二）特别会计制度的建立

与大学财政有关的另一个重要制度是"特别会计制度"，它与基金制同时在二战结束以前一直在起作用。明治二十三年（1890年）施行的《官立学校及图书馆会计法》是其最早的制度形式。它是伴随着帝国议会的建立，从建立与官立学校相关的财政制度的需要出发而引入的。就帝国大学而言，它与下面将要谈到的"帝国大学独立论"有很深的关系。甚至可以说，整个二战期间一直维持的"特别会计制度"的终极目的在于实现包括大学在内的整个国立高等教育机构的财政自立。

第十一章　日本国立大学的财政制度：历史性展望

根据这个制度，为了使文部省直属学校"拥有资金，允许将政府支出金产生的收入、学费、社会捐赠以及其他收入充作其岁出而设立特别会计制度"。这里所说的学校拥有的"资金"相当于以前的"基金"，"以往拥有的积累资金是由政府拨款，或其他捐赠的动产、不动产以及岁入余款构成的"。就国立学校的预算而言，这个在整个二战期间一直使用的、设计与一般会计不同的特别会计制度的最初形态，正是在这个时期制定的。根据这个会计法，预算是按每个学校编制的，后提交帝国议会批准实施。

明治二十三年（1890年），根据上述会计法制定并颁布的《官立学校及图书馆会计规则》规定，官立学校应把政府支出金、学费及考试费、社会捐赠、利息或股票分红、土地和房产的租金、供实验用的生产用品的出售收入、杂收入等项目作为"经常性的财政收入"。其中，规定构成利息或股票分红的母本之"资金"分为维持资金和特别资金，"由维持资金产生的利息及其他收入充作学校的一般经费"，"由特别资金产生的利息及其他收入充作特定的用途，若有剩余，则充作该资金的增殖"。同时还规定"经常性的财政收入"专门用于"经常性的支出"，临时支出的财源另行规定。从这个意义上说，帝国议会的建立成为建立官立学校会计制度的动因。

但是，必须指出的是，这个特别会计制度在其预算的决定或执行上，即使最有特权的帝国大学也不能保证其自主性。另外，建筑物等设施经费作为临时性经费，被置于特别会计的框架之外。从这个意义上说，这个特别会计制度还是不完整的制度。

（三）大学独立与法人化议论

在官立学校中，被明确规定为"以适应国家需要，教授学术技艺及探究其奥蕴为目的"（《帝国大学令》第1条）的帝国大学，在明治二十二年（1889年），政府和帝国大学内部已经有包含财政在内的各种各样的独立议论，乃至法人化构想。也就是说，当时政府内部有把帝国大学作为"法律上享有权利并承担义务"的独立法人，而作为法人的帝国大学"隶属皇室，由文部大臣监督，并以皇室御赐的保护金及学生缴纳学费等帝国大学的收入维持之"的构想（《帝国大学令》修正案）；而帝国大学内部则有与这个构想相似的"帝国大学独立之我见"和"帝国大学组织之我见"等方案。各新闻媒体也对这个问题表现出极大关注，并展开了以"谋求大学经费的稳定就是谋求大学独立的捷径"为主题的"大学自治"的讨论。

　　从新闻媒体报道中可以归纳出以下三种方案：第一种方案是基本财产方案，即从国库一次性给予大学数百万日元作为基本财产，用其利息收入维持大学运作；第二种方案是法人方案，即在议会的预算审议权的框架外，每年给大学一定数额的经常性经费；第三种方案是皇室费方案，即从天皇皇室经费中支付大学预算。这些方案都是以摆脱议会、谋求大学财政自立为目的，但是，其结果并未实现，而只有如上所述的依据《会计法》的拨款。

　　附带说一下，1893年修订的《帝国大学令》决定设置作为大学自治根基的"评议会"并引入"讲座制"。与此同时还制定了《帝国大学官制》，明示教职员不同职级的编制，以及教员的薪酬表，除基本工资外，还采用了与担当讲座配套的"职务工资"的制度。这些条文的修订，使帝国大学与其他国立学校在制度上的差异更加明显，也意味着预算开始具有一定的加权作用。但是，这个时期的讲座制还没有达到将教师定编与预算直接挂钩的程度。

二、《特别会计法》的建立

　　尽管颁布了官立学校会计法，但是，由于官立学校特别是帝国大学的预算必须接受议会的严格核定，帝国大学的财政还是明显缺乏稳定性。据《东京大学百年史》记载，预算每年被削减，政府和帝国大学为了谋求大学财政的稳定，要求数百万日元规模的基本财产拨款，但这个要求并未实现。而且，随着京都帝国大学的新办以及东京帝国大学规模的扩张等，官立学校预算规模还将年年扩大，特别是日俄战争后，由于议会要求严格的财政紧缩，帝国大学的财政问题更加严重。下面将要论述的"定额支出金制"正是为解决这个矛盾而采取的策略。

（一）帝国大学特别会计法的制定

　　明治四十年（1907年），政府废除以前的《官立学校及图书馆会计法》，重新制定并颁布《帝国大学特别会计法》和《学校及图书馆特别会计法》这两个特别会计法。作出这种财政制度的改变，其主要理由是，随着直属学校数量的不断增加，为每个学校设置特别会计变得十分繁杂，政府意识到有必

第十一章 日本国立大学的财政制度：历史性展望

要把预算规模大而且地位特殊的帝国大学从一般的国立学校中分离出来处理。

由于这个时期设置的帝国大学仅有东京、京都两校。《帝国大学特别会计法》对两校作出以下三条规定：第 1 条，允许东京帝国大学及京都帝国大学拥有资金，以政府的支出金、资金产生的收入、学费、社会捐赠等其他收入充作其一切的经常性支出，特设立特别会计；第 2 条，上一条之政府支出金，东京帝国大学每年度 130 万日元，京都帝国大学每年度 100 万日元，由一般会计转入（即所谓的定额支出金制）；第 3 条，各帝国大学的资金由政府拨款及其他捐赠的动产、不动产和经常性收入的余额构成。据此，帝国大学在财政上被采取与其他国立学校不同的处理办法，也与议会的审议无关，并被保证有一定数额的预算。

与此同时，这意味着帝国大学在预算执行方面获得了一定的自立性，因为如何分配和支出政府每年拨付的定额预算和自己创收收入，帝国大学有一定的自由。在以前的会计法下，"大学的财政多数情况下受一般会计的预算编制所左右，大学的经济自主性极其小"，与之相比，特别会计法被认为"采取定额政府支出金制度是具有划时代意义的事件"。人们总算认识到在财政方面允许帝国大学的自主性，是与教学科研的发展有关联的。从这个意义上说，建立特别会计法的确是"划时代"的事件。

正如上面所见的那样，定额支出金的额度，东京帝国大学为 130 万日元，京都帝国大学为 100 万日元。以明治四十一年度（1908 年）东京帝国大学的预算为例，岁入总额为 170 万日元，其中政府定额支出金 130 万日元，占 76%；从自己创收收入的主要项目看，"附属医院病人收入"为 15.5 万日元（9%）、学费为 13.8 万日元（8%），由"资金"而获得的收入（利息收入）仅为 1.1 万日元（0.7%）。从这个预算中可以知道，即使《特别会计法》第 1 条把"资金"列为收入的首位，也不能达到在自己创收收入中占大部分的状态。尽管仅有两所拥有特权的帝国大学，但也达不到主要依靠自己创收收入来经营学校的地步。

因此，虽说帝国大学被允许有一定的自立性，但是在预算的编制和执行方面，其自主性并不是很大。明治四十年（1907 年）在颁布特别会计法的同时，还制定了《帝国大学经理委员会规则》，规定委员会由帝国大学分科大学校长及秘书官一人、文部省专门学务局长及办公厅会计处处长、大藏省主管局长及秘书官一人组成。也就是说，帝国大学预算的分配和执行要在文部省和大藏省的监督下进行。尽管"实际上在经理委员会的前面，为了东京帝国大学独自进行决策，设置了有关预算概算决定的校内委员会"，然而（帝国大学）在财政上的自主性实际上并不大。

附带说一下，帝国大学以外的其他官立学校（含图书馆）在《学校及图书馆特别会计法》颁布后，正如规定指出的"通过它制定一个特别会计"那样，从整体上引入统一化的特别会计制度。其理由是，对已经达到 30 多所的每所小规模学校都编制预算，不仅十分繁杂，而且"在不同的年份，在出现（预算）多少有些充裕的学校的情况下……在一方感到不足的情况下可由充裕的一方挪给它用，通过消除不经济而获得学校经营上的便利"。不过，与帝国大学不同，官立学校不采用政府支出金的定额制，也没有设置经理委员会。由此可见，两所帝国大学是如何受到特别地对待的。

（二）围绕定额制度的议论

众所周知，围绕定额制的引入，帝国议会有过激烈的争论。由于包含着与现在的国立大学法人化问题相同的、颇有意思的观点，先简要介绍其概况（原史料为帝国议会议事录）。

提出法案的文部大臣（牧野伸显）做了以下说明：帝国大学自建立以来，在经历近 20 年后总算确立了其基础。今后不是每年在议会讨论预算，而是根据法律保证大学一定额度的预算，做到大学能够自己思考数年后的事业而有计划地使用预算，此正是"大学经营上的方便"。当然，学术年年都在进步，因而便需要新的预算。但是，大学有"学费、医院收入、其他杂收入"。"经营此等，谋求增收计划，还是有很大的余地"。经费的增加可以靠这种财源来供给。此外，一方面，预算项目尽量减少，形成项目之间的"挪用空间"，多少允许经费使用的自由；另一方面，相应地设置"经理委员会"，以便"严格监督"。

花井卓藏议员对此持反对意见。首先，他把矛头指向对帝国大学在会计上的特别对待，并强烈批评说，那种因为授予大学"在财政上的独立职责"，就认为是"学术独立的一个阶段"的想法，只不过是"一个幻想"。其次是根据"帝国大学的分科大学的实际状况"提出了严厉批评——"各分科大学似是群雄割据一般，法科大学城、工科大学城、理科大学城、医科大学城各自构建自己的边界，各自为自己的预算最大化相互展开竞争，实际状况惨不忍睹"，"甚至达到各分科大学的教室互不共用的地步"。在这种状态下，如果保证并允许自由分配定额的预算,那么将会"导致大学无法治理……以致成为各分科大学争吵的媒介"。当前重要的是,必须更加强化对大学的监督。如果颁布特别会计法,"无异于剥夺文部大臣对大学监督的权力,鼓励各分科大学的分割主义,把学术圣地演变成财利争夺的场所"。

尽管有一部分人持这种强硬的反对意见,特别会计法还是按照政府的原有方案获得通过并颁布实施。

(三)定额制度的现实

定额制度的确在大学可以自主地、有计划地编制和分配预算方面有优点。但是,由于大学教学科研活动的扩大以及通货膨胀等原因,难免会遇到不断需要修改其额度这样的困难。在制度建立之初,文部省虽然认为在 10 年左右无须变更定额,但很快就明显地表现出这样的预想太乐观了。

以东京帝国大学为例,自明治四十年(1907 年)制度建立以来,由于明治四十三年(1910 年)"公务员提薪"、明治四十五年(1912 年)"增设商业科"、大正三年(1914 年)"行政改革"、大正五年(1916 年)"接管传染病研究所"、大正七年(1918 年)"物价上涨"、大正八年(1919 年)"增加教师工资和设置教育学科等"、大正九年(1920 年)"物价上涨和增加教师工资"等原因,几乎每年都要增加定额。不仅如此,在定额的政府支出金无法维持的情况下,常常要通过另颁法律,进行"临时政府支出金列支",这样的情况在 1920 年之前已多达 6 次。

而且,特别会计制度也有一个前提,就是用经常性岁入供给具有临时性质的设施设备费支出,有些年份还需要定额以外的政府支出金作为设施的修缮或新建筑物的费用。因此,定额制度事实上已经开始显现出有名无实的征兆。

三、二战结束前的特别会计制度

在两部特别会计法中,《帝国大学特别会计法》于大正十年(1921 年)改为《大学特别会计法》。这是因为 1918 年年末,《大学令》的颁布,允许帝国大学以外的官立大学的设置。虽然修订后的会计法规定,"除了帝国大学以外,其他官立大学设立一个特别会计",但是根据大正十四年(1925 年)

的再次修订，所有的大学都被统一成一个特别会计。

（一）新会计法与定额法

新特别会计法的重要问题在于政府支出金的定额制上，即仅有东京、京都两所帝国大学继续使用这样的定额制度。正如上面所述，由经济发展引发的通货膨胀，以及教育机会的扩大和教学科研活动的增加，使得大学有必要大幅度地扩大规模。这种必要性意味着，日益显示出有名无实化的定额制度，不仅难以保障这两所帝国大学的自立发展，而且作为制约因素已经开始在起作用。

这个问题早在大正九年（1920年）的帝国议会上就已经引起关注，不断有议员提出对定额制度进行重新研究的要求，比如："既然大学方面甚感不便，为什么不废除呢？""学术研究之事没有止境，因此在政府支出金达到稳定不变的时候，不就等于没有目标了吗？"等等。实际上，根据《关于临时政府支出金增支的法律》而转入特别会计的临时支出金，已经达到相当高的额度，如大正十二年（1923年）的东京帝国大学为1314万日元，达到定额支出金2884万日元的近一半。不仅如此，定额支出金的额度本身也赶不上经常性支出的增长，大学的财政压力日益严峻。

帝国大学的经费来源，除定额金以外，还有定额以外的有指定用途的政府支出金（含临时政府支出金）以及自己创收收入。自己创收收入本来应该是与定额金一样属大学可以自由使用的资金，但是，其大部分为医院收入和演习林收入，因而不得不优先分配给创造这些财源的事业。这意味着，即使自己创收收入和指定用途金的额度增加，预算规模变大，只要定额金的增长被抑制，大学财政上的自由不仅不会增大，反而会受到抑制。事实上，从大正十二年（1923年）的政府支出金来看，临时支出金和指定用途的政府支出金，即不能自由使用的政府支出金的总额为2478万日元，基本上达到了与定额支出金相同的金额。

（二）定额制的废止与讲座制

在与讲座制的关系上，定额制的局限性也开始被意识到。也就是说，不采用定额制的其他帝国大学在新设讲座时都能增加人员编制和预算，而采用定额制的这两所帝国大学，其新办事业的预算要求则被限于"重要且需要巨额经费的事业"，对小规模的人员增加或增加讲座的预算只能在其定额金与自己创收收入的范围内解决。文部省认为"每增加一个讲座，就要为其一个一个增加定额，实在是太麻烦了"。

正如前面指出的那样，讲座制被引入帝国大学是明治二十六年（1893年）的事。但是，这个讲座制并没有与人员的配置和预算的分配直接挂钩。不过，为了谋求教学科研的长远发展，把讲座作为预算的加权和人员配置的基础单位的想法在文部省内部并非没有过。大正十年（1921年），就新设讲座采取了以下对策，即将讲座分为实验讲座和非实验讲座，根据不同类别的讲座确定讲座工资标准和校费的额度，并将其作为大学预算的计算标准。比如，大正十二年（1923年），东京帝国大学就是根据以下标准向文部省提出预算要求的，即有实验的学科（医学部、工学部、理学部和农学部），一个讲座设教授1人、副教授1人、助教2人，讲座经费（人头费与物件费的合计）20000日元；而文科（法学部、文学部和经济学部），一个讲座设教授1人、助教1人，讲座经费8000日元。

提出这种估算校费想法的背景是采取定额制的这两所帝国大学在经费方面已经走向贫困化。比如，从大正十三年（1924年）一个讲座的平均经费来看，不采用定额制的北海道帝国大学为14000日元，东北帝国大学为9500日元，而东京帝国大学仅有7800日元。同年（1924年），东京帝国大学在要求增加定额金额度的文件中感慨道，"与东北、九州、北海道等各帝国大学相比，（东京帝国大学）学费和研究费显著寡少。当初鉴于大学的本质，为推进独立研究的发展，在国运兴盛时期创设的定额制度反而给研究带来不便，并招致阻碍大学发展的结果"。

其结果，大正十三年（1924年），这两所帝国大学的定额制被废止，全部帝国大学的预算实行统一标准。与此同时，以讲座为单位的预算计算方式被引入，而且把物件费与人头费的一部分（雇员工资、助理经费）合起来，首次设计出"校费"这个科目。

把讲座与教师定编和预算挂钩，正是为解决上述财政问题而出台的。但是，二战以后在国立大学延续的讲座制的雏形直到1926年才被固化。据此，讲座分为三个种类，各类的教师定编是，非实验讲座为教授1名、副教授1名、助教1名，实验讲座为教授1名、副教授1名、助教2名，临床讲座为教授1名、副教授1名、助教3名。但是，这个标准仅适用于新设的讲座，已设的讲座仍然保留原样，结果产生了不配套讲座的问题。这个问题多数出现在曾采用定额制的东京帝国大学和京都帝国大学。

附带说一下,昭和十九年(1944年),政府颁布《学校特别会计法》,将《大学特别会计法》和《学校及图书馆特别会计法》合二为一,并把图书馆(具体说是帝国图书馆)转为一般会计。在学校特别会计中,既把官立学校区分为帝国大学、官立大学、直属学校,也对帝国大学群按每个大学进行了区分,因而与以前的特别会计制度基本相同。从该会计法的第12条规定,我们可以知道,政府依然提出了(大学)依靠基本财产的积累而谋求财政自立的理想。总之,二战以后的国立学校特别会计制度正是继承了这个时期形成的制度遗产。

四、新制国立大学的财政问题

战败后的昭和二十二年(1947年),《学校特别会计法》被废止,国立大学和学校的预算被作为一般会计的一部分来对待。《东京大学百年史》认为,这是为了财政制度的民主化和合理化而作出的制度安排,而《国立学校特别会计三十年历程》则指出,"为恢复因二战被烧毁大半的国立学校设施,必须尽快获得巨额资金和确保设施,面对这种情况,要在国立学校财政自主独立的体制下解决这个问题是很困难的"。后者的说法尽管重视二战结束前的《学校特别会计法》所倡导的"依靠资金积累,谋求国立大学和学校的财政自立"的目的,但是,正如前面看到的那样,这个目的只不过是个理想。总之,现实的情况是,直到昭和三十九年(1964年)颁布《国立学校特别会计法》为止,国立大学的预算都是在一般会计的框架内处理的。

(一)大学法试行纲要

昭和二十三年(1948年),文部省发布了以新的国立大学制度为前提的《大学法试行纲要》(以下简称"试行纲要")。"试行纲要"是一份指明了计划于昭和二十四年(1949年)开始实施的、新制国立大学管理运行的应有形态的文件,其模式被认为是源自美国的州立大学。"试行纲要"的第1条规定"国立大学所需经费的大部分由国库支付",第11条就大学财政进行了详细的规定。其内容如下:

第十一章 日本国立大学的财政制度：历史性展望

1．学费。文部省根据中央审议会的咨询报告，决定应向学生征收的学费、入学注册费等最高额的标准。最高额因学部（例如，医学部、文理学部）不同而异。

2．来自国库的收入。

各大学从国库接受年度的金额。

（1）主要充作大学总行政费的经费。

（2）对修完上一年度课程的每生（或相当于此的学生）的费用。

（3）对上一年度专职教师的各个教师的经费。

3．生活费调整。（上述的）金额依据每年日本银行零售价格指数进行调整。

4．特别计划及研究资金。大学在基于文部省或其他政府机构等合法审议机构之特别推荐的特别计划及研究事业等方面，全校或一部分可以接受国库的资助。

5．设施改善费。大学根据文部省及中央审议会的特别推荐，在土地、建筑物、设备等设施改善费方面，可以从国库接受更进一步的资助。

6．都道府县税。都道府县议会拥有为经常费、临时费或特别目的而通过都道府县税筹措经费的权限。

7．社会捐赠。各大学的管理委员会拥有为建筑物或研究等特殊目的而从个人或团体接受特别捐赠的权限。

8．为了防止一年的经费过度增加，学生数的增加不得超过上一年该大学及附属分校在册学生总数的10%。

这个"试行纲要"方案引起了大学有关人士的强烈反对，结果未能实施。不过，其显示的关于国立大学财政的基本想法，在不少方面与现在的国立大学法人化的构想有共同之处。例如，学费收入为自己创收收入、以学生数和教师数为基础的估算、研究费与设施设备费另行配置、地方政府负担经费等等就是例证。

附带说一下，众所周知，针对这份"试行纲要"，东京大学新制大学筹备委员会下设的学校财政法特别委员会在昭和二十四年（1949年）年初以此为蓝本，提出了"与二战结束以前一样的由国库全额负担的特别会计制度"的方案。其概要如下：

"国立大学的财政是各大学的特别会计，经费原则上应由国库全额支出，总经费的金额由以下各项决定。"

1. 学费收入

应向学生征收的学费、报考费、入学注册费等由大学提出申请，经国立大学委员会审议决定。

2. 附属医院、演习林、农场、研究所等事业产生的收入

对照该事业费，根据大学提出的申请，经国立大学委员会审议决定。

3. 来自国库的收入

各大学每年度从国库接受以下金额：

（1）教师、行政人员、技术人员的工资；

（2）主要充作大学总行政费的经费；

（3）对修完上一年度课程的每生的费用；

（4）对上一年度现有的讲座的经费；

（5）大学院、研究所、演习林、农场等研究以及实验、实习机构运行所需的经费。

4、5、6项与上述"试行纲要"的4、5、6项基本相同

7. 社会捐赠

各大学拥有为建筑物、设备或研究等特殊目的而从个人或团体接受特别捐赠的权限。都道府县在进行上述捐赠时，可以通过都道府县税来筹措。

这些内容明确地表明了作为旧制帝国大学、长久享有特权地位的东京大学的立场。时任校长的南原繁在大学行政官会议上对这个方案进行说明时强调，"全国的大学的预算如何提供、如何调节是一个颇为重要的问题，为此，要尽量使大学的财政合理化，通过找出某些客观的标准，努力使预算编制更科学"。……他进一步提出以下课题——"不得使各种不同的众多的大学统一化，以致使预算机械地平均化，要考虑各个大学的规模和职能，不能妨碍它们的事业运行。要保障作为研究机构的大学的职能，即对拥有大学院和研究所的大学要保障其经费"。

"虽说是提议设置特别会计，但并不是企图像以前那样通过拥有资金来确保财源，而是将确立新制国立大学的财政之'客观标准'和'科学编制'作为一项课题提出来，在此基础上，探索如何保障拥有研究所和大学院之旧制帝国大学职能的财政形式。"

此后，昭和二十六年（1951年），文部省向国会提交了《国立大学管理法》议案，但没有获得通过。不过，这个管理法议案中没有有关财政的条文。可见，管理运行与财政的问题是分开处理的。

（二）教育刷新审议会的咨询报告

同年（1951年），教育刷新审议会提出了《关于教育财政问题》的咨询报告，要求尽快解决"国立大学财政问题"。该咨询报告在考虑设置特别会计制度等此后国立大学财政的应有形态方面，包含了值得关注的建议。其概要如下：

1. 大学财政的综合计划

国立大学现在已经达到71所，其财政的实际状况颇为贫弱，谋求扩充与均衡是一项紧急要务，为此有必要制订关于大学财政的综合计划。

（1）关于设施的新增改造及复兴，在土地方面要制订一定的年度计划，每所大学或学部要确定轻重缓急顺序，逐步充实完善。同时，对其间新大学的设置要加以控制。

（2）在确立综合计划过程中，要将71所大学中设置大学院（特别是博士课程）的大学与没有设置大学院的大学分开，谋求与之相应的设施的扩充和完善。

2. 国立大学特别会计

为了使国立大学永久地完成其使命，而不受一般的政治、财政变动的影响，必须采取措施充实大学的预算，在设计国立大学特别会计制度，保障政府每年以预算拨付一定的支出金的同时，对能够把事业收入、超收入金额、没有支出的金额、由动产和不动产产生的收入、社会捐赠等作为财源而积累资金的大学，除开辟使之成为可能的渠道外，还应当设计准备金和贷款制度等。这个特别会计的内容如下：

（1）所有国立大学作为一个特别会计，但应对每个大学做区分。

（2）大学的经常性开支，原则上在坚持其财源由政府支出的方针的同时，也应一并考虑由资产产生的收入、学费、社会捐赠等其他收入。

（3）必须设计资金、准备金和贷款等制度。

3. 国立大学预算的估算方法

为了使国立大学的预算合理且公正，应当根据以下方针，设定预算的估算标准。

（1）设施费

①关于建设费，应当根据非实验、实验和临床的类别，按各学部各学科确定每生的单价……根据学部的规模与结构，并依据各个标准单价估算建设费。

②关于设备费，特别是研究设备费，鉴于各学部各学科的特殊性，应当分别设定一定的最低设备标准，并据此估算设备费。

③应当重新设定设施更新费，谋求老旧设施的更新。

（2）经常费

①与学部有关的经常费，应当将其区分为运行经费、学生经费、研究经费及差旅费，再把运行经费细分为行政经费、各项工资和维持费，把学生经费细分为教学经费和生活保健辅导费，并根据各自的经费项目，确定标准教育经费。

②关于行政经费和教学经费，应当根据非实验、实验和临床的类别，确定每生的标准单价；关于生活保健辅导费，对学生不必做区分地确定平均每生的标准单价；关于研究经费，应当区分为非实验、实验和临床三种，按每个讲座或每个教师确定标准单价。

③综合性大学的本部经费不应依赖学部经常费，而应作为独立的经费项目设定，并根据学部结构、本部的规模和学生数等，做适当考虑。

④关于学部经常费，对设置大学院的大学应另项区分并计算在内。

（3）设置大学院的大学

关于设置大学院的大学，鉴于作为培养研究者机构的使命，在避免滥设的同时，需要特别着力予以充实。

①关于设施费，应对照学部设施的状况，建设必要的设施。

②应根据非实验、实验和临床的类别，分别设定最低标准，并确定标准单价。

③关于经常费，在对运行经费和学生经费等确定标准单价的同时，应对研究经费给予特别考虑。

教育刷新审议会的这份咨询报告即使在现在看来，也仍然是一份深思熟虑、内容妥当的报告。可以认为，此后的国立大学的财政政策基本上是根据这份报告的原则展开的。不过，特别会计制度并没有马上实现，而且，关于运行经费、学生经费和研究经费的区分，本部经费与学部经费、学部经费与大学院经费的区分，还是在模糊不清的情况下进行预算分配的。下面我们将会看到，很多问题便是由此产生的。

（三）估算校费制与讲座、学科目

正如咨询报告所显示的"关于标准教育经费和标准单价"的思路那样，

第十一章　日本国立大学的财政制度：历史性展望

向新制大学过渡而一举超过 70 所的国立大学，其财政的最重要课题是，如何"科学"、"客观"地设定预算的编制和分配标准的问题。面对严峻的国家财政状况、旧制度下形成的预算分配标准各异且不甚明确以及刚刚完成重组合并的新制大学与学部，将根据什么样的新标准来分配预算呢？文部省先把客观性和科学性的问题搁置下来，抓住讲座制和学科目制这个教学科研组织的构成形态的差异，采取了所谓"估算校费制"的方略。

除另项预算的作为国家公务员的教职员的人头费以外，国立大学的经费总称为物件费，由一般管理费、教师研究费和学生经费三部分构成。这三者最初是被明确区分的，但是由于一般管理费的增长受到抑制，其不足部分由其他两部分补充，因此，教师研究费和学生经费并不是如文字表述那样仅仅用于教师和学生的经费，而只不过是预算分配时的标准或单位，后来用"估算校费"或"人均校费"这样模糊不清的词语来指称。

其中，不论从金额还是从分配方式来说，教师研究费的地位是最为重要的，即"教师人均校费"。前面已经说过，二战结束前的帝国大学采用"讲座制"，并把表示教学科研的学术领域的讲座作为教师以及研究经费的分配单位。与此相对，帝国大学以外的其他官立学校则采用按照每个"教学"的必要领域配置教师的"学科目制"。如何看待这种内部组织的构成方式的不同，是向新制大学制度过渡时的一个重要争论点。但是，最终结果是，新制国立大学和学部还是原封不动地继承其前身校的组织原理的差异。也就是说，旧制的大学和学部采用讲座制，而前身为旧制高等学校、专门学校、实业专门学校和师范学校的大学和学部则采用学科目制，而且，讲座制被定位为教学和科研的组织，而学科目制则仅被定位为教学的组织。

"教师人均校费"的分配基础就是这种讲座制与学科目制的差异。讲座制如教育刷新审议会咨询报告建议的那样，分非实验类（主要是人文社会科学类）、实验类（主要是自然科学类）、临床类（主要是医科、牙科类）三种，而学科目制则分为非实验类、实验类两种，并分别设定不同的估算单价。各自的单价及其变化，如表 11-1 所示。据此，在估算单价上，非实验类与实验类、临床类有 1:3～1:4 的差距，还有讲座制与学科目制的估算单价方面，起初基本相同，但是随时间推移，越来越显示出差距，昭和三十八年（1963 年）当年，讲座制是学科目制的近 3 倍。估算的预算额度在讲座制与学科目制、非实验类与实验类、临床类之间有很大的差异。

教师人均估算校费在讲座制与学科目制之间有差距，是因为讲座制要担当研究生的课程，而学科目制则不需要。

表 11-1　教师人均估算校费的变化（实数）

单位：日元

区分年度	讲座			学科目	
	非实验	实验	临床	非实验	实验
1949	89000	273000	302000	82000	244000
1950	133000	386000	419000	122500	353000
1951	266000	772000	838000	122500	353000
1952	266000	772000	838000	122500	353000
1053	274000	802000	876000	126000	367000
1954	267150	781950	848250	122850	357845
1955	253793	942853	805838	116709	339935
1956	303000	887000	962200	116709	339935
1957	334000	976000	1059000	129500	375000
1958	340179	1136064	1232676	131896	400125
1959	363100	1432900	1554800	140800	485500
1960	435720	1719480	1865760	168960	582600
1961	514300	2029700	2202400	199400	687700
1962	591500	2334200	2532800	229350	790800
1963	653700	2579400	2798800	253400	873800

注：1. 讲座的教师构成如下，非实验类为教授 1 名、副教授 1 名、助教 1 名，实验类为教授 1 名、副教授 1 名、助教 2 名，临床类为教授 1 名、副教授 1 名、助教 3 名。

2. 学科目制的教师人均估算校费以教师为单位估算，但是这里为了比较，采取以下教师构成作为学科目制的单位予以计算。非实验类为教授 1 名、副教授 1 名、助教 0.5 名，实验类为教授 1 名、副教授 1 名、助教 1 名。

与学术性质有关的非实验、实验和临床的类别暂且不说，关于如何能够使讲座制和学科目制的差异正当化的问题，正如上面所述的那样，是为"教学和科研"和为"教学"这个目的的差异被强化了。在二战结束以前的高等教育系统中，仅有大学被要求承担教学与科研两项职能，而除此以外的学校只被要求承担教学的职能。其前身校担负作用的不同，在新制度下所有高等教育机构变成新制大学后，也以讲座制和学科目制这个不同组织原理的形式被延续下来了。昭和二十八年（1953 年），尽管新制大学院同时设立，但是，在国立大学方面，被认可设置大学院研究科的仅是那些被期待担负教学与科研两大职能的讲座制（换句话说是旧制）大学与学部。也就是说，教育刷新审议会的咨询报告中建议的对"设置大学院的大学"的考虑，以讲座制和学科目制导致"教师人均校费"的差异这种形式被具体化了。

这意味着，是否拥有大学院（博士课程研究科），在制度上被统一化的国立大学和学部之间、在预算分配方面，出现了很大的差异。而且，大学院的设置在此后相当长时间内，仅有旧制度下的大学和学部才被认可。正如上面所述的那样，适应讲座制和学科目制差异的"教师人均估算校费"不是不折不扣的教师研究费，而是被用于填补一般管理费的不足部分。

表 11-2 预算分配状况（1951 年度）

单位：日元

	管理费	教师研究费	学生经费
（A）文部省分配	5105600	1939011490	24204307
本部提扣额	742650	24112060	7425410
学部分配	4362950	169789430	16778960
学部中心提扣额	3783740	92431507	8260699
（B）学科分配	579210	77357923	8518261
（B）/（A）	11.3%	39.9%	35.2%

据昭和二十六年（1951 年）进行的"大学等研究费的实际状况调查"显示，国立大学的预算分配状况如表 11-2 所示，在扣除本部和学部的提扣部分（用于一般管理费等）后，实际分配给学科的金额，教师研究费只占 40%，学生经费占 35%。

五、对改善的要求

国立大学财政的这种状况令当事者的国立大学感到危机。国立大学协会于昭和二十九年（1954 年）向文部省提交了意见书，要求改善这种状况。

"新的学校制度实施以来……没有对国立大学制订整体的且持续的建设与充实的计划，实在令人遗憾。各种国立大学的定位不明确，因而没有采取适应其个性发展与充实的策略。在大学财政方面，度日如年的预算缺乏持续性和稳定性，在建筑物及各种设施的充实方面，没有前景。在这种情况下，具有各种定位的大学无法充分履行各自的使命，国立大学协会对此深感忧虑。因此，有必要确立国立大学的财政计划，以此谋求大学的发展。希望政府能够符合上述宗旨，在文部省内部设置由具有热情和权威的合适委员组成的强有力的审议会。"

尽管意见书的重点在于建设和充实设施设备，但在同年（1954年）其内部资料《关于确立国立大学财政的改善方案》中，我们看到该协会还提出了包括特别会计制度的引入和改善预算制度的综合性建议。

但是，（国立大学）财政制度的改革进展不大。昭和三十八年（1963年），中央教育审议会发表了二战以后最早的关于大学问题的综合性咨询报告——《关于大学教育的改善》，其中一项内容就有关于大学的财政，在这项内容当中对国立大学的财政问题进行了相当详细的研究。"国立大学的财政是……大学自治的实质性方面的体现，因此，其应有形态应是适应教学与科研方面的需要，具备自主性和弹性，而且从长远的观点看能使大学有计划地运用的制度"。基于这样的认识，报告"要求采用特别会计制度以实现国立大学财政的这种应有形态"。报告指出，过去的国立大学财政"伴随着经济情况的变化和大学的发展，未必能够充分达成所认识的目的"，以及"现在的国立大学处于内涵与规模的快速发展和扩充的过程中"，并对慎重研究（国立大学财政）的必要性表现出迫切的期待。

与此同时，报告还认为"在一般会计制度的现阶段，至少必须采取适当的措施，开拓大学特别会计制度所见过的财政上的自主性与弹性，而且能够使大学有计划地运用的渠道"。为了使国立大学达成其目的和使命……在财政上做到与一般官厅不同，尽可能确保其自主性。报告要求在以下三个方面要加以改善：一是要有适应教学与科研长远计划的预算措施，二是在预算执行上要能弹性运作，三是社会捐赠的接受与使用。

该咨询报告受到关注的还有要求"扩充教学科研经费"方面。报告指出，人头费占大学总经费的比例，近年来基本上占60%，人头费以外的管理经费和教学科研所需的各项经费约占40%。这个比例与二战以前（1925—1930年）的比例正好相反，这种现象显示教学科研所需经费相对下降。比如，从教师研究费来看，在讲座研究费方面，非实验类为二战以前的1/3、实验类为二战以前的2/3，而学生经费为二战以前的1/9。针对这种状态，报告呼吁必须对全体国立大学增加预算经费。

对国立大学财政的这种窘境，当时担任文部省高等教育行政要职的天城勋有详细且具体的分析。据他的分析显示，从如上所述的人头费约占60%、

第十一章 日本国立大学的财政制度：历史性展望

物件费占40%来看，昭和三十六年（1961年），国立大学经费由研究费、学生经费和事业费（修缮费和差旅费等）三部分构成，其比例分别是41%、9%和50%。但是，这是从预算看到的结构。"如果从实际的支出来看，尽管按大学机构的管理费、研究费以及教育费三要素来分析，但这三者的区别在观念上和实际管理上都不是很明确，因而并非是按前述的预算原原本本使用的"。特别是，预算科目上被称为校费的研究费，在内容上没有明细和估算依据，因而被认为是往哪儿用都行的科目。

与此相对，二战结束前的研究费是讲座研究费，"尽管在实验、非实验和临床类别上理所当然会有金额的差别，但是全部都有明细和估算的依据……讲座研究费（大致分为事业费和工资，也包含差旅费等）是极其综合性的，而且很稳定"。但是，"二战结束时，由于物价飞涨和各项开支失衡，昭和二十二年（1947年）以来，讲座经费的明细结构瓦解，讲座研究费中的事业费单独变成校费，而差旅费和工资等从中分离出来，各自变成不同款项，每年修订，有时被缩减，直到现在"。

"昭和二十四年（1949年）以来，尽管新制大学是以旧制的高等学校、专门学校和师范学校等为母体创设的，但是由于旧制的学校中没有研究费这项预算，因而也就没有应承继的做法，而是作为学科目制并按照讲座研究费的基数重新给教授、副教授、助教分别配置教师研究费。此后，学科目制研究费并没有按照讲座研究费的单价修订的比例增长……出现了两者的差距。""另外，旧讲座研究费明细中的工资……伴随着人事行政体系建设而作为工资费用进入另外的体系，管理费分别按教师与行政管理人员的人均计算，差旅费也作为研究旅费另项设立。"

这种难说经过充分研究的二战以后的大学财政制度，究竟产生了什么样的问题？天城勋有以下的看法。

"为了实现大学的目的，大学经费根据功能以管理费、研究费和教育费的形式出现。预算既考虑到这三种费别的大致区分，也在具体方面根据经费性质按不同科目予以估算。但是，管理、科研和教学的这三大功能，无论在观念上还是在实际上都难以明确划出界限。比如，即使能够将行政办公室与研究室的光电水费分为管理费和研究费，但是教室、实验室的光电水费就很难区分为管理、科研和教学的不同费用，如果做非常严密的区分，研究室的光电水费则应该包含在管理费的费别。特别是，现在在管理费方面，由于没有像研究费那样的综合性预算，大学本部、学部行政管理和教室管理的各项经费，在作为广义的科研和教学一环的意义上，是包括研究费和学生经费在内的整个大学的校费，也就是说由管理费来提供。"

据昭和二十九年（1954年）会计年度的"国立大学财政实际状况调查"，这种预算估算与实际支出的关系是，"在校费方面，预算估算是科研与教学经费占67.8%、管理费占8.8%、设备费占12.5%，而从实际支出来看，则表现为科研与教学经费占29.4%、管理费占24.4%、设备费占31.4%，显示出科研与教学经费被挪作管理费和设备费的结果"。由此可以看出这样的实际情况，即预算分配是根据难说是"客观的、科学的"标准进行分配的，而支出是根据需要自由支出的（此后也基本不变）。

六、特别会计制度的建立

在昭和三十八年（1963年）中央教育审议会发表被认为已充分包含上述文部省当局问题意识的咨询报告时，文部省与大藏省便围绕向特别会计制度过渡的问题进行了协商。

（一）文部省的犹豫

文部省在昭和三十八年（1963年）起草的文件《关于把国立学校会计改为特别会计时存在的问题》中，表达了当时文部省对这个问题的复杂态度。这份文件列举了特别会计以下几个方面的积极面：

（1）国立学校财政运作的自主性在制度上可以得到保证，在学校运行方面也可期待预算执行上的若干弹性。

（2）用于附属医院、委托研究等有特定岁入财源事业的经费，在特别会计下，由于与岁入相称，比较容易被认可列入岁出预算，因而被认为预算易于增加。

（3）像以前的《帝国大学特别会计法》那样，在政府支出金固定的情况下，能够制订适应教学科研计划的长期事业计划，并在考虑其轻重缓急下实施数年度的事业（但是，政府支出金法定化在国立大学处于扩充建设过程的现阶段下未必合适）。

与此同时，文件也列举了以下几个方面的消极面：

（1）以教学科研为目的的国立学校会计制度正如过去所经历的那样，不适合使用以独立核算为目的的事业特别会计。

（2）在国立学校的规模内涵稳定、长期的财政可预见的阶段下，过渡到特别会计尚不可知，在今天这样的发展扩张时期，反而在一般会计范围内谋求充实完善更合适。

（3）构成国立学校大宗收入的是学费、入学注册费以及报考费等，但是这些收入占国立学校收入的比例与旧学校特别会计时的不同，是极其小的。即使在现阶段过渡到特别会计，也无法期待经济独立，反而有可能使预算规模缩小。

（4）拥有特定岁入财源（演习林等）的事业，尽管预算内容充裕，事业会扩大，但是可以预想到与其他事业之间会产生预算上的差距，而且还由于国有财产保有量的多少、有无社会捐赠等情况，学校相互之间也会产生预算上的不均衡。

（5）在特别会计下，积极致力于确保收入和增收，反而会流于企业式的经营方式，并因此可能产生与本来的教学科研事业不相称的事态。

由此可以看到，文部省对于定额法的引入以及伴随着向独立核算制过渡（与二战结束前接近）而带来的向特别会计过渡，是持消极和警戒态度的。

（在这份文件中）文部省的结论是，"如果特别会计制度能够确保国立学校管理运行所需的预算，并谋求预算有弹性的执行"，就赞成；"如果改为特别会计制度的目的是谋求独立核算这种经济独立，这不仅不可能，而且从教学科研的本来形态看也是不合适的"，就不赞成。

（二）大藏省的态度

大藏省昭和三十八年（1963年）年末以大幅度采纳文部省见解的形式，提出了《关于国立学校特别会计制度》的要点，并就以下内容回应文部省方面的担忧：

（1）特别会计以谋求国立学校内涵的充实，并促进今后扩充与完善为宗旨。

（2）国立学校会计不以独立核算制为目的，因而不会以谋求减轻一般会计负担为目的来企图提高学费。

（3）设计贷款制度，引入财政投融资资金以利于促进设施（附属医院）

的建设。

（4）现在国立学校管理的国有财产原则上作为特别会计的财产投资，今后即使在其财产不能供作为国立学校的使用目的的情况下，变现的价款不作为一般行政的财源，而是作为特别会计的岁入用于充实国立学校的内涵。

（5）研究费及其他国立学校的运行费，只要符合特别会计，可以根据实际情况使用。

国立学校特别会计议案通过两部委的这种协商后，提交给昭和三十九年（1964年）春召开的国会表决，同年度的预算便按照这项制度施行。

获得国会批准的《国立学校特别会计法》的第1条强调"为了有助于充实国立学校，明确其经营管理，设置特别会计，与一般会计分开管理"。第3条规定"本会计以一般会计转入金、学费、入学注册费、报考费、附属医院收入、公积金提取款、贷款、财产处置收入、社会捐赠以及附属杂项收入作为其岁入，以国立学校的运作费、设施费、小额拨款、贷款的偿还金及利息、临时贷款的利息以及其他各项费用为岁出"。

比较新的国立学校特别会计法与二战结束以前旧的学校特别会计法，主要有以下几点不同：

（1）旧特别会计法设立资金制度，以资金产生的收入等支付支出，谋求学校财政的独立，而新特别会计法的设置是为了有助于充实国立学校，明确其运营管理。

（2）旧特别会计法把帝国大学、官立大学以及直属学校分开，并按每个学校处理，而新特别会计法是将所有国立大学统一化。

（3）新特别会计法可从决算后的剩余金中把一定额度作为公积金储备起来，但该公积金应统一处理，以备必要时充作设施建设的经费，不像旧特别会计法的资金那样按每个学校分类管理。

（4）新特别会计法认可贷款制度，谋求附属医院充实和完善设施。

七、国立大学的设置形态与财政制度

由此可见，政府是在搁置国立大学财政自立问题的情况下，颁布并实施新的特别会计法的，但是进入昭和四十年代（1965年以后），国立大学的法人化与财政自立的问题再次浮出水面。

（一）中央教育审议会咨询报告与法人化构想

昭和四十六年（1971年），中央教育审议会在咨询报告《关于今后学校教育综合扩充完善的基本对策》中，在高等教育改革方面专门分出一大部分针对国立大学，建议"改变现行的设置形态，使其成为接受一定财政支持、自主运行管理、直接承担责任的具有公共性质的新形态的法人"。

咨询报告认为，"关于大学的管理运行，由国家……担负管理方面的一切责任，实际上是困难的，而且，把大学作为一种行政机构，使用一般官厅在人事、会计等方面的准则，不仅会妨碍教学与科研的有效运行，而且会有不少弊端，如安于制度保障、自主运行的热情与责任感变淡等等。……从目的和性质来看，既然把大学作为适切的新型的具有公共性质的法人，使其接受一定的财政支持，那么，使其担负管理运行方面的一切责任并自主运行，反而有助于大学的发展"。关于对"新型的具有公共性质的法人"给予财政拨款的问题，咨询报告建议"在根据大学的目的和性质把经合理估算的标准教育经费的一定比例作为资助金拨付给大学的同时，认可大学可以有弹性地、有效率地使用"；"大学在接受根据定额公式计算出的定额资助后，可以在其事业计划、工资水平和收入金方面有相当大幅度的弹性，并通过自己努力的运作来发挥独自的特色"。

咨询报告的建议还附带了一些条件，诸如"对学费等受益者的负担应考虑恰当程度的金额"；"财政资助必须保持国家的主体立场，并以资助效果要经常接受严格的评估为条件"；等等。尽管咨询报告所提出的法人化构想没有具体化就结束，但是不言而喻，它已经包含了与现在国立大学法人共同的内容。

（二）临时教育审议会咨询报告与法人化议论

关于与财政自立有关的法人化问题，昭和五十九年（1984年）设立的临时教育审议会，也把它作为一个重要的研究课题。在昭和六十二年（1987年）的第三次咨询报告中，临时教育审议会认为，"国立大学在广义上被定位为国家行政组织，这使得其常常表现得僵硬，其应有形态很容易整齐划一，大学的主动性受到抑制"；"虽然大学财政的基本部分由国家供给，是不得已的事情，但是各大学在大学的组织计划、预算编制及执行、资产管理和职员人事等方面的自由度和自主性被限制,其结果是大学的个性被剥夺,主动性被削弱"。基于这样的认识,咨询报告阐述了"今后在各大学责任确立的基础上,有必要推进规制的弹性化"。

这里虽然只是强调了强化各大学财政自主性的必要性,但是在涉及国立大学设置形态的部分,咨询报告认为,"由于在此之前就被指出国立大学在组织和运行方面有不少地方需要改革或改善,尤其是要确立各大学的自主和自立,要开展面向社会开放的活动,并从各方面提出必须改变现行国立大学设置形态的议案,因此我们接受这些议案,对国立大学给予具有公共性质的法人资格,并定位为特殊法人的可能性进行了多次研究。我们得出的一个结论是,在国家干预的应有形态、(国立大学)管理与运行的制度、教职员的身份、待遇上的处理办法、从现行设置形态过渡的措施等诸多方面,有许多事项应该从理论和实际操作两个方面予以考虑,为了解决这些问题,有必要展开更广泛的真正的调查研究"。

由此,大学财政自立的问题便与激活教学科研的活力连接起来,并逐渐展开了对国立大学法人化问题的讨论。

(三)估算校费制的废止

明治以来,对国立大学之间以及国立大学内部的预算分配发挥重要作用的、以讲座制和学科目制的区别为基础的"估算校费制",在完全没有正式讨论的情况下,于平成十二年(2000年)突然被废止。

同年的预算参照文件阐述了以下理由:"近年来,由于随着学术领域的发展,分化、融合或跨学科领域越来越多,单纯地按照实验及非实验分类已缺乏妥当性,因此平成十二年(2000年)度,经费的性质及用途不做变更,(预算)估算在废止以往的组织等细化分类的基础上,采用以根据教师数及学生数进行估算的校费,加上以各大学等为单位进行估算的校费这样的办法,即把以往的'教师人均估算校费'和'学生人均估算校费'整合起来,在新规则中新列入以教师数预算估算部分、学生数预算估算部分及大学部分为明细内容的'教学科研基础校费'"。由此可知,这个长期持续下来的以讲座(及学科目)为基础单位的预算估算方式,就是在极其技术性的理由、在没有经过充分讨论的情况下,被简单地废除了。

但是,作为伏笔,必须指出的是,从昭和五十年代(1975年)开始,在国立大学预算中,就出现了与教师人均估算校费不同的"特别教学科研经费"这样的项目,在估算校费的增长受到严格抑制的过程中,年年都增加金额。这个额度在平成二年(1990年)已经达到教师人均估算校费的约1/3,此后还在继续增加。从名称我们可以知道,这项"特别教学科研经费"的目的是,使研究活动更加活跃、完善其基础等各项条件,发挥作为对特定的大学、学部、研究科和学术领域给予重点投入手段的作用。也就是说,以讲座或学科目为基础的估算校费制,实质上已经走向崩溃的过程。

总之,估算校费制被废止后,将校费的名称改为"教学科研基础校费",以学生数和教师数为基础计算的校费加上"大学部分",以不低于上一年度的分配额之预算,被分配到各大学。这意味着,不仅改变了大学之间的分配标准,而且各大学内部的预算分配的办法也显著地增加了自由度。这是因为,在以往的估算校费制下,教师人均估算校费被"理解"为本来应该按讲座或学科目单位分配给教师,其中一部分为弥补一般管理费的不足而被本部和学部抽走,但是,这种"理解"的制度基础已经失效了。在以往预算中的一般管理费、教师研究费、学生经费这种虚拟的区分消失后,(校费)以什么样的标准分配给学部、学科、讲座和教师,管理、科研、教学各自如何分配,都是必须重新加以研究的课题。

实际上,不少大学重新研究了分配标准,各个大学的教师拿到手的研究费的金额也已经发生了很大的变化。可以认为,这直截了当地表明,与文部省极力推进的抑制教师研究费形成鲜明对照的、伴随着科研经费的大幅度增加,研究费政策正在向竞争性的、重点配置的方向转变。

八、国立大学的独立行政法人化——代结束语

正如上面所述的那样,与财政制度关系密切的、明治以来常常被提起的国立大学法人化问题,在平成十二年(2000年),由于作为国家行政机构一部分的"独立行政法人化"构想也波及国立大学,文部科学省内部设置了调查研究会议,而开始快速展开。

这个被认为模仿英国"民营化"的特别行政法人制度,其构想原本不是以国立大学为直接对象的,从政治经纬看,其起始与过去围绕国立大学的法

人化的议论也没有直接的关系。现在，尽管以平成十四年（2002年）3月发表的调查研究会议的报告书为基础，谋求以考虑了大学特性的《国立大学法人法》的形式加以应对，但是在研讨过程中，关于法人化后的大学财政自立性如何保证的问题，几乎没有参考过去议论的痕迹。

据新的《国立大学法人法》，法人化后的国立大学以国家拨付的"运行费拨款"和"自己创收收入"为财源，进行自立的大学运营。具体内容如下：

（1）运行费拨款由两部分构成：一是根据学生数等客观指标，按照各大学共同的计算公式计算出的标准收入与支出的差额（标准运行费拨款）；二是难以根据客观指标计算的、承担特定教学科研设施运营和事业实施所需的经费额（特定运行费拨款）。在估算拨款时，"基于各大学、学部等的理念、目标、特色、条件等，应考虑弹性的……计算方法的可能性"，还有在估算时，"要恰当地反映第三者评价的结果"。

（2）自己创收收入分两部分：一是伴随通常业务的完成必然可预见的收入（学生缴费、附属医院收入等），二是除此以外的收入（社会捐赠等）。前者用于运行费拨款的计算，后者原则上与运行费拨款做不同处理，不反映到运行费拨款的计算上。

由于期待大学运营能够自立与自律，因而废止了国立学校特别会计制度。一方面，政府积极鼓励大学谋求自己创收收入的增加；另一方面，把包括运行费拨款在内的预算的分配与使用全面下放给各大学，这样，大学就有了自主的裁量权。但是，各大学必须设定中期目标、制订中期计划并得到文部科学大臣的批准，6年后的达标程度还要接受"国立大学评价委员会"的第三者评估。正如上面所见的那样，评估结果将反映到运行费拨款的计算上。

始于明治初期的帝国大学特别会计制度的日本国立大学财政制度，在经历了一个多世纪的今天，通过国立大学的独立行政法人化，正在走进全新的时代。它将给国立大学的管理运行系统和教学科研活动带来什么样的变化？大学的自主性和自律性在多大程度上受到保障？运行费拨款的计算标准能否"客观、科学"？等等许多问题都留待今后。日本国立大学财政史上最大的制度改革的走向，值得我们密切关注。

参考文献

[1] 天野郁夫.日本の高等教育システム——変革と創造[M].東京：東京大学出版会，2003.

[2] 大崎仁.戦後大学史[M].東京：第一法規出版，1988.

[3] 海後宗臣、寺崎昌男.大学教育[M].東京：東京大学出版会，1969.

[4] 神山正.国立学校特別会計制度史考[M].東京：文教ニュース社，1995.

[5] 教育事情研究会.中央教育審議会答申総覧（増補版）[M].東京：ぎょうせい，1992.

[6] 国立学校特別会計研究会.国立学校特別会計三十年のあゆみ[M].東京：第一法規出版，1994.

[7] 佐藤憲三.国立大学財政制度史考[M].東京：第一法規出版，1964.

[8] 寺崎昌男.日本における大学自治制度の成立（増補版）[M].東京：評論社，2000.

[9] 東京大学.東京大学百年史（通史一——三）[M].東京：東京大学出版会，1985.

[10] 日本近代教育史料研究会.教育刷新委員会・教育刷新審議会会議録[M].東京：岩波書店，1998.

（原载于《大学教育科学》2012年第6期，陈武元译）

译 后 记

本书收录的 12 篇译文除了序章以外,均已在国内学术刊物上发表过,这些译文发表后受到国内高等教育学界的广泛关注。此次按照总论和分论两大部分将其整理成书,旨在方便读者能够更为全面地理解日本高等教育改革动向和天野郁夫教授的学术思想。

实际上,将若干年里发表的译文整理成书,也是美好的回忆。

作为主要译者的我,1998 年在日本广岛大学大学教育研究中心做访问学者时,正好遇上日本高等教育学会成立大会在广岛大学召开,在这次大会上,经友人苑复杰教授的介绍,真正认识了天野郁夫教授(此前我只是替潘懋元先生给天野郁夫教授写过信,但未曾谋面过)。1999 年 11 月初,天野教授应邀前来厦门大学高教所(现为教育研究院)讲学,2001 年再次应邀出席厦门大学高等教育发展研究中心主办的国际会议并做主旨报告,2006 年第三次应邀前来厦门大学、北京大学和复旦大学做学术报告,我也分别于 2002 年和 2004 年在日本创价大学教育学部和文部科学省国立大学财务经营中心研究部做高级访问学者或客座教授时,多次向天野教授请教有关日本高等教育的问题,并在此期间将天野教授的代表作《高等教育的日本模式》翻译介绍给我国高等教育学界。正是在这样的学术交往中,我们之间的友谊与日俱增,成为莫逆之交。

天野教授不愧为日本高等教育研究第一人,1996 年年满 60 岁的他从东京大学教育学院院长的职位上退休,旋即被国立学校财务中心(后为独立行政法人国立大学财务经营中心)聘为该中心教授,1999 年起任该中心研究部部长,直到 2006 年 70 岁时再次从该中心研究部部长的职位上退休。在日本,能够在国立部门任职到 70 岁的学者,是极其凤毛麟角的。由此可见天野教授的学术实力和影响力。

天野教授到 70 岁真正退休时共出版个人专著 29 部(不含与他人合著和译著),发表论文数百篇,其中从 60 岁至 70 岁的这 10 年间就出版了 10 部专著,70 岁至今又出版了 5 部大部头的专著。他是一位不折不扣的著作等身、

译后记

成就非凡的学术"大牛"。正是因为天野教授一生对学术的执着追求，使得我常常有机会获得他的新著，由此更是激励十几年来一直忙于行政工作的我不至于完全荒废学术，总是能够抓住点滴的时间，阅读他寄赠的著作。收录于本书的多数译文就是我在阅读时觉得对中国高等教育改革与发展有借鉴价值后，利用工余时间翻译的。

本书的翻译也体现了学术合作的现代精神，译者分工和译文刊载期刊的情况如下：

序　章　现代日本的高等教育改革，新作，陈武元译

第一章　日本高等教育的大众化与特罗"理论"，《高等教育研究》2001年第6期，陈武元、黄梅英译

第二章　全球化视野中的日本高等教育改革，《现代大学教育》2006年第6期，陈武元译

第三章　日本的大学改革——在美国化与市场化的中间，《有色金属高教研究》2000年第3期，陈武元译

第四章　日本高等教育走向普及化之路，《大学教育科学》2009年第4期，吴素兰、陈武元译

第五章　21世纪的高等教育系统：特罗"理论"的再思考，《现代大学教育》2007年第5期，陈武元译

第六章　高等教育大众化：日本的经验与教训，《高等教育研究》2006年第10期，陈武元译

第七章　日本研究型大学的走向，《大学教育科学》2011年第3期，陈浩译

第八章　日本高等教育的学力问题，《国际高等教育研究》2007年第2—3期，王方译

第九章　日本的大学评价，《教育发展研究》2006年第11A期，陈武元译

第十章　日本短期大学的危机，《大学教育科学》2013年第6期，陈武元译

第十一章　日本国立大学的财政制度：历史性展望，《大学教育科学》2012年第6期，陈武元译

上述各章的专题既是日本高等教育从精英教育阶段走向大众化阶段乃至普及化阶段已经或正在面临的问题，也是当下中国处在高等教育大众化阶段正在面临的问题或挑战，因而日本的经验与教训对中国高等教育改革与发展具有重要的借鉴价值。在翻译过程中，《高等教育研究》、《大学教育科学》、《现代大学教育》和《教育发展研究》等国内重要刊物为译者能够尽快将日本高等教育改革动向尤其是天野教授的最新学术思想介绍给国内学界提供了重要的交流平台，在此谨向这些刊物的同人表示衷心的感谢。

全书由陈武元负责审校并最终定稿。在本书即将付梓之际，还需要特别感谢：天野郁夫教授长期慷慨的赠书以及学术上的热情指导，厦门大学教育研究院院长刘海峰教授在出版经费上的大力支持，厦门大学出版社尤其是责任编辑高健女士对本书的出版所付出的辛勤劳动。同时也要感谢我的合作者——大学时代的班主任吴素兰老师，侨居日本的黄梅英博士，我指导的硕士生陈浩，以及我教过的硕士生王方的鼎力支持。

由于译者水平有限，译著中错误与不妥之处在所难免，敬请读者批评指正。

陈武元

2014 年 3 月 18 日于厦门大学西村寓所

图书在版编目(CIP)数据

日本高等教育改革:现实与课题/(日)天野郁夫著;陈武元等译. —厦门:厦门大学出版社,2014.6
ISBN 978-7-5615-5124-0

Ⅰ.①日… Ⅱ.①天…②陈… Ⅲ.①高等教育-教育改革-研究-日本 Ⅳ.①G649.313.1

中国版本图书馆 CIP 数据核字(2014)第 125236 号

厦门大学出版社出版发行

(地址:厦门市软件园二期望海路 39 号 邮编:361008)
http://www.xmupress.com
xmup @ xmupress.com

厦门集大印刷厂印刷

2014 年 6 月第 1 版 2014 年 6 月第 1 次印刷
开本:720×970 1/16 印张:13.5
插页:4 字数:228 千字
定价:39.00 元

如有印装质量问题请寄本社营销中心调换